凤凰镇志

LOCAL RECORDS OF FENGHUANG

江苏省张家港市凤凰镇志编纂委员会　编

图书在版编目（CIP）数据

凤凰镇志 / 江苏省张家港市凤凰镇志编纂委员会编
.-- 北京：方志出版社，2018.11
（中国名镇志丛书）
ISBN 978-7-5144-3379-1

Ⅰ. ①凤… Ⅱ. ①江… Ⅲ. ①乡镇—地方志—张家港
Ⅳ. ① K295.35

中国版本图书馆 CIP 数据核字（2018）第 244973 号

· 中国名镇志丛书 ·

凤凰镇志

编　　者：江苏省张家港市凤凰镇志编纂委员会
责任编辑：宁　芳

出 版 人：冀祥德
出 版 者：方志出版社
地址　北京市朝阳区潘家园东里 9 号（国家方志馆 4 层）
邮编　100021
网址　http://www.fzph.org
发　　行：方志出版社图书经销中心
电话　（010）67110500
经　　销：各地新华书店
排　　版：北京纺印图文设计制作有限公司
印　　刷：北京中科印刷有限公司

开　　本：787×1092　1/16
印　　张：19.25
字　　数：361 千字
版　　次：2018 年 11 月第 1 版　2018 年 11 月第 1 次印刷

ISBN 978-7-5144-3379-1　定价：155.00 元

序一

习近平总书记指出:“不忘历史才能开辟未来，善于继承才能善于创新……只有坚持从历史走向未来，从延续民族文化血脉中开拓前进，我们才能做好今天的事业。”中国优秀传统文化是在漫长的历史长河中历经无数次涤荡和沉淀而形成的思想精髓，蕴藏着无穷的宝藏和无尽的力量。发掘和继承优秀传统文化，是延续中华文明“根”与“魂”的必由之路。与时俱进，推动传统文化不断开拓创新，是中华文明常葆勃勃生机的重要保证。

“国有史，邑有志。”编修地方志是中国特有的文化现象，是中华民族的优秀文化传统。数千年来，连绵不断的志书编修为保护中华民族根脉，传承中华文明发挥了不可替代的作用。中国现存古志有 8000 余种，占现存古籍的十分之一。中华人民共和国成立以来，编修完成数万种省、市、县三级综合性行政区域志、部门志、行业志、专志等，编纂数万种地方综合年鉴、行业年鉴和专门年鉴等，整理出版数千种历代方志及相关研究成果，发表相当数量的方志理论与年鉴理论研究成果。这既是对我国国情、地情持续开展的大规模普遍调查，也是对各地自然与社会发展状况进行的综合研究，其成果构成了一座丰富的文化资源宝藏，为各级领导科学决策提供了重要参考，为推动经济社会发展和文化建设发挥了重要作用。

当前，中国特色社会主义进入新时代，全国地方志事业也进入新时代。如今的地方志事业围绕党和国家利益、经济社会发展，以人民为中心开拓创新，志、鉴、馆、史“四驾马车”并驾齐驱，志、鉴、馆、网、库、用、会、刊、研、史“十业并举”，加快实现在全国范围内全面推进地方志从一项工作向一项事业转型升级。在党中央、国务院的亲切关怀和各级地方志工作者的共同努力下，一批紧密结合社会发展需求、具有独特创造性的工作逐步开展，涵盖中国名镇志、中国名村志、中国名山志、中国名水志、中国名街志等“名志”系列文化工程是其中代表。作为首个“名志”系列文化工程的中国名镇志文化工程，启动于 2015 年，至今已是第三个年头。中国名镇志丛书在记述主体上，选择中国历史文化名镇、经济强镇、特色镇等在全国具有影响力和代表性的乡镇，旨在全面展示中国名镇的文化精髓；在内容题材选择上，重在突出不同名镇的“名”和“特”，力求集中体现不同名镇最精彩的部分，增强可读性；在志书编纂程序设置方面，志书申报、篇目设计、专家审读、专家组验收等流程环环相扣，紧密结合，力争把每一部志书都打造成精品佳志。

习近平总书记指出：“历史和现实都表明，一个抛弃了或者背叛了自己历史文化的民族，不仅不可能发展起来，而且很可能上演一场历史悲剧。”2018 年是改革开放 40 周年，40 年来中华大地发生了翻天覆地的变化，乡镇发生了极为深刻的改变，从粗茶淡饭到有机食品，从粗布衣裙到精美时装，从土屋平房到高楼大厦，人民生活水平大大提高，城乡差距不断缩小。然而，在感受辉煌成就的同时，我们也应该看到，许多精巧的古建、精湛的工艺、亲切的乡音、独特的乡俗也在快节奏的发展中与我们渐行渐远，曾经的家乡正逐渐变为记忆中的故园。

党的十九大报告提出乡村振兴战略，此后党中央、国务院又推出一系列重大举措。实施乡村振兴战略，必须全面加强乡村文化建设，培养乡村文化自信，培植文化之“根”，铸牢文化之“魂”。没有乡村文化的高度自信，没有乡村文化的繁荣发展，就难以实现乡村振兴的伟大使命。振兴乡村文化，既要塑形，更要铸魂，必须遵循乡村发展的客观规律，在发展中把文化的精髓保留下来，把乡土味道、乡村风貌的“魂”传承下去。在保留优秀乡村文化内核的基础上，用现代表现方式，把反映时代精神、先进理念的内容通过群众喜闻乐见的文化产品表达出来，才能够让乡土文化具有更强大的生命力。用创新性的模式书写乡镇志，传承和抢救乡土历史文化，激发爱国爱乡情怀，为探索中国特色新型城镇化发展经验、发展模式、发展道路提供历史智慧和现实借鉴，正是实施中国名镇志文化工程的目的和意义所在。

“月是故乡明”。中国人素有“家国情怀”，家乡的山水是最为美丽的，家乡的风俗是充满温暖的，一声亲切的乡音，一口熟悉的家乡菜，都能拨动游子的心弦，让其魂牵梦萦。中国名镇志丛书是一套全面梳理中国名镇历史人文，挖掘文化特色，突出“名”和“特”的镇志。它能让人民群众深刻感受到本土本乡自然的优美、历史的醇厚、人物的杰出、艺文的风雅等，有助于培养人民群众对家乡文化的自信，激发起人民群众浓烈的爱乡爱国情怀，助力国家新型城镇化建设和乡村振兴战略的实施。

是为序。

中国社会科学院院长
中国地方志指导小组组长
谢伏瞻

序二

连绵不断地编修地方志是我国特有的文化传统，为传承中华文明作出了巨大的贡献。在党中央、国务院的高度重视和支持下，这一古老的文化传统焕发勃勃生机，展现新的活力，成为保存、继承、发扬光大中华优秀传统文化的重要依托，培育和践行社会主义核心价值观的重要媒介，社会主义先进文化建设的重要组成部分，发展中国特色社会主义，增强道路自信、制度自信、理论自信的重要载体，在实现"两个一百年"奋斗目标和中华民族伟大复兴中国梦进程中具有不可替代的地位和作用。

事物总是在不断发展中前进。经过改革开放以来30余年的发展，中国特色地方志事业与传统的编修地方志已不可同日而语，形成了志（志书）、鉴（年鉴）、库（地情数据库）、馆（方志馆）、网（地情网站）、刊（期刊）、会（学会）、研（理论研究）、用（开发利用）等多业并举的新格局。截至2015年10月底，全国编纂完成首轮、二轮省、市、县志书8000多种，编修部门志、行业志、专业志、乡镇村志27000多种，编纂地方综合年鉴2300多种，累计整理旧志2500多种，还编纂出版了大量的地情书，字数以百亿计，形成以反映国情、地情为主要内容，全面系统、持续不断、卷帙浩繁的社会科学成果群。另外，还开通了27个省级网站、230个市级网站、816个县级网站；建成国家方志馆1个、省级方志馆16个、市级方志馆86个、县级方志馆近300个。这些成果，成为国家极为重要的文化资源，是国家文化软实力和公共文化服务体系的重要组成部分。

最近几年，地方志工作的触角在不断延伸，部门志、行业志、专业志、特色志、乡镇村志编纂方兴未艾，成为当前地方志事业发展新的增长点和亮点。特别是乡镇志，兴起了编纂热潮，从自发的民间行为逐渐过渡为政府组织的文化行为，有的省份以政府令形式将其纳入地方志编修范畴，像河南省还以省政府办公厅名义要求全省普修乡镇志。乡镇志并不是一个新生事物，据现有资料可考，宋代常棠所撰《澉水志》是现存最早的一部乡镇志。与省、市、县三级志书相比，乡镇志虽属小志，但意义却不小，特别是在当前国家全力推进新型城镇化建设的背景下，乡镇志的作用更显重要。

启动中国名镇志文化工程，是适应当前新型城镇化建设形势发展需要、地方志事业发展形势需要的重要举措，也是充分发挥地方志存史、资政、育人功能的重要手段。作为最基层行政组织的志书，镇志是最接近中国社会发展变迁的国情、地情记录文本，具有重要的历史文献价值。而作为充分反映本区域自然、政治、经济、文化和社会的历史与现状的资料性文献，镇志又能全面展示发展脉络，摸索发展经验，为探索中国乡镇未来发展方向提供借鉴和参考。当然，对于祖祖辈辈生于斯长于斯的中国人来说，故乡就是一个魂牵梦萦的地方，故乡的情怀终生难忘。留得住乡愁，记得住乡思，充分展示名镇文化魅力，激发爱乡、爱国情怀，正是中国名镇志文化工程题中应有之义。

是为序。

中国社会科学院原院长
中国地方志指导小组原组长　王伟光

序三

“国有史，邑有志”，中国自古就有注重编史修志的传统。按照我国目前地方志行政法规，国家各级地方志机构的法定职责是编纂省、市、县三级志书，并不包括县以下的乡镇志和村志。这种规定，一方面可能因为全国有数百万自然村落和数万乡镇，全部实行官修很难实现；另一方面可能因为我国历史上就有“皇权止于县”的说法，县以下的民间社会历来是一个以自治为主的领域。然而，改革开放几十年来，我国社会正在发生巨变，这种巨变在基层社会的乡镇、村落、家庭领域更为深刻。作为“乡之首，城之尾”的镇，逐渐被日益崛起的大都市淹没了光彩，村落在快速的城镇化过程中每天都在大量消失，农村家庭的小型化、空巢化趋势非常突出。在这种情况下，我一直在思考，如何留得住历史文化记忆和乡愁，如何把修志的工作向基层社会延伸？

中国人的“家国情怀”，是从“诚意、正心、修身”开始，到实现“齐家、治国、平天下”。所以从国家一统志，省、市、县三级志，到乡镇志、村志、家谱，也是一个完整的系统。

正是在这种背景下，我们决定启动中国名镇志文化工程。乡镇是无数中国人生命的底色和成长的摇篮。如何在城镇化进程中，留得住乡愁，记得住乡音，忘不了乡思，事关城镇化进程的人文关怀和文化保护，事关文化血脉的传承。同时，科学记录城镇化进程，反映城镇化成就，也为今后探索城镇化发展规律、积累经验提供了基本素材。作为全面系统记述一定行政区域的自然、政治、经济、文化和社会的资料性文献，志书是以上功能最好的载体。

我国目前有4万多个乡镇，全部修乡镇志还不具备条件。中国名镇志丛书选择的是传统文化名镇、历史军事重镇、革命历史名镇、民族特色名镇、特色经济名镇、旅游景观名镇等类型的乡镇，应该是最具代表性的，在中国乡镇文化传承和社会发展中具有标杆意义。

编纂中国名镇志丛书是对乡土历史文化的保护。随着城镇化进程加快，有不少乡镇被撤并，有些还是在历史上有重要意义的历史文化名镇、特色镇等。如不及时对其历史进行整理、记录，这些重要的历史资料将散佚殆尽。因此，中国名镇志丛书的编纂是对宝贵历史资料的抢救。

编纂中国名镇志丛书是对乡土意识的传承。什么东西有魅力？故乡的山水，乡音乡情的记忆，乡土的气息和家乡菜的味道，不管走到哪里，总是触动心弦。中国名镇志丛书记录的是家乡的山山水水，家乡的历史文化，家乡的风土人情，留住的是乡愁。这些最能激发远方游子和本地民众的爱乡情怀、爱国情怀。

编纂中国名镇志丛书是一种学术探索。镇志的编纂，实质也是一次深入的社会调查研究。“麻雀虽小五脏俱全”，相比省、市、县，乡镇第一手资料的获得需要付出更大的努力。我们也希望在志书编纂上有所创新，使中国名镇志丛书成为一套图文并茂、雅俗共赏的新型志书。

中国社会科学院副院长
中国地方志指导小组常务副组长 李培林

中国名镇志文化工程专家委员会

中国名镇志文化工程学术委员会

中国名镇志丛书编纂委员会

中国名镇志丛书编纂委员会办公室

江苏省张家港市凤凰镇志编纂委员会

主　　任　王文伟

副 主 任　王卫民　袁雪祥　吴文军　戴　艳

　　　　　　李　新　魏新阳　曹　京

常务副主任　魏新阳　曹　京

委　　员　朱春秋　赵文中　邓　敏　黄旭东

　　　　　　焦频频　张连祥　何正岳　马宏鹏

　　　　　　顾竹江　钱晓波　徐丹芸　汤伟刚

　　　　　　周　忠　庞晓畅

江苏省张家港市凤凰镇志编纂人员

主　　编　方天闪

编　　辑　方天闪　徐自强

摄　　影　龚晓东

朝霞中的凤凰山（2016 年）　　　　龚晓东　摄

中国名镇志丛书凡例

一、以马克思列宁主义、毛泽东思想、邓小平理论、“三个代表”重要思想、科学发展观、习近平新时代中国特色社会主义思想为指导，坚持辩证唯物主义和历史唯物主义的立场、观点和方法，存真求实，全面、客观、系统记述中国名镇城镇化进程和改革开放成果，传承和抢救乡土历史文化，激发爱国爱乡情怀，留住乡愁，为探索中国特色新型城镇化建设、服务乡村振兴战略提供历史智慧和现实借鉴。

二、为全面反映入志事物发展脉络，各志上限追溯至事物发端，下限一般断至各镇志启动编修年份，个别重大事项可延至搁笔。详今明古，着重反映时代特色和地方特点，重点体现各镇的“名”与“特”。

三、记述地域范围以下限年份的行政辖区为主。为体现名镇在更大区域内的意义，可以从更开阔的区域视野记述与该镇相关的内容。

四、统一采用纲目体，设类目、分目、条目三个层次。横排门类，纵述史实，述而不论。

五、综合运用述、记、志、传、图、表、录等各种体裁，以志体为主。体裁运用适当创新，篇目设置不求面面俱到，一般意义上的乡镇级内容略去不载。

六、除引用文字和附录文献资料外，统一使用规范的现代语体文记述，行文力求朴实、严谨、简洁、流畅、优美，具有较强可读性。

七、人物部类遵循“生不立传”原则，人物传主按生年排序，只选录对本镇发展有重大影响的人物，不面面俱到。

八、各项数据一般采用国家统计部门数据。数据缺乏的，采用主管部门或主办单位正式提供的数据。

九、数字用法、标点符号、计量单位分别执行国家标准《出版物上数字用法》（GB/T 15835—2011）、《标点符号用法》（GB/T 15834—2011）、《国际单位制及其应用》（GB 3100—1993）和《有关量、单位、符号的一般原则》（GB 3101—1993）。历史上使用的计量单位，如斗、石、里、尺、磅、华氏度等，在引文时可照录。考虑到社会使用习惯，全书中亩不统一换算。

十、中华民国成立前的纪年，使用朝代年号纪年，括注公元年份；中华民国成立后的纪年，均使用公元纪年。志中所称“解放前（后）”，以该镇解放日为界；“新中国成立前（后）”，以中华人民共和国成立日 1949 年 10 月 1 日为界；“改革开放前（后）”，以 1978 年 12 月中共十一届三中全会召开为界。本志“××年代”，凡未加世纪者，均指 20 世纪。

十一、为节省篇幅，避免重复，本志采用条目互见法。参见条目的表示形式为：参见本志“××类目·××分目·××条目”。

十二、对旧志、古籍中的繁体字、冷僻字一般用简化字或通用字替换，易引起误解的则保留。

十三、记述各个历史时期的党派、机构、职务、地名等，均以当时的名称为准。对频繁使用的名称，首次用全称并括注简称，其后用简称。

十四、各镇志需要单独说明的事项，均在各自编纂始末中记述。

凤凰镇在中国的位置

黑龙江省
哈尔滨
吉林省
长春
沈阳
辽宁省
内蒙古自治区
呼和浩特
北京
北京市
天津市
天津
河北省
石家庄
太原
山西省
济南
山东省
黄海
渤海
乌鲁木齐
新疆维吾尔自治区
甘肃省
银川
宁夏回族自治区
西宁
青海省
兰州
陕西省
西安
郑州
河南省
江苏省
张家港
凤凰镇
南京
上海
上海市
安徽省
合肥
西藏自治区
拉萨
四川省
成都
重庆市
重庆
湖北省
武汉
杭州
浙江省
东海
长江
黄河
南昌
江西省
长沙
湖南省
福建省
福州
钓鱼岛
赤尾屿
台北
台湾省
台湾岛
贵阳
贵州省
昆明
云南省
广西壮族自治区
南宁
广东省
广州
香港
澳门
东沙群岛
海口
海南省
海南岛
西沙群岛
永兴岛
中沙群岛
黄岩岛
南海
南沙群岛
曾母暗沙
图 例
北京 首都
天津 省级行政中心
未定 国界
省、自治区、直辖市界
特别行政区界
名镇(乡)所在区域
名镇(乡)
1∶32 000 000
审图号：GS（2018）5807号

凤凰镇在江苏省的位置

丰县
沛县
贾汪区
鼓楼区
徐州
铜山区
徐州市
邳州
新沂
东海
赣榆区
连云区
东西连岛
连云港
连云港市
灌云
响水
灌南
沭阳
宿迁
宿豫区
宿迁市
睢宁
泗阳
泗洪
涟水
淮阴区
淮安
淮安区
淮安市
洪泽区
盱眙
金湖
洪泽湖
成子湖
滨海
阜宁
射阳
建湖
盐城
盐都区
盐城市
大丰区
东台
兴化
泰州市
宝应
高邮
扬州市
高邮湖
邵伯湖
江都区
泰州
姜堰区
海安
如皋
如东
高港区
泰兴
广陵区
扬州
仪征
六合区
镇江
扬中
靖江
南通
通州区
海门
启东
南通市
栖霞区
浦口区
南京
江宁区
南京市
丹徒区
丹阳
句容
镇江市
江阴
常州
武进区
金坛区
常州市
溧水区
高淳区
溧阳
宜兴
惠山区
锡山区
无锡
无锡市
张家港
凤凰镇
常熟
太仓
昆山
相城区
苏州
吴中区
吴江区
苏州市
太湖
阳澄湖
澄湖
石臼湖
长江
京杭运河
黄海
图例
南京 省级行政中心
苏州 地级市行政中心
溧阳 县级行政中心
省界
地级市界
名镇(乡)所在区域
名镇(乡)
1：3 060 000
审图号：GS（2018）5807 号

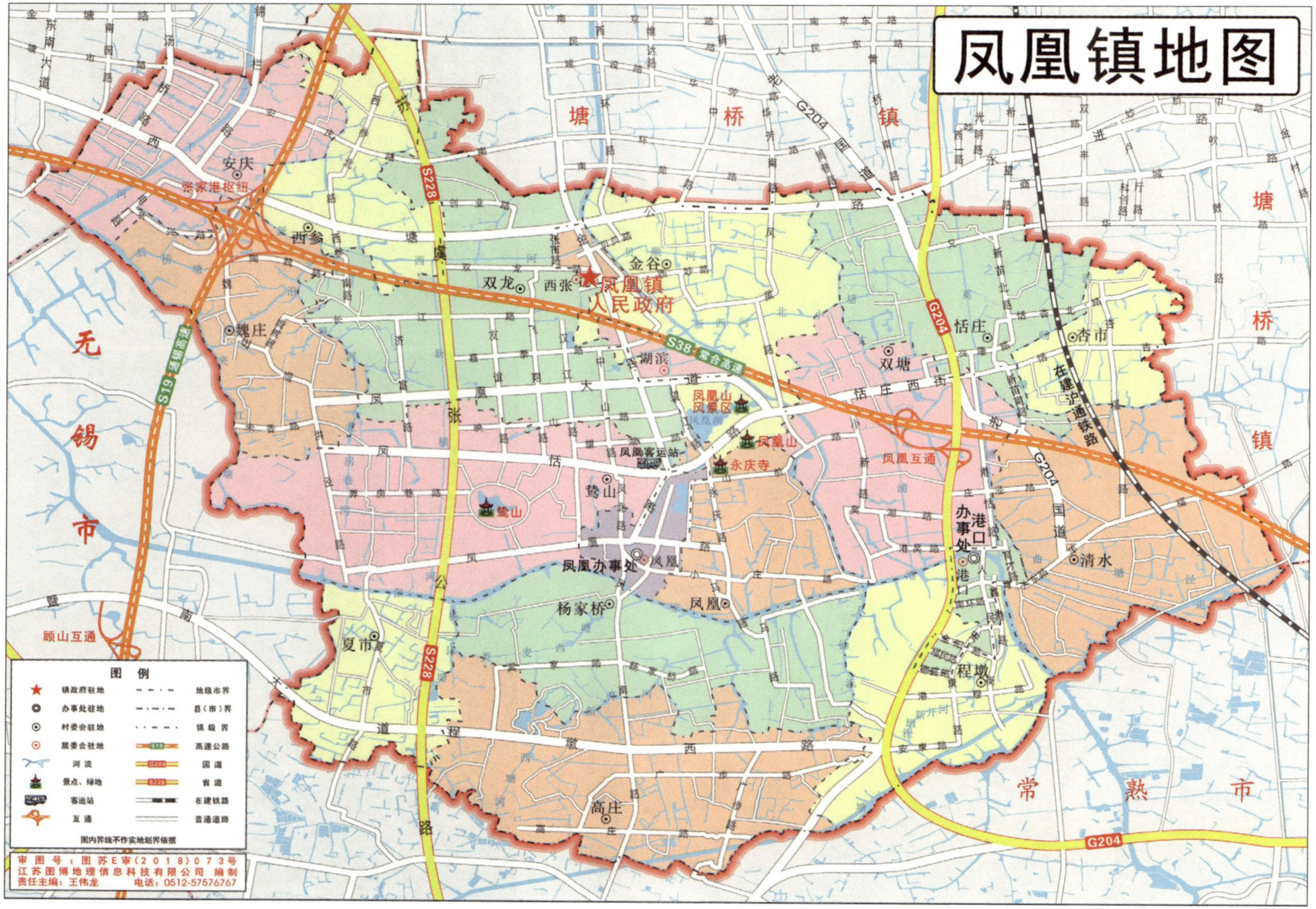

凤凰镇地图

塘桥镇

无锡市

常熟市

凤凰镇人民政府

安庆 张家港枢纽 西参 双龙 西张 金谷 魏庄 湖滨 凤凰山风景区 凤凰山 永庆寺 凤凰客运站 鹫山 凤凰办事处 凤凰 杨家桥 夏市 高庄 恬庄 双塘 杏市 凤凰互通 港口办事处 港口 清水 程墩 顾山互通

在建沪通铁路

S38 常合高速 S19 通锡高速 S228 G204

图例

★	镇政府驻地		地级市界
	办事处驻地		县（市）界
	村委会驻地		镇级界
	居委会驻地	S19	高速公路
	河流	G204	国道
	景点、绿地	S228	省道
	客运站		在建铁路
	互通		普通道路

图内界线不作实地划界依据

审图号：图苏E审（2018）073号
江苏图博地理信息科技有限公司 编制
责任主编：王伟龙 电话：0512-57576767

金凤凰温泉（2016 年）　蔡春林　摄

榜眼府（2011 年）　郑敏　摄

红豆树（2016 年）　蔡春林　摄

石板街（2016年）

龚峻 摄

杨氏花园（2016 年）

龚晓东 摄

桃园（2012 年） 俞磊 摄

凤凰山茶场（2016 年）　　程磷　摄

油菜花海（2016 年）

张龙法　摄

恬庄新街（2016 年）　　　　徐卫元　摄

目录

吴歌之乡，古韵凤凰

凤凰镇因山得名。南宋时期，鲍廉主修的《琴川志》已出现凤凰山之名。明嘉靖五年（1526）进士杨仪说："山有三峰，若翔凤然；山石又皆鳞鳞东向，翩然凤羽也，故名。"清顺治四年（1647）进士钱朝鼎则说："右首左尾，南北麓若张翅，俗名凤凰山。"清康熙八年（1669）主持编纂《常熟县志》的钱陆灿称："凤凰山一名河阳山。而凤凰则像其山之首尾，翼而飞如凤凰然。"凤凰大地，山美，水美，风景如画，令人神往。

桃花年年笑东风，文脉悠远耀千载

自张家港市区沿苏虞张公路驱车南行，不到一刻钟，就来到凤恬路口，千亩桃园的巨幅宣传牌便映入眼帘。路西，就是凤凰镇千亩桃园的核心示范基地。暮春三月，千亩桃树树树着花，万朵桃花花花沾露。近而察之，桃之夭夭，灼灼其华；远而观之，桃林绯红，彩霞一片。置身其中，恍入天界仙境。待至七月，再来观赏，硕大的蜜桃挂满枝头，满天地香气氤氲，沁人心脾。

凤凰水蜜桃产业园建有桃博馆。走进展厅，凤凰"甜蜜事业"的发展历程一一呈现眼前。1952 年，凤凰镇引进水蜜桃，培育出小红花、大红花等 20 多个优良品种。2002—2008 年，凤凰水蜜桃在省级以上桃果品评比中已获奖八次，被誉为"苏州第一桃"。2009 年，建成凤凰水蜜桃产业园。为弘扬桃文化，凤凰镇自 2006 年至 2016 年，先后举办了 11 届凤凰桃花节。

离开桃博馆，过立交桥，沿凤恬路东行，转瞬间就到凤凰山。永庆寺隐约林间，文昌阁耸立山头。山不在高，名以人传。历史上，李堪、温革、陈绎曾、陈基、徐恪、缪昌期、钱陆灿、钱朝鼎等文人墨客登临凤凰山，每每留有诗篇，描摹山水，赞颂名蓝，或直抒胸臆，或相互唱和，名士佳作将凤凰名声远播四方。可以毫不夸张地说，凤凰山是凤凰文化的发祥地。古往今来，吟咏凤凰山的诗篇有数百篇，而以诗境的开阔、写景的精到、感情的醇厚论之，首推元末杨维桢的《游秀峰吊陆状元》。"河阳山色画图开"，杨维桢一踏上凤凰的土地，就为凤凰的秀山丽水所折服。他诗情喷涌，以宏阔的想象，奇峻的诗风，诸暨才子的文采，发自内心的咏叹，淋漓尽致地摹写了凤凰山之美。

凤凰山周边，人杰地灵，人才辈出，历代名士，俊采星驰。据《重修常昭合志》记载，自唐开成五年（840）至清光绪六年（1880），境内进士出身者共有22人。陆器，凤凰山人，唐开成五年状元。他不仅是张家港市历史上唯一的一位状元，也是苏州地区自唐至清有记载的50名状元中的首位状元。凤凰山东南的港口集镇是清代望族蒋氏家族的发祥地。清雍正、乾隆年间，蒋廷锡与其子蒋溥均为东阁大学士，为张家港市历史文化的亮点。元末明初文学家陈基长期寓居凤凰山河阳里，其《裁衣曲》被邓绍基《元代文学史》评价为“元代最好的乐府体作之一”。凤凰山西边八房巷是明代清官徐恪故里。徐恪巡抚河南，深得民心，离任时，“吏民罢市，泣送数十里不绝。属吏以羡金赆，挥之去”。钱朝鼎，清顺治四年（1647）进士，曾三任刑官，执法持平，很有声望。钱泮，明嘉靖十四年（1535）进士，嘉靖三十四年，协助常熟县令王鈇抗倭，在抗倭寇激战中牺牲。

良相诚可嘉，良医亦可赞。让塘之南，柳陌桥畔，明代凤凰出了个名医缪希雍。缪希雍“生死人，攘臂自快，不索谢”，扶危济困，有大丈夫气概，所撰三十卷《神农本草经疏》为中国医药史做出了杰出贡献。

凤凰的秀美山水滋养了艺术人才，卢星堂便是代表人物之一。他的绘画作品以林木、雪瀑为主，在当代江苏画坛上独具一格。1996年，卢星堂为中南海紫光阁创作了丈二匹《泰山图》。他创作的丈二匹《华岳参天图》布列在天安门城楼，丈二匹《锦绣江南》布列在中南海怀仁堂。

历史文化彩纷呈，恬庄古镇自风流

凤凰山麓的永庆寺，始创于南朝梁大同二年（536）。寺中罗汉堂内塑有十六尊罗汉像，是唐代著名雕塑家杨惠之的作品。寺内有千年古桧、肉身菩萨和天然石井“三绝”，有永庆寺“内外八景”。千余年间，永庆寺几经兴废。1993 年，张家港市人民政府民族宗教事务科同意复建永庆寺。至 2016 年年末，永庆寺建筑面积 9860 平方米。复建永庆新寺以其独特的自然景观和文化氛围重现永庆寺昔日风采，成为国家 AAAA 级旅游景区凤凰山风景区的重要组成部分。

凤凰山西北侧有河阳山歌馆。河阳山歌馆建于 2005 年，建筑面积 3803.5 平方米，占地面积 1.3 万平方米。馆内设河阳山歌主题馆、历史文物陈列馆、名人厅、民俗厅等功能场所。

河阳山歌是凤凰群众千百年来创作、传承的歌谣的总称，是吴歌体系的重要一脉。原中国文联主席周巍峙称河阳山歌是“人民的心声，民族的情结，中国的瑰宝，世界的奇葩”。河阳山歌是国家级非物质文化遗产吴歌的重要组成部分。2006 年,《中国・河阳山歌集》正式出版。

河阳宝卷是流传于凤凰山地区的民间讲唱文学脚本，是国家级非物质文化遗产吴地宝卷的重要组成部分。2007 年,《中国・河阳宝卷集》正式出版。

位于凤码路之南、让塘（张家港塘）之北的鸷山红豆树，为江南名木，相传为南朝梁昭明太子萧统为思念恋人所手植。1984 年，红豆树被列为张家港市文物保护单位，是镇内有生命的文物。

沿凤恬路东行至国道 G204 线，古镇恬庄便出现在眼前。恬庄镇创于明代，盛于清初。清代杨希潔有《恬庄小识》记其沿革。镇区建筑大多保留明、清、民国时期的原有风貌。其中，由榜眼府、杨氏孝坊、杨氏南宅三处古民居组成的杨氏宅第于 2013 年被列为全国重点文物保护单位，蒋宅于 2014 年被列为张家港市文物保护单位，张宅、陈宅于 2009 年被列为张家港市控制保护建筑。恬庄杨氏人才辈出。清咸丰年间（1851—1861）榜眼杨泗孙以及书法家杨沂孙、著名诗人杨圻、仁义孝子杨岱均声名卓著。2008 年，凤凰镇古镇保护领导小组成立，加强对恬庄古镇保护，修旧如旧，恢复古镇风貌。石板道路，斑驳山墙，幽深街巷，临水民居，处处透出江南水乡风情。21 世纪初，恬庄已经成为凤凰山风景区的核心组成部分。

特色景点怡人心，名品美食誉江南

凤凰山北，隔凤恬路，便是凤凰湖景区。凤凰湖景区总面积 90.67 公顷，其中湖面面积 33.33 公顷。景区设有一座高 18 米的主体雕塑“凤凰展翅”。湖区偃月桥、相思桥、朝凤桥、状元桥等标志性建筑物串联成景。湖光山色，相映成趣。2014 年，凤凰湖生态湿地公园项目被列为苏州市美丽城镇建设优秀示范项目。

金凤凰温泉位于西凤路北端，以绿化公园标准布局温泉区域，景观布置精巧，商务客房、温泉汤屋、度假别墅、美食屋、购物处等一应俱全。该温泉富含氟、镭、钾、钠等多种对人体有益的矿物质和微量元素，对人体多种慢性病有疗效。

飞翔农业生态园位于程墩西路，园内有果蔬采摘、休闲垂钓、迷宫探险等体验项目。江南田园风光和乡村体验活动吸引游客无数。2015 年，飞翔农业生态园被评为国家三星级乡村旅游点、苏州市美丽城镇建设示范项目。

凤凰镇境内河道纵横，土地肥沃，丰富的自然资源孕育出优质的农作物，其中凤凰清水大米最为出名。凤凰稻碾成的米洁白如珍珠，煮饭烧粥，性黏腻，香软适口，为粳米中的上品，清代《常昭合志》将其列为邑之著名物产。凤凰血糯，又名“呕血糯”“红莲糯”，是名贵的糯米，清代将其列为“御米”。

农副业加工产品要数高庄村的豆腐干制作最有特色。高庄豆腐干制作始于清咸丰年间（1851—1861）。高庄豆腐干制作精细独特，品质优，口感好，远销苏州、无锡、上海、南京、杭州等地。2008 年，高庄豆腐干制作技艺被列为张家港市非物质文化遗产。

弄里芹菜，曾在上海曹家渡、苏州南门等市场上享有盛名，是苏、锡、沪一带家庭常用的菜肴。相传宋代名将韩世忠被金兵围困，军中缺粮，夫人梁红玉采摘弄里芹菜以供士兵充饥，故人们又称弄里芹菜为“玉芹”。

七彩明珠葡萄园位于千亩桃园核心区，所产夏黑葡萄口感好、个头均匀、颜色一致。自 2012 年建园至 2016 年，所产葡萄在张家港市、苏州市、江苏省、全国的地产优质果品评比中均荣获金奖。

文明花开别样红，贝贝足球放异彩

凤凰镇的精神文明建设一直走在全国前列。1994 年，张家港市委、市政府提出创建全国文明城市的目标。2003—2004 年，凤凰镇被授予“江苏省文明镇”称号，凤凰镇程墩村、双龙村被授予“江苏省文明村”称号。

2003 年，西张派出所民警蔡纯锋获“全国特级优秀人民警察”称号；2005 年，获“全国先进工作者”称号。2005 年 2 月，凤凰镇张巷村村民朱正欢被授予“江苏省见义勇为先进分子”称号。2005 年 8 月，凤凰镇果农陶卫文为白血病患者捐献造血干细胞。2013 年 1 月，凤凰镇金谷村村民、盲人陈利芳当选孝老爱亲“中国好人”；2014 年，被评为“全国十佳好人”，其家庭获得“全国五好文明家庭标兵”和“全国最美家庭”提名奖。

1983 年，在宋庆龄基金会、中华全国体育总会的大力支持下，由沙洲县橡胶厂发起举办首届全国“贝贝杯”少儿足球赛。至 2001 年，连续成功举办 18 届。2016 年，中国足协第十九届“贝贝杯”青少年 12 岁男子足球赛在张家港市凤凰镇开赛。2016 年 7 月 12 日 16 版《人民日报》发表评论文章。

凤凰镇，镇名优美，花香令人陶醉。如今的凤凰，正以崭新的姿态，向着经济强镇、旅游名镇、生态美镇的目标奋进。凤凰展翅，前程万里，凤凰镇明天将更加辉煌。

桃园俯瞰（2016 年）　　钱永德　摄

基本镇情

凤凰镇位于江苏省南部、苏州市北端，为张家港市南大门。中心位置位于北纬31°47′22.95″，东经120°37′28.14″，镇域面积78.8平方千米，常住人口13万人。凤凰镇文化底蕴深厚、产业特色鲜明、生态环境优美，是传统意义上的“江南鱼米之乡”，凤凰镇先后被评为全国千强镇、国家卫生镇、全国环境优美镇、中国吴歌之乡、中国民间文化艺术之乡、中国历史文化名镇，先后入选全国发展改革试点小城镇、全国新型城镇化综合试点镇、江苏省行政管理体制改革试点镇、苏州市美丽城镇示范点、苏州市十大魅力旅游乡镇、江南水乡古镇世界文化遗产预备名录。

区位 交通

地理位置 凤凰镇地处江苏省南部、苏州市北端，为张家港市南大门，距张家港市区 11.5 千米，距上海 89 千米，距南京 187 千米，距苏州 56 千米，距无锡 38 千米，距常州 65 千米，距南通 35 千米，属上海“一小时都市圈”核心位置，是“长三角”地区重要的工农业基地和商品集散地。凤凰镇东、北连张家港市塘桥镇，南接常熟市，西邻张家港市杨舍镇、江阴市顾山镇。

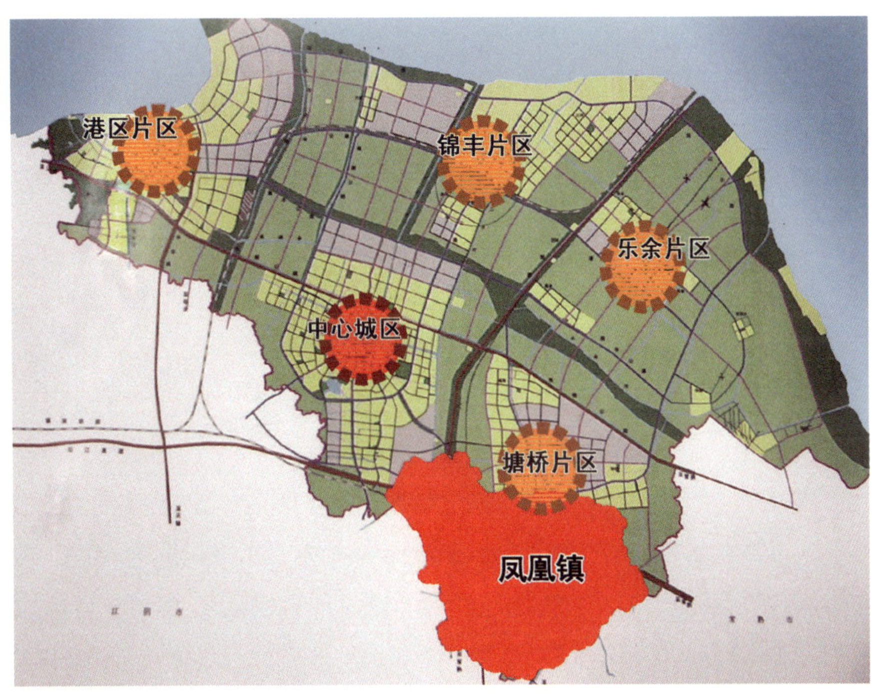

凤凰镇在江苏省张家港市的位置（2009 年）

常合（沿江）高速公路（2016 年）　　徐卫元　摄

国道 G204 线凤凰段（2016 年）

行在凤凰　凤凰镇地处经济发达的长江三角洲，交通发达便捷。常合（沿江）高速公路、通锡（锡张）高速公路分别从镇域中部、西北部穿境而过，西塘公路、凤凰大道、凤恬路、凤凰路、程墩路东西向横穿镇域，苏虞张公路、金谷路（西凤路）、国道 G204 线南北向纵贯镇域，张家港塘主航道东西向穿越镇域。

对外交通　旅客若搭乘各地航班至上海虹桥机场、浦东国际机场、南京禄口国际

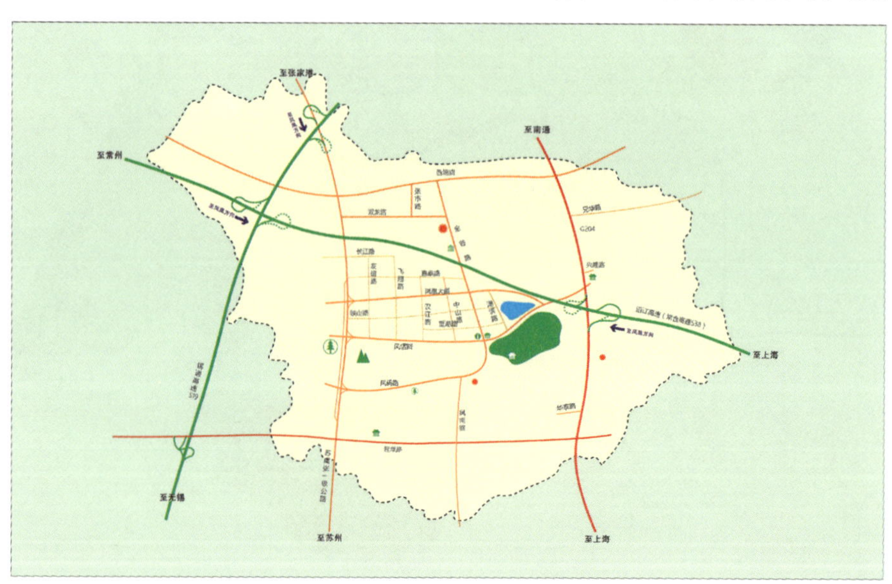

凤凰镇对外交通示意图（2016 年）

常合（沿江）高速公路凤凰收费站（2016 年） 徐卫元 摄

机场或常州奔牛国际机场，经常合（沿江）高速公路，1~1.5 小时车程可达凤凰镇；旅客若搭乘航班至无锡苏南硕放国际机场，半小时车程可达凤凰镇；若旅客搭乘各地列车至苏州、无锡，经苏虞张公路、通锡（锡张）高速公路等通道，半小时车程可达凤凰镇。

建置沿革

历史沿革 凤凰镇因凤凰山得名。商末，凤凰属勾吴之地。春秋时期（前 770—前 476），凤凰属吴越之地，是楚国贵族春申君黄歇的封地。战国时期（前 475—前 221），凤凰先后属越国、楚国。秦始皇统一中国后，凤凰属会稽郡。西汉（前 206—8），凤凰属吴县虞乡。东汉（25—220），凤凰地区置吴郡，并设置司盐都，属南沙乡。西晋太康四年（283）置海虞县，凤凰属海虞县。东晋咸康七年（341），以南沙乡罢盐署建南沙县，凤凰属南沙县。南北朝梁（503—557）时，凤凰境域属兴国县。南朝梁天监三年（540），南沙县改名为常熟县。隋开皇年间（581—600），凤凰属常熟县北境。唐代，常熟县辖二十四乡，凤凰境域属常熟县感化乡、崇素乡、南沙乡。北宋政和三年（1113），凤凰境域属平江府常熟县感化乡、崇素乡。元代，常熟县升为常熟州，凤凰境域隶属常熟州感化乡、崇素乡、南沙乡，都以下，改里为图。明代，常熟州复称常熟县，凤凰境域属常熟县崇素乡第八都、第九都。明正统年间（1436—1449），常熟鹿苑奚浦钱氏创建恬庄镇。弘治年间（1488—1505），侍郎徐恪创建西徐市集镇（凤凰镇）。清雍正四年（1726），常熟县东分设昭文县，凤凰属常熟县感化乡、崇素乡，成为常熟北门外商贾重镇。清代中叶，旧有乡名已置不用，改划为场，凤凰属丰一场十四都。清宣统二年（1910），推行地方自治，凤凰分属三塘乡、西义乡、凤凰山乡、塘桥乡、耿泾乡。1912 年，撤昭文县，常熟县与原昭文县合并为常熟县，凤凰境内属常熟县第四区、第九区。1929 年 8 月，县以下实行区乡制，以区辖乡，凤凰属浦城区、凤凰区。1934 年 4 月，区域合并，境内大部分属塘桥区，部分属梅李区。1937 年，贯穿凤凰的“十苏王”（江苏常熟十一圩至浙江嘉兴王江泾）公路建成通车，当时贸易之盛甲诸镇，时人称“一日三市”。1946 年 5 月，凤凰分属塘桥区三塘乡、西义乡、长寿乡及梅李区慈乌乡等。新中国成立后，凤凰属常熟县。1950 年 3 月，废除保甲制，建立乡、村政权，凤凰分属塘桥区、大义区、福山区管辖，其中塘桥区管辖凤凰乡、鸷山乡、中塘乡、新塘乡、双塘乡、长寿乡、栏杆乡，大义区管辖杨桥乡、大团乡，福山区管辖杏市乡、泗安乡。1957 年 9 月，撤区并乡，凤凰分属恬庄乡、凤凰乡、西张乡。1958 年 10 月，以乡建社，实行政社合一体制，凤凰分属恬庄人民公社、凤凰人民公社、西张人民公社。1962 年 1 月，沙洲县成立，恬庄人民公社、凤凰人民公社、西张人民公社划归沙洲县管辖。1962 年 5 月，恬庄人民公社治所移至港口，更名为港口人民公社。1983 年 5 月，撤销港口人民公社、凤凰人民公社、西张人民公社，恢复乡建制。1986 年，撤销沙洲县，建立张家港市（县级），凤凰乡属张家港市。1992 年 12 月，凤凰乡撤乡建镇。2003 年 8 月，港口镇、凤凰镇、西张镇三镇合并组成新的凤凰镇，镇人民政府驻原西张镇金谷路 9 号。

行政区划 2016 年，凤凰镇辖凤凰办事处、港口办事处 2 个办事处，双龙村、金谷村、西参村、魏庄村、安庆村、凤凰村、鸷山村（又称支山村）、杨家桥村、高庄村、夏市村、清水村、程墩村、恬庄村、双塘村、杏市村 15 个行政村，西张社区、凤凰社区、港口社区、湖滨社区 4 个社区。

2016 年凤凰镇村（社区）基本情况表

表 1

名称	村民小组、自然村（个）	面积（平方千米）	集体经济总收入（万元）	可用财力（万元）	总资产（万元）
金谷村	58 个村民小组，24 个自然村	6.30	912	792	5617
双龙村	45 个村民小组，22 个自然村	8.36	2446	1460	20798
西参村	32 个村民小组，23 个自然村	3.28	1384	704	2989
魏庄村	34 个村民小组、34 个自然村	4.30	911	744	4363
安庆村	37 个村民小组，27 个自然村	4.42	856	793	3678
凤凰村	36 个村民小组，21 个自然村	5.42	2178	1090	7673
鸷山村	47 个村民小组，21 个自然村	6.12	1041	585	4082
夏市村	28 个村民小组，21 个自然村	2.95	676	391	4418
高庄村	56 个村民小组，43 个自然村	7.33	1434	209	4668
杨家桥村	43 个村民小组，30 个自然村	5.83	690	402	4817
程墩村	38 个村民小组，29 个自然村	5.10	1421	915	8941
清水村	58 个村民小组，58 个自然村	6.60	738	520	5204
杏市村	16 个村民小组，20 个自然村	2.13	522	270	2554
恬庄村	40 个村民小组，37 个自然村	5.16	1702	827	3648
双塘村	41 个村民小组，43 个自然村	5.51	1490	804	6907
凤凰社区	5 个居民小组	4.48	—	—	—
港口社区	20 个居民小组	4.48	—	—	—
西张社区	4 个居民小组	7.13	—	—	—
湖滨社区	—	—	—	—	—

双塘秋色（2016 年）

自然地理

凤凰镇属老长江三角洲的古代沙嘴区，成陆年代约7000年以前，是海相河相沉积平原，境内的凤凰山、鹜山原是海中小岛。长江携带的大量泥沙在入海口的浅海中不断沉积，逐渐形成陆地，也在境内留下了许多河道和池塘。先人在这片土地上浚拓河道，筑田修渠，使境内的让塘、严塘跟境外的河道连接，贯通长江，既能排涝防洪，又能引水灌田。经过祖先一代一代的辛勤开垦，贫瘠的泻卤地变成了沃野平展的良田。境内地势自东南向西北依次降低，平均海拔约5米，最高点为凤凰山主峰，海拔86.7米，最低点为安庆村栏杆桥地区，海拔接近零点。境内河流水网密布，纵横交错，鱼、蟹等水产品资源丰富，是“江南鱼米之乡”。

长期的人类活动尤其是生产活动影响着境内的地貌形态。采石使山丘改变了原来的面貌，有的被夷为平地，如鹜山。

凤凰山（2013年）

鹜山（1965 年）

山丘

凤凰山 又名河阳山，位于凤凰镇中部，占地面积约 0.75 平方千米，东西长约 1.5 千米，南北宽约 0.5 千米，海拔 86.7 米。据《重修常昭合志》载，清顺治年间（1644—1661），进士钱朝鼎撰记：“河阳山右手左尾，南北盆麓若张翅。俗名凤凰山。”志中还记载：“凤鸟前而鹜鸟后也。杨仪记云：‘土人恶其名，更其文为志。’”山上林木葱郁，风景秀美。

鹜山 又名志山。位于凤凰镇西南部，凤凰山西侧，因有“前凤后鹜”之说法，故称鹜山。原主峰海拔 66.3 米，东西长 500 米，南北宽 350 米，占地面积 0.18 平方千米。鹜山的山石原为赤黄色。历史上鹜山怪石奇叠，山陡林密。后由于战乱，林木皆被毁，光秃山体呈红褐色。1958 年，开展全民植树造林。1965 年，封山育林。经过八年努力，山冈披上了绿装，满山的毛竹、松树郁郁葱葱。后经十多年的大量采石，青山几乎被夷为平地。

小山 位于凤凰山东南侧，是与凤凰山相连的一个山冈，高 50 米，周长 2 千米。山上种有茶树。

马鞍山 位于凤凰山西侧，实为一个高岗。1968 年，新凤大队建办采石场并进行开采，经过十多年的大规模采石，高岗大部分被夷为平地。现建有凤凰山庄。北侧留下 30 多米深的石宕。

水系

2016 年，凤凰镇境内共有张家港市市级河道 7 条，境内长度为 38.3 千米；有镇级河道 34 条，长度为 78.47 千米；有村组河道 1850 条，长度为 295 千米。

张家港塘 南起上海，北至张家港，境内全长 10.92 千米。境内河道西起鹜山村，

张家港塘（2009 年）

奚浦塘（2004 年）

东至走马塘，流经程墩村、清水村、双塘村、凤凰村、杨家桥村、鸷山村、夏市村。为张家港市市级河道。

奚浦塘 北起南丰镇泗兴支港与四干河相接，南至张家港塘，全长 17.31 千米，境内全长 4.91 千米。境内河道北起兄华路，南至张家港塘，流经恬庄村、双塘村、清水村。为张家港市市级河道。

三丈浦 北起塘桥镇盐铁塘，南至张家港塘，全长 12.4 千米，境内全长 4.5 千米。境内河道北起西塘公路，南至张家港塘，流经双塘村、恬庄村、金谷村。为张家港市市级河道。俗称“三让浦”，典出吴公子季札三让王位（一说仲雍让位）的故事。

西旸塘 北起塘桥镇与南丰镇交界处七干河，南至奚浦塘，全长 10 千米，境内全长 2.98 千米。境内河道北起恬杏北路，南至奚浦塘，流经恬庄村、杏市村。为张家港市市级河道。

三干河 北起长江锦丰镇段，南至张家港塘，全长 31.3 千米，境内全长 6.26 千米。境内河道北起长寿河，南至张家港塘，流经金谷村、双龙村、双塘村、凤凰村。为张家港市市级河道。

走马塘 北起常阴沙走马塘江边枢纽，南至高庄村，全长 15.6 千米，境内全长 4.7 千米。境内河道北起常合（沿江）高速公路，南至高庄村，流经高庄村、程墩村、清水

三丈浦（2008 年）

西旸塘（2009 年）

村。为张家港市市级河道。

二干河（十一圩港） 北起锦丰镇十一圩节制闸，南至江阴市界，全长 26.5 千米，境内全长 4.03 千米。境内河道北起江苏万富安机械有限公司，南至江阴市界（省道 S442 线附近），流经安庆村。为张家港市市级河道。

山东塘 西起三干河，东至三丈浦，全长 0.73 千米。流经双塘村。

山东塘（2008年）

凤凰镇镇级河道一览表

表 2

序号	名称	全长(千米)	起止	流经村、社区
1	新西河	9.51	东起奚浦塘，西至二干河	安庆村、西参村、魏庄村、双龙村、金谷村、恬庄村
2	马王塘	1.69	向北往西至安庆村，南至长寿河	安庆村
3	白马隆	2.03	南连张家港塘，东至三干河	凤凰村
4	马路河	1.04	北起张家港塘，南至凤凰玻璃厂	杨家桥村
5	山东塘	0.73	西起三干河，东至三丈浦	双塘村
6	黄莲塘	1.24	南起港程路，北至张家港塘	程墩村
7	新横河	4.19	北起新西河，南至凤码路	鸷山村、双龙村、西参村
8	杨木塘	1	西起杨舍镇，东至二干河	安庆村
9	沿塘河	4.35	北至新西河，南至凤凰大道	双龙村、魏庄村
10	深家浜	0.92	西起三丈浦，东至国道 G204 线	恬庄村、双塘村
11	石塘河	1.65	南起凤恬路，北至支塘河	金谷村、双龙村、湖滨社区
12	夹江塘	4.67	北起二干河，南至张家港塘	魏庄村
13	西参河	1.82	南起新西河，北至长寿河	西参村
14	支塘河	4.96	南起凤码路，东至三干河	金谷村、双龙村、凤凰村、湖滨社区
15	长寿河	7.31	西起二干河，东至三干河	安庆村、西参村、双龙村、金谷村
16	杨沐塘	1.48	南起苏虞张公路，北通张家港塘	杨家桥村、夏市村
17	船舫浜	0.32	北通张家港塘，南至夏市路	夏市村
18	西塘河	1.80	南起高庄村崔家巷，向北往东至飞翔新开河	杨家桥村、高庄村
19	飞翔新开河	1.47	西起西塘河，东至西浜	杨家桥村、高庄村
20	曲塘泾	3.03	西起奚浦塘，东至走马塘	清水村、港口社区
21	西浜	3.4	南起程墩路，北至张家港塘	杨家桥村、高庄村
22	安徽洞	1.3	北接塘桥镇华妙河，南连长寿河	双龙村、西参村
23	蟹婆塘	1.59	北连北横塘，西至三丈浦	恬庄村
24	龙房巷河	2.19	南起村道（千亩桃园），北至沿塘河	鸷山村
25	支山塘	0.55	北起鸷山老村委，南接张家港塘	鸷山村
26	北横塘	1.5	西起三丈浦，东至奚浦塘	恬庄村
27	助剂厂浜	0.32	南起凤恬路，北至张家港塘	杨家桥村
28	黄泥塘	1.41	南起张家港塘，北至凤翔新村	凤凰村、凤凰社区
29	港口镇区河	1.26	东西联通张家港塘	程墩村
30	河泾塘	2.27	西连奚浦塘，东至塘桥镇妙桥办事处	双塘村、恬庄村、杏市村、清水村
31	老二干河	1.52	北起杨沐塘，南至二干河	安庆村
32	钱泾塘	1.84	南起曲塘泾，北至杏福路	清水村
33	八仙浜	3.23	北起张家港塘，南至走马塘	程墩村、杨家桥村、高庄村
34	居墩河	0.88	西起双龙北窑塘，东至三干河	金谷村

气候

凤凰地处亚热带季风气候，四季分明，雨水充沛，日照较丰富，无霜期长。季风环流是支配本地气候的重要因素。夏季受来自海洋的东南信风控制，以炎热多雨天气为主。冬季受欧亚大陆强冷空气侵袭，以干旱寒冷气候为主。春秋两季则是冷热季风交替时期，形成干、湿、冷、暖的多变天气。

春之凤凰湖（2014年）

光照　2016 年，年日照时数 1770.5 小时，年日照百分率为 40%；日照时数最多的月份为 8 月，为 286.7 小时，占月可照时数的 70%；日照时数最少的月份为 10 月，为 61.1 小时，占月可照时数的 17%。

气温　2016 年，年平均气温为 17.1℃。7 月、8 月为全年最热月份，月平均气温均为 29.3℃；1 月为全年最冷月份，月平均气温为 3.7℃。

降水量　2016 年，年降水量为 1895.1 毫米，2 月为降水最少月，降水量为 28.9 毫米；6 月为降水最多月，降水量为 348 毫米；4—9 月为汛期，降水量为 1337 毫米。

徐威 摄

夏之凤凰湖（2015 年）

季风　冬季受欧亚大陆寒冷空气的侵袭，盛行北风和西北风。夏季受海洋季风的控制，以东南风为主。春秋两季盛行东风、东南风，间有东北风，形成多变天气。全年以东南风占多，西风较少。平均风速为 2.1 米 / 秒。

秋之凤凰湖（2013 年） 龚晓东 摄

龚晓东 摄

雪景（2016 年） 龚晓东 摄

梅雨 每年 6 月中旬进入一年一度的梅雨期，阴雨绵绵，湿度大增，降水量增多。每年约在 6 月中旬入梅，约在 7 月中旬出梅。根据梅雨量的多少分枯梅、润梅。一般以 6 月 10 日前入梅称早梅。

人口　姓氏

人口总量　凤凰镇境内自隋唐以来，北方战乱频繁，来自黄河流域的北方移民不断南迁入境。明清以后，境内的人口逐渐增多，辛亥革命后至抗战胜利前夕的三十多年中，历经军阀混战、外敌入侵、水旱灾害，人口渐有下降。新中国成立后，人口变动比较平稳。到 20 世纪 60 年代中期，人口增长较快。1964 年第二次全国人口普查时，镇域总人口 52156 人。70 年代后，国家实行计划生育政策，人口自然增长率逐年降低。1978 年中共十一届三中全会以后，外来定居务工经商的人口日益增多。1990 年第四次全国人口普查时，镇域总人口 69138 人。2016 年，凤凰镇有 20963 户，户籍人口 66422 人。

流动人口　1979 年前，境内人口流动主要以婚嫁迁入或迁出，少有外来流动人口。随着改革开放的深入、乡镇企业的快速发展和张家港市韩国工业园的设立，外来流动人口逐渐增多，主要从事工业、服务业和商业。2003 年，有外来暂住人口 9200 人。2016 年，有外来暂住人口 54542 人。这些外来流动人口来自苏北、安徽、河南、四川、湖北等地。

人口来源　据境内新石器时代遗迹考证，凤凰镇地区在 5500 年前已有人类活动。据旧志和宗谱记载，自宋朝开始，人口主要由黄淮流域、江苏北部、浙江湖州、浙江台州等地迁此定居，逐渐形成渔梁徐氏、河阳萧氏、海虞宋氏、河阳钱氏、港口蒋氏、恬庄杨氏六大名门望族。清朝初年起，周边地区的部分贫苦农民和少数商人为求生计，先后迁入境内定居，或垦地务农，或开店经商。同时，还有少数男女青年婚嫁迁入。1978 年中共十一届三中全会以后，外来人口开始迁入镇内定居、务工、经商。

主要姓氏　2016 年，全镇常住人口以户为单位，人口居前十位的姓氏主要有徐、钱、陈、王、张、朱、周、陆、李、许。徐姓 5501 人，钱姓 3941 人，陈姓 3894 人，王姓 3420 人，张姓 3348 人，朱姓 2923 人，周姓 2596 人，陆姓 2424 人，李姓 1760 人，许姓 1745 人。前十大姓人口总数占 2016 年全镇人口总数的 47.5%。

名门望族

渔梁徐氏 据《渔梁徐氏宗谱》记载，宋建炎年间（1127—1130），徐氏先祖护送宋高宗南渡，数代后，传至南宋承事郎徐郏（谱名千十四公），迁至乘航邵舍。后裔徐春轩再迁至渔梁，为渔梁徐氏世祖。渔梁即今张家港市境内凤凰、乘航（属张家港市杨舍镇）一带。主要人物有徐珵、徐恪、徐琭、徐訔。清光绪年间（1875—1908），修《渔梁徐氏族谱》，3 册，残本，保存于上海图书馆。

徐恪离任开封

河阳萧氏 据《河阳萧氏族谱》记载，元代有海运万户名萧佑什者，迁居常熟，遂占籍。主要人物有萧安道、萧奎、萧蜕。1948 年，修《河阳萧氏族亦汝谐二房支简谱》，不分卷，1 册，抄本，保存于常熟图书馆。

港口蒋氏 据《常熟蒋氏西支北宅支谱》记载，元代末年，蒋桢祥为避难从如皋迁常熟，成为迁常熟始祖。蒋氏是明清时期常熟著名的官宦世家和文化名族。主要人物有蒋棻、蒋伊、蒋陈锡、蒋廷锡、蒋季锡、蒋涟、蒋泂、蒋溥、蒋檙、蒋赐棨、蒋元枢、蒋惟枚。蒋氏宗祠位于港口集镇东北侧奚浦塘边，始建于清康熙后期，乾隆年间（1736—1795）拓建，太平天国时遭破坏，后重修，1969 年被拆除。

海虞宋氏 始祖文英公，名子琪，原名準（准）。其先祖宋宪，字秉彝，官至大理丞，唐武德年间（618—626），自京兆（今陕西西安）迁吴兴（今浙江湖州）。六世孙宋景存于明洪武年间（1368—1398），同一弟二侄迁至凤凰。至 1914 年春，繁衍至第二十三世。清乾隆四十五年（1780），第十六世孙宋孔征营建栏杆桥集镇，并于乾隆四十九年将原先安庆桥以石替木改建为栏杆桥。主要人物有宋子琪、宋涛、宋孔征、宋清如。1915 年，始修《海虞宋氏宗谱（继忠堂）》，12 卷，石印本，原件存上海图书馆。

河阳钱氏 据《重修常昭合志》记载：“钱昌宗，字通宝。曾祖元孙，武肃王十三世孙，自台州来徙，占宅奚浦，为奚浦钱氏始祖。”明正统、天顺年间，鹿苑奚浦钱洪、钱宽兄弟在恬庄拥有良田千顷。钱氏协助官府修浚奚浦塘，将河泥堆筑地基，造房屋，建庙宇，逐渐形成集市，始建田庄，后改称恬庄。主要人物有钱洪、钱泮、钱朝鼎、钱陆灿。钱氏宗祠位于恬庄前东街中段，建于清代，原有三楹三进，后进为曲尺形两层楼。民国时期，门厅曾改作钱元茂商号，后改为茶馆。后进先后作过滩簧（戏曲）演出场所、供销社仓库、农业中学学生宿舍等。1978年，奚浦塘截弯取直拓宽时，钱氏祠堂被拆除。

恬庄杨氏 据《杨氏迁虞原始说》记载，杨氏先世居浙江湖州石林镇，于清康熙九年（1670）迁居恬庄，始迁祖为杨德贤。主要人物有杨岱、杨景仁、杨希铨、杨沂孙、杨泗孙、杨圻。清同治二年（1863），修《恬庄杨氏家乘》，全套1册，不分卷，抄本，保存于常熟图书馆。

表3 唐代至清代凤凰镇进士一览表

序号	姓名	简介
1	陆器（约815—约875）	字祖容，唐开成五年（840）庚申科状元
2	蒋级（生卒年不详）	字洪章，明景泰五年（1454）甲戌科进士
3	徐恪（1431—1504）	字公肃，明成化二年（1466）丙戌科进士
4	萧奎（约1440—1500）	字汉文，明成化八年壬辰科进士
5	蒋钦（约1458—1506）	字子修，明弘治九年（1496）丙辰科进士
6	杨仪（1488—1564）	字梦羽，明嘉靖五年（1526）丙戌科进士
7	钱泮（1493—1555）	字鸣教，明嘉靖十四年乙未科进士
8	萧应宫（1539—1611）	字观复，明万历二年（1574）甲戌科进士
9	蒋棻（1598—1663）	字畹仙，明崇祯十年（1637）丁丑科进士
10	钱朝鼎（生卒年不详）	字禹九，清顺治四年（1647）丁亥科进士
11	蒋伊（1630—1687）	字渭公，清康熙十二年（1673）癸丑科进士
12	蒋陈锡（1653—1721）	字文孙，清康熙二十四年乙丑科进士
13	蒋廷锡（1669—1732）	字扬孙，清康熙四十二年癸未科进士
14	蒋涟（1675—1758）	字檀人，清康熙四十八年己丑科进士
15	蒋洞（1684—1735）	字恺思，清康熙五十二年癸巳科进士
16	蒋溥（1708—1761）	字质甫，清雍正八年（1730）庚戌科进士
17	蒋櫄（生卒年不详）	字作梅，清乾隆十六年（1751）辛未科进士
18	杨希铨（1787—1855）	字砚芬，清嘉庆十六年（1811）辛未科进士
19	蒋士麒（生卒年不详）	字幼谷，清道光十三年（1833）癸巳科进士
20	杨泗孙（1823—1889）	字钟鲁，清咸丰二年（1852）壬子科榜眼
21	蒋士骥（生卒年不详）	字北野，清同治十年（1871）辛未科进士
22	杨崇伊（1830—1898）	字思大，清光绪六年（1880）庚辰科进士

经济社会

综合实力 新中国成立前，境内一直是封建土地所有制下自给和半自给的单一农业经济，生产水平低下，经济基础薄弱，农业产值占社会总产值的 90%。新中国成立后，土地改革使农民实现了“耕者有其田”，生产稍有发展，人民生活水平稍有改善。改革开放以后，特别是市场经济体制确立之后，凤凰镇开启了经济腾飞之路。2003 年，凤凰、港口、西张三镇合并成为新的凤凰镇，完成地区生产总值 17.1 亿元，完成公共财政预算收入 0.4 亿元，完成入库税金 1.9 亿元。三镇合一以后，拉开了经济大整合、大发展的序幕，经济总量每年以 20% ~ 30% 的速度递增。2005 年，完成地区生产总值 23.5 亿元，完成公共财政预算收入 0.8 亿元，完成入库税金 4.1 亿元。2010 年，完成地区生产总值 70 亿元，完成公共财政预算收入 4.6 亿元，完成入库税金 12 亿元。2015 年，完成地区生产总值 95 亿元，完成公共财政预算收入 7.1 亿元，完成入库税金 15.6 亿元。2016 年，完成生产总值 100 亿元，完成公共财政预算收入 8.6 亿元，完成入库税金 16.87 亿元。

农业水利 凤凰地区是苏南地区重要粮食产地之一，以水稻、“三麦”[①]、油菜为主要农作物。在长期的封建土地所有制社会里，农业生产技术落后，抵御自然灾害的能力弱，产量低而不稳，广大贫苦农民过着“半年糠菜半年粮”的生活。新中国成立后，经过土地改革，改变生产关系，依靠集体力量兴修农田水利，引进和改良粮食品种，推广农业生产新技术，农业生产力得到较快发展。20 世纪 50 年代末，农业生产连续三年大滑坡。1962 年起，推广科学种田，农业生产力得到恢复。1965 年，港口公社“三麦”亩产 206.6 千克，获沙洲县第一。“文化大革命”期间，推广“以粮为纲”，逐步扩大双季稻种植面积，农业产量虽有所提高，但成本

---

① 三麦：大麦、小麦、元麦的合称。

增加，增产而不增收，农村广大社员的生活水平没有得到明显改善。1978 年中共十一届三中全会后，凤凰镇地域农村推行家庭联产承包责任制，发展多种经营，农业生产全面复苏。西张乡、港口乡、凤凰乡成立农业公司和多种经营服务公司，在技术、机械、良种、植保等方面进行全面指导，推广新的耕作技术，提高农业机械化程度，优化品种，加快农副业生产发展步伐。进入 90 年代，凤凰镇地域全面调整农业产业结构，扩大水蜜桃、茶业种植，发展大棚蔬菜、瓜果、观赏花木等经济作物，促进农、林、牧、副、渔协调发展。1998 年，凤凰镇推行农村集体土地承包经营，土地承包经营权证书发放至每家每户。农民自主经营土地后，部分土地向种田能手、种田大户集中，适度规模经营土地。2002 年，凤凰镇、西张镇、港口镇农业总产值达 30289 万元，农民人均纯收入达 6499 元。2003 年行政区划调整后，凤凰镇建办安庆千亩丰产方、凤凰山茶场、凤凰水蜜桃、苏太猪等 11 个农副生产基地。2005 年，凤凰镇 15 个行政村全部完成社区股份制改造。2012 年以后，凤凰镇立足本地资源优势和特色产业，加大农业结构调整力度，以现代科技和装备为支撑，进一步提升农业产业化经营水平，高效农业、设施农业、品牌农业迅猛发展。同时发展各类农业专业合作社，大力发展土地适度规模经营，加快“农超对接、农旅融合”步伐。凤凰水蜜桃被评为全国名优果品区域公用品牌。2016 年，凤凰镇实现农业总产值 7.26 亿元，粮食、蔬菜、水产品总产量分别为 20902 吨、9176 吨、

凤凰现代农业科技示范园（2013 年）

油菜花海（2016年） 华晓忠 摄

2823吨，有高效设施农业面积711.51公顷，农业机械化率达95%，全镇无公害农产品达13种，有绿色食品13种，有苏州知名商标2个、苏州名牌农产品15种，水蜜桃、梨、葡萄种植面积达3500公顷。

解放前，凤凰镇地区水利设施落后，尤其是村级河道经常发生河床淤塞，给境内农业生产和人民生活带来诸多不便。新中国成立后，党和政府十分重视水利工作，多次组织境内群众疏浚张家港塘、奚浦塘、三丈浦等骨干河道，开挖新沙河等新河道。同时，着力建设排灌站（电灌站）、水渠等农田水利基础设施，增强境内泄洪排涝能力。至90年代，凤凰镇地区基本建立了完备的灌溉、防洪抗旱水利体系。进入21世纪，凤凰镇进一步加大河道治理力度，进行坡岸整治，建设生态河道，建成凤凰水利风景区，不仅增强了防洪抗旱的能力，而且美化了环境，推动了凤凰镇旅游事业的发展。

工业 唐代，凤凰镇地区就有以粮、油原料加工为主的磨坊、碾坊、油坊等手工业作坊。明清时期，凤凰地区出现了许多从事纺纱织布、木工、泥工等手工劳动者。民国时期，境内有米厂、油厂等私营企业，因受旧的社会制度制约，工业发展缓慢。新中国成立后，这些手工业和私营企业经过社会主义改造，逐步走上合作化道路，组建铁业社、木业社等手工业联社。人民公社成立后，按照公社必须“大办工业”的要求，建办农具修理、粮饲加工、食品酿造等社队办企业。20世纪60年代，遵循国家“调整、巩固、充实、提高”的方针，境内对工业经济进行调整，建办港口农具厂、水泥厂等县属大集体企业，部分社办企业或关停，或下放。70年代，按照沙洲县委“围绕农业办工业，办好工业促农业”的政策，境内社、队办工业开始加快发展。1978年中共十一届三中全会后，随着农村经济体制改革的不断深化，凤凰地区社队企业进入了迅速发展期。80年代初，企业实行“四定一奖”①，实行经济承包责任合同制，推动了乡镇企业飞速发展。1986年，港口乡工业总产值首次突破1亿元。进入90年代，凤凰地区开始培育规模型、集团型企业，重视外向型企业的发展。1992年，江苏贝贝集团成为江苏省首家乡镇企业集团，凤凰镇也成为化工、建材、机械、冶金、纺织、轻工、食品等工业门类较齐全的乡镇。港口镇、西张镇分别于1995年、1999年被评为全国乡镇企业进出口创汇百强乡镇。1997年，凤凰镇地区镇村办企业开始进行产权制度改革，进一步增强了企业活力。2002年，境内有工业企业642家。2003年8月，新的凤凰镇成立后，凤凰镇发挥原有三镇的招商优势，引进韩国WIA、台湾金龙铝业、永和包装、化泰塑胶等一批项目。2003年以后，凤凰镇一手抓引进，成为张家港市外向型企业发展重镇；一手抓提升，重点打造新材料、新装备、新能源三大主导产业，同时建设凤凰科技创业园等创业载体，积极引进人才，引进科技人才工作连续多年位居张家港市前列。“十二五”期间，凤凰镇引进外资企业40家，注册外资6亿美元，实际利用外资3亿美元。2016年，凤凰镇有工业企业1505家，133家规模以上工

张家港市韩国工业园（2016年） 龚晓东 摄

① 四定一奖：定产值、定产量、定利润、定人员、超产奖励。

惠晶科技生产车间（2013 年）

业企业实现产值 225.47 亿元、主营业务收入 182.5 亿元、工业利税 12.1 亿元。规模企业经济总量占全镇经济总量的 75.4%。

服务业 明清时期，凤凰镇地区的商业就有了一定发展，恬庄、西徐市、港口、西张市等集镇纷纷形成集市。新中国成立后，人民政府对私营个体商业进行社会主义改造，引导私营商店走合作化道路，实行公私合营，商贸服务业稳步发展。“文化大革命”期间，境内国营商业购销增长缓慢，集市贸易受到限制，商业发展滞缓。1978 年中共十一届三中全会后，实行集体、合作、私营商业贸易等多种经济成分并存，多种经营方式、多种流通渠道共同发展的政策，境内商业贸易蓬勃发展。80 年代，凤凰镇外贸出口稳步增长。90 年代，境内完成商业企业改制工作。2003 年区划调整后，凤凰镇逐步完善商贸服务设施，发展现代物流产业，建设凤凰生活广场等商贸载体，并大力促进旅游事业。2005 年，全镇有各类商业网点 2200 家、综合市场 3 个，完成商贸服务业增加值 5.93 亿元，占地区生产总值的 29.9%。2012 年以后，凤凰镇将发展现代服务业作为转型升级的重要手段，加大服务业的投入力度，服务业增加值占 GDP 比重连续多年超过 35%。2016 年，凤凰镇实现第三产业增加值 39.05 亿元，占地区生产总值的 39.05%。

澳洋医药物流大楼（2008 年）

特色产业园

张家港市韩国工业园 张家港市韩国工业园的前身是原西张镇的一个工业小区，位于西参村大潭南梢西栏公路和新西河旁。1989 年，镇办企业金星制革厂在西塘公路北侧建成。1991 年，台商在西塘公路南侧建办张家港依必朗胶囊厂。但两个厂均未投产。1992 年，韩国商人出资购买金星制革厂，改建成张家港伸进皮革有限公司，并于 1994 年投产，成为工业小区内第一家韩资企业。1993 年，韩国商人购买依必朗胶囊厂并改建。1995 年，江苏露姿化妆品有限公司、张家港多友电子有限公司两家韩资企业进驻工业小区。同年 12 月，西张工业小区改名为韩国工业城。1996 年，江苏高丽包装有限公司投产，生产集装袋。2001—2002 年，随着沿江高速公路和苏虞张公路的先后开工，不少韩国商人相继进入韩国工业城投资建厂。2001—2002 年，韩国商人投资建成龙山汽车配件有限公司、张家港西一新型汽车配件有限公司，马来西亚商人投资建成张家港顶级乳胶制品有限公司。至此，张家港市韩国工业园的雏形初步形成。2002 年年初，原西张镇党委、政府提出初步构想，并于同年 8 月编制一期控制性详细规划。2002 年 11 月，张家港市人民政府批准了《张家港市韩国工业园控制性详细规划》，韩国工业城更名为韩国工业园。从 2002 年 12 月起，原西张镇党委、政府开始高标准规划建设韩国工业园。韩国工业园一期规划以西塘公路为轴心，东至西凤路贝顺公司，西至西参村苏虞张公路西侧 500 米，北至石龙村（今属双龙村），南至双龙村原西张镇与原凤凰镇交界处，规划总用地面积 2.85 平方千米。2003 年 6 月，张家港市人民政府批准设立张家港市韩国工业园管委会。2003 年 8 月“三

韩国工业园威亚汽车配件（张家港）有限公司（2008 年）

镇合一”后，凤凰镇党委、政府按照“全面规划，分期实施”的思路，加快开发建设的步伐，区内规划总用地面积调整为 18.6 平方千米，其中一期建成 8 平方千米，二期建成 10 平方千米，三期建成 18.6 平方千米。2003 年，区内共引进外资企业 10 家，完成注册外资 11767 万美元，到账外资 2554 万美元。至 2005 年年末，区内已投入资金近 2 亿元，完成通水、通电、通气、通网络、通电话、通道路、通电视、通雨水、通排污、通消防、场地平整等“十通一平”。累计引进企业 625 家，其中三资企业 75 家、韩资企业 19 家，累计完成注册外资 2.29 亿美元，到账外资 2.05 亿美元，引进内资 14.35 亿元，张家港市韩国工业园成为凤凰镇工业经济的主要增长点。2006 年，江苏现代威亚有限公司、韩国思泰科材料有限公司、韩国大永（张家港）汽配有限公司等 17 家大型企业落户张家港市韩国工业园，园区经济步入飞速发展阶段。2007 年，凤凰镇党委、政府先后 6 次组织赴韩国、美国等国家和广东、浙江等地举办招商引资说明会与项目考察活动，园区内引进外资企业 10家，完成注册外资 1.34亿美元。2010年，园区内累计有企业791家，其中外资企业68家，全年利税总额 9.65 亿元，进出口总额 7.08 亿美元。2010 年以后，园区内企业利税总额和进出口总额均占凤凰镇工业利税总额和进出口总额的 70%以上，逐步形成以太阳能光伏、LED（发光二极管）、锂电为主导的新能源产业，以汽车配件、数控机床为主导的新装备产业，为凤凰镇经济发展提供源源不断的动力。

江苏省凤凰科技创业园 江苏省凤凰科技创业园于 2009 年 9 月经江苏省科技厅批准设立，总投资 5000 万元。占地面积 50 亩，建筑面积 4.2 万平方米，包括 1 幢办公研

江苏现代威亚有限公司（2014 年）

发大楼、5 幢标准化配置的中试及产业化车间，可同时容纳 50 多家企业入驻。成立后，凤凰科技创业园按照“特色鲜明、技术领先、高度集聚”的要求，吸纳国内外高层次创新创业人才项目集聚，通过与中科院半导体所、微系统所和宁波材料所等科研机构，以及浙江大学、西安电子科技大学、南京工业大学等高校的合作，逐步成为全省领先的乡镇创新创业基地，是凤凰镇科技人才产业化的主要引擎。2009 年，江苏省凤凰科技创业园创建成为省级高新技术创业服务中心。2012 年，江苏省凤凰科技创业园成为张家港市领军人才创业示范基地。2014 年，江苏省凤凰科技创业园获批为国家级孵化器，成为张家港市第二家、张家港市各乡镇中第一家国家级孵化器，凤凰镇被评为张家港市首个“创新型乡镇”。2015 年，江苏省凤凰科技创业园国家级科技企业孵化器挂牌运行。至 2016 年，园区科技型企业产业化总量超 100 亿元。

城乡建设

镇区建设 5000 多年前，凤凰地区就有人类生息。元末明初，境内形成恬庄集镇，明朝时形成西张市、西徐市、港口三个集镇，清朝又形成栏杆桥、周家码头两个小集镇。至解放前，这些集镇大多面积狭小、街道狭窄、卫生环境较差。1958 年，西徐市、港口、西张市集镇均成为公社（乡、镇）政府所在地。改革开放后，西徐市、港口、西张市集镇建设明显加快，尤其是 90 年代开始城镇化改造后，推行农民集中居住建设，集镇建成区面积迅速增加。2002 年，凤凰地区 6 个集镇建成区面积达 9.62 平方千米。2003 年区划调整后，西张市集镇成为新的凤凰镇人民政府驻地。随后，凤凰镇开展中心镇区街景改造，落实古镇保护，打造凤凰新城核心区，营造宜居城镇。2007 年，凤凰镇

凤凰镇中心镇区（2012 年）

聘请同济大学规划设计院规划、编制并经张家港市人民政府批准《凤凰镇新镇区建设规划》。2010 年,《凤凰镇城乡一体化综合配套改革镇村布局规划》出台并被张家港市人民政府批准实施，规划确定“1+1+3”城乡一体化发展模式，即一镇（凤凰镇区，包括西张、凤凰两个集镇区）、一片（港口片区）、三点（3 个农村集中居住点），随即启动新一轮城乡一体三年行动计划。2011 年，凤凰镇采用现代苏式建筑风格，对中心镇区金谷路、双龙路、张市路进行沿街景观、公共设施、汽车及人行道路的建设和改造，改造后的老镇区既体现古镇深厚的历史文化底蕴，又展现出城市功能与设施齐全的江南小镇风采。2014 年，凤凰新镇区四横三纵城市路网、管网体系形成，城市商业综合体、鹜山新型城镇化项目等一批商业项目落地。2016 年，中心镇区及凤凰、港口两个办事处建成区

金谷路（西凤路）(2013 年）

湖滨路（2014 年）　　陈平　摄

总面积为 9.95 平方千米，其中中心镇区面积达 7.73 平方千米。

住宅建设 解放前，凤凰地区农民住宅多数为土坯墙、竹木屋架、稻草屋顶等结构的茅草房，仅有少数富裕家庭才有砖木结构的瓦房。新中国成立后，随着生产的发展，农民收入逐步增加，农民居住条件逐步改善。五六十年代，部分农户翻建或新建住宅，但草房仍占很大比例。70 年代，农户翻建瓦房逐渐增多，与原有房屋相比，屋檐增高，门窗增多，房屋结构趋向合理。改革开放后，农村经济迅速发展，农户开始新建楼房。进入 90 年代，门窗由木头结构逐步改为钢、铝合金材质，农户讲究室内布局与装饰，自来水、电话、有线电视等逐渐进入农村普通家庭。2002 年，凤凰镇地区农村楼房户共有 13956 户，占农户总数的 91.3%。2003 年区划调整以后，凤凰镇加快城乡一体化建设步伐，建设农村集中居住区，改善农村硬件设施，美化农村环境，率先建成苏州市美丽镇村样板区。

生态文明建设 解放前，凤凰地区山清水秀、环境优美，但农村卫生状况普遍较差。新中国成立后，人民政府对城乡环境进行了整治，卫生环境状况有一定好转。改革开放以后，政府重视生态文明建设，加大城乡环境整治力度。2003 年，凤凰镇创建成为国家卫生镇。2004 年，凤凰镇启动化工企业三年整治行动计划，化工污染得到有效遏制。2006 年，凤凰镇被评为全国环境优美镇，全镇森林覆盖率达 22.7%。2006 年，凤凰镇启动大气污染防治三年行动计划，大气污染得到有效治理。2009 年，凤凰镇按照张家港市委、市政府要求，开展“环保三三三”工程[①]，镇村环境有了较大提升。2010 年，凤凰镇森林覆盖率达 25%，人均公共绿地面积

凤凰镇获“国家卫生镇”标牌（2003 年）

凤凰镇获“全国环境优美镇”标牌（2006 年）

① 环保“三三三”工程：江苏省张家港市于 2006—2011 年分两个阶段实施大气污染防治三年行动计划、水环境综合整治三年行动计划、化工行业专项整治三年行动计划，努力为倡导生态文明观，构建“协调张家港”营造良好发展环境。

三星级康居乡村——恬庄村陆家宕（2013 年）

达 10.8 平方米。2012 年，金谷村朱家弄、恬庄村陆家宕、安庆村中陆家创建成为江苏省三星康居乡村。2013 年，凤凰镇党委、政府围绕建成苏州市美丽镇村样板区，投资 1900 余万元，整治大恬庄区域；投资 1085 万元，整治凤恬路沿线 10 个重点区域。是年，凤凰镇创建成为苏州市美丽城镇示范点。2014 年，凤凰水利风景区创建成为江苏省水利风景区，凤凰湖生态湿地公园被评为苏州市美丽镇村建设示范项目。2015 年，按照“美丽江南、幸福典范”的要求，凤凰镇投入 3.5 亿元提升生态环境品质。是年，全镇森林覆盖率达 25%，凤凰镇被评为江苏省首批水美乡镇，金谷村朱家弄、程墩村酒店弄被评为江苏省水美村庄；凤凰镇通过国家卫生镇复审，15 个村通过省级卫生村复审。2016 年，凤凰镇森林覆盖率达 25%，城镇绿化覆盖率达 40%。

教育、医疗

教育 清乾隆三十七年（1772），杨岱在恬庄创办义学，开境内办学之先河。清光绪初年，凤凰书院在西徐市创办。此后，港口集镇等地开始建办私塾。清光绪三十一年（1905），废除科举，停办书院，兴办新学，建办让塘小学、凤凰山乡初等小学、安庆小学等新学校。1949 年，凤凰地区已无私塾。新中国成立后，政府一边改造旧学校，一边鼓励社会各界兴办民办学校，动员适龄工农子弟入学。1952 年，普及小学教育。80 年代，幼儿教育被纳入教育规划，发展成人教育，实施九年制义务教育。90 年代，凤凰地区全面推进教育现代化建设。2003 年行政区划调整后，凤凰镇优化教育资源，大力实施素质教育，改善学校软硬件设施，办学质量得到进一步提升。2005 年，凤凰镇投资 6000 万元异地新建凤凰中学，投资 700 万元新建飞翔幼儿园，投资 100 万元扩建西张幼儿园，投资 110 万元对恬庄小学进行改造升级，同年，恬庄小学被评定为江苏省基本现代化标准村校 A 级。2006 年，绿丰学校栏杆总部建办，吸纳外来民工子女 3493 人。2006 年，西张幼儿园通过省示范幼儿园复审。2010 年，港口学校连续 9 年获张家港市综合评估一等奖。2011 年，易地新建的港口幼儿园交付使用。2016 年，全镇有中小学校 5 所，教师 354 人，在校学生 5701 人；有幼儿园 3 所，教师 78 人，在校幼儿 1912 人。另有新市民子女学校 1 所，教职工 51 人，在校学生 1100 人。公办学校接纳新市民子女在中小学就读的有 3116 人，幼儿有 826 人。全镇中小学、幼儿教

凤凰中心小学（2016 年） 蔡春林 摄

凤凰中学（2013 年）

中央电视台少儿频道《大手牵小手》节目在张家港市凤凰镇录制（2016 年）

师中，市级以上骨干教师比例达 25%，中小学经费总投入达 1.55 亿元。新建的文化中心、中心小学、中心幼儿园投用，所有学校均创建成为“张家港市美丽学校”。

医疗 解放前，凤凰地区医疗条件较差，瘟疫时有发生。新中国成立后，随着医疗条件的改观，人民的健康情况普遍改善。1951 年，凤凰联合诊所成立。2007 年，凤凰镇与张家港市第一人民医院签署委托管理协议，由张家港市第一人民医院对凤凰医院实行委托经营管理，凤凰医院的医疗技术、服务水平和硬件设施等得到全面提升，15 个社区卫生服务站达到张家港市 A 级标准。2008 年，新建的康复中心竣工。2009 年，8 个村创建成为苏州市农村卫生现代化先进村。2012 年，凤凰医院中医科被评为江苏省乡镇卫生院示范中医科。2016 年，凤凰花苑社区卫生服务站试点开展社区医生个性化家庭签约服务。2016 年，全镇有医疗卫生机构 19 个，其中公立医院 1 家、民营医院 2 家、社区卫生服务中心 1 家，15 个行政村各有 1 家卫生服务室；共有医师 96 人。

文化、体育

文化事业 解放前，境内人民群众文体活动匮乏，部分城镇居民到茶馆听书，农村中偶有滩簧戏等表演。新中国成立后，群众文化事业得到发展，文艺宣传队、文艺创作组、电影放映队等文化队伍相继组建，文化中心、影剧院、图书馆等文化场所相继建成，广播站、广播电视站等文化事业机构相继设立。2003 年行政区划调整后，凤凰镇深入挖掘文化资源，河阳山歌、河阳宝卷作为吴歌、吴地宝卷的重要组成部分被列入国家级非物质文化遗产，凤凰镇先后获“中国吴歌之乡”“中国民间艺术之乡”“中国历史文化名镇”等称号。政府通过举办凤凰桃花节、河阳山歌节，开展“村村演”“月月映”“周周唱”“天天说”等群众性文化活动，丰富群众文化生活，基本形成以镇文化中心为龙头，以城乡社区室内外活动场所为依托的公共文化设施新体系。

凤凰文化中心（2016 年）

农民书场（2010 年） 朱德明 摄

体育 五代十国时期，凤凰地区曾设尉司教场，募义兵，组织拳手抗击南唐兵，拳术、甩石锁、举石担等体育运动在民间有深厚基础。民国时期，篮球、足球、乒乓球等现代体育项目逐步传入境内。新中国成立后，境内组建篮球队、乒乓球队等，开展各类比赛。20 世纪 80 年代后，境内建立各类文体活动室，举办各类专项体育比赛和农民运动会，促进了群众体育运动的发展。2006 年，凤凰镇成为张家港市首个苏州市级“亿万农民健康促进行动”示范镇。2012 年，凤凰镇被评为江苏省体育强镇。1983 年，由沙洲县橡胶厂率先发起，中国足球协会和中国宋庆龄基金会主办全国“贝贝杯”少儿足球赛。至 2016 年，共举办 19 届，被誉为中国足球的“希望工程”。“从小参加贝贝杯，长大要捧世界杯”的口号激励了无数青少年投身足球运动。2016 年 7 月 8—14 日，中国足协第十九届“贝贝杯”青少年 12 岁男子足球赛在凤凰镇举办。同年，凤凰镇“贝贝足球小镇”被评为苏州市特色镇。2016 年，凤凰镇建有各类体育俱乐部 19 个、村级健身设施 47 套、足球场 8 个、文体广场 19 个、健身步道 40 千米。

全国第十九届“贝贝杯”青少年 12 岁男子足球赛开幕式（2016 年） 龚晓东 摄

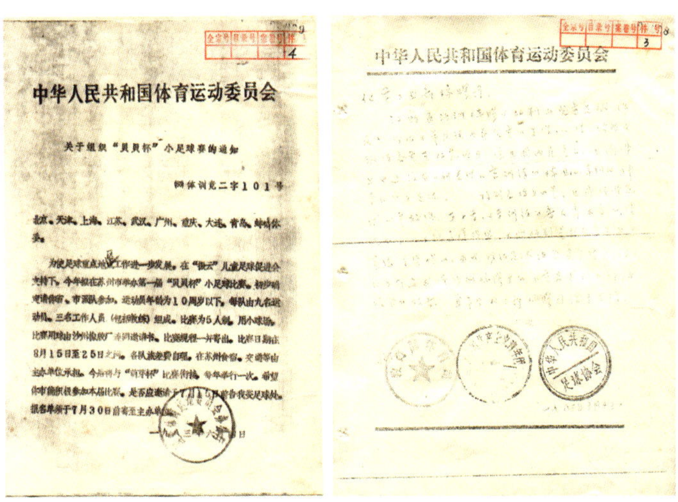
中华人民共和国体育运动委员会

关于组织"贝贝杯"小足球赛的通知

[illegible]体训竞二字101号

北京、天津、上海、江苏、武汉、广州、重庆、大连、青岛、蚌埠体委：

为使足球重点地区工作进一步发展，在"[illegible]"儿童足球促进会支持下，今年拟在苏州市举办第一届"贝贝杯"小足球比赛。初步确定请你省、市派队参加。运动员年龄为10周岁以下。每队由九名运动员、三名工作人员（包括教练）组成。比赛为5人制，用小球场。比赛用球由[illegible]。比赛规程一并寄出。比赛日期定8月15日至25日之间。各队旅差费自理，在苏州食宿、交通等由主办单位承担。今后将与"萌芽杯"比赛衔接，每年举行一次。希望你市能积极参加本届比赛。是否应邀请于7月[illegible]前告我委足球处。报名单须于7月30日前寄至主办单位。

一九八三年六月[illegible]日

中华人民共和国体育运动委员会

1983 年关于组织"贝贝杯"小足球赛的通知

人民生活

收入 新中国成立前，凤凰地区多数农民靠种田为生，生活贫穷，城镇职工工资微薄，生活清苦。新中国成立后，党和政府领导人民进行土地改革和农业合作化运动，农民生活基本稳定。改革开放前，虽然境内城镇职工和农民收入有所增长，但广大群众衣食住行并无大幅度改善。中共十一届三中全会后，随着乡镇工业的发展和第三产业的兴起，境内群众收入逐年提高。广大农户平房翻建为楼房，洗衣机、电冰箱、电视机等家用电器开始进入寻常百姓家。90 年代，广大工薪阶层家庭开始安装电话，配备手机，添置电脑，安装有线电视。至 90 年代中期，全镇 90%以上的农户生活水平已经达到或超过小康标准。2002 年，凤凰镇农民人均纯收入 6499 元，职工人均收入 11428 元。随着经济社会的全面发展，人民收入稳步提高，农村环境明显好转，汽车等高档消费品进入居民家庭。2003 年，农民人均纯收入 7287 元。2011 年，农民人均纯收入 18393 元。2016 年，农民人均纯收入 34230 元。

就业与社会保障 解放前，凤凰地区劳动力均自谋职业，无任何生活保障。新中国成立后，适龄城镇青年由政府安排就业，适龄农村青年一般参加集体农业生产劳动。凡国家全民工作人员享受公费医疗，城镇职工享受劳保医疗，按规定报销医药费。1969 年，境内农村实行福利性合作医疗制度。80 年代，凤凰、西张和港口建立社会保障委员会，开展社会保障工作。1986 年，境内开始实施企业养老保险制度。1988 年，开始建立城乡一体化的农村养老保险制度，逐步取消适龄城镇青年由政府安排就业的政策。1992 年，社会养老保险工作全面推开。1997 年，境内实施“五保合一”的社会保障体制，建立城乡居民最低生活保障机制。2004 年，凤凰镇对老年农（居）民进行社会养老补贴，保障机制覆盖全镇各阶层。2016 年，凤凰镇在岗职工城镇参保率超过 90%。新增就业岗位 14327 个，开发就业援助岗位 842 个，开展专场招聘活动 12 次，应届高校毕业生首次就业率达 99.9%。

解放前，凤凰地区贫困家庭人口仅能得到社会和富户的少量资助。新中国成立后，

凤凰镇夜景（2016 年）

人民政府对失去劳动能力、无依无靠的老人实行“五保”，对孤儿实行“保教”，对生活困难的家庭给予适当救济，并发动社会力量开展扶贫帮困工作，对军烈属进行优待抚恤。2012 年以后，凤凰镇不断创新救助形式，率先在张家港市开展慈善救助项目化运作，积极推广居家养老模式，实行亲情（虚拟）养老院服务信息化管理，实现村（社区）慈善组织全覆盖。2016 年，资助贫困学生 123 人；走访 90 岁以上老人和敬老院人员 491 人，发放物资价值 6.37 万元；对 206 名优抚人员发放补助金 244.14 万元。

滕红燕 摄

凤凰镇学习贯彻党的十八届六中全会精神专题讲座（2016 年）

精神文明建设 80 年代，境内主要开展“五讲（讲文明、讲礼貌、讲卫生、讲道德、讲秩序）四美（语言美、行为美、心灵美、环境美）三热爱（热爱祖国、热爱人民、热爱社会主义）”教育活动和“双文明单位”创建活动及文明新风户、文明职工的评选活动。1992 年，开展物质文明和精神文明一起抓及“团结拼搏、负重奋进、自加压力、敢于争先”的张家港精神教育。1994 年，开展文明市民守则、市民行为规范教育及“三德三礼”[①] 常识教育。1996 年起，境内积极参与创建文明城市系列活动，全方位推进精神文明建设。2012 年以后，凤凰镇大力开展向道德模范学习活动，营造浓厚的“好人文化”氛围；鼓励人人争当志愿者，展示凤凰文明新形象；深入开展全民阅读活动，持续推进“书香凤凰”建设。2013 年起，凤凰镇多次荣获“江苏省文明乡镇”称号。

社区图书馆（2013 年）

① 三德三礼：“三德”指社会公德、职业道德、家庭美德，“三礼”指礼貌、礼仪、礼节。

凤凰山风景区

2011 年，经过近 5 年的开发建设，凤凰山风景区全面建成，内有凤凰山、永庆寺、凤凰湖生态湿地公园、金凤凰温泉、飞翔农业生态园等特色景观。凤凰山风景区东有恬庄古镇，西有千亩桃园，中有湖光山色、千年古寺，正以秀美的姿态、灵动的乐章书写着凤凰大地的好山好水。

凤凰山风景区全貌（2016年） 陈祝平 摄

凤凰山景点

凤凰山，又称河阳山，位于凤凰镇中部，西北至东南走向，面积约0.75平方千米，东西长约1.5千米，南北宽约0.5千米，最高峰秀峰海拔86.7米，犹如丹凤展翅。据《重修常昭合志》载："河阳山，一名凤凰山，在（常熟）县西北四十五里，高一百二十丈，周七里，出山药，山巅有秀峰，有天然井，尝出醴泉。"山上林木茂盛，常见的野生动物有野兔、野鸡、野猫、刺猬、白鹭等。凤凰山风景秀美，山巅的秀峰、巨石突立，醴泉清冽，大旱不竭。

明正德年间（1506—1521）探花、苏州人王鏊所撰《姑苏志》中将凤凰山景点归纳为内外各八景。其中"内八景"为三潭、四井、古桧、空榕、秀峰、醴泉、丞相墓、状元台。"外八景"为湖下书声、坊基酒肆、港口渔歌、柴场牧唱、桑岸啼鸠、莲塘游鱼、精舍飘幡、松林落照。明嘉靖年间（1522—1566），有人将"外八景"改为十景，分别为凤台雪霁、虎洞云归、山村沽酒、禅榻论诗、石井流香、秀峰飞翠、晓寺钟声、古坛幡影、幽径寻芳、层峦远眺。

秀峰远眺（2011 年）

秀峰、醴泉、状元台、松林落照等景点仍存。

醴泉（2016 年）

醴泉 醴泉位于秀峰之西的山凹处，终年源源不断地涌出天然山泉，深达数米，泉水甘甜清澈。据《重修琴川志》记载：“河阳山有天然井，尝出醴泉，广二尺。泉清而甘，虽大旱不竭。”乡人称其为仙人洞、神仙井。相传井旁有关公磨刀石，据说关羽封神之后，每年农历五月十三日在泉旁磨刀，第二天可见石板上有斑斑锈迹，年年如此。这里也是香客必到之地。

陆器读书处——状元台 据《重修常昭合志》记载：“（凤凰山）有永庆寺，寺后有唐陆器读书台。”清康熙二十六年（1687），钱陆灿纂修的《常熟县志》记载：“陆状元读书台，在县西北河阳山下唐状元陆器旧址，块然一石也。”陆器，字祖容，河阳山人，唐开成五年（840）考中状元，曾任右仆射、太子太师等职。明代诗人邹武以《陆状元读书台》为题作诗："松窗萝幔傍岩开，山鬼时闻夜诵来。旧日风光几销歇，青云犹绕读书台。"民国诗人杨无恙写道："状元坯土石梅旁，残甃书台凤麓荒。粉渍青编何处问，十三泾畔十三娘。"为陆状元读书台即兴作诗的名士还有杨维桢、萧奎、钱陆灿、钱朝鼎等。

陆状元读书台（2009年）

松林落照　凤凰山千百年来都是松树覆盖，林盛树密。每当夕阳西下，阳光从浓密的松树缝隙里照射下来，如万道金光撒落。

松林落照（2016年）　徐卫元　摄

附 1：历史上的河阳山内外八景

三潭　旧时永庆寺旁有著名的三潭：小石潭，葫芦潭，放生潭。

四井　四井在《永庆寺志》中有记载，现仅存一口，位于永庆寺东侧。

古桧　据清康熙年间《永庆寺志》记载：“寺庭有八桧，一夕雷震其西南，一株断枝附他干而生，为寺中三绝。”这八棵古桧，相传为南朝梁昭明太子萧统所植，古桧的西侧是关帝庙。宋代金兵攻入，砍去四棵，留下四棵。遭雷震的那棵树枝倾斜如翔龙，有石柱在中间支撑，乡人称之为神树。诗人赵在公以《古桧》为题作诗：“古物前朝百不存，凛然双桧峙山门。株横曾被雷霆震，干直宁容雾雨昏。帝子手栽偏见重，武侯祠植并垂论。重阴翠叶犹文藻，睹此尤令选帙尊。”

空榕　据《永庆寺志》记载：“本寺偏西，旧有苁榕两株，其大数围，中空，千年古物也。庚申之劫被贼砍伐，截作马槽，惜哉。”清末民国初，由于树大中空，有一赵姓老人在空榕内摆摊卖香烛。空榕虽年老空朽，但生命力仍旺盛，以石敲击树壁，有咚咚响声。每到春天，垂条依依，浓阴覆盖，好似丛林。明清时，乡人把此树尊为神树。诗人赵在公以《空榕》为题作诗：“奇形磊落布瞿昙，空洞玲珑佛可龛。力捍风霆雄砥柱，腹藏云物隐峰岚。荒山剪伐枝犹菀，造化闲抛气尚酣。莫道散材无匠睨，此中还可贮经函。”

丞相墓　位于永庆寺东侧。丞相为丘岳，字山甫，为南宋龙图阁大学士，曾封东海郡侯。墓园内还有南宋朝奉大夫、绍兴知府丘耒墓，北宋将仕郎丘壁墓。《无恙后集·让塘考古诗》有诗：“丘丞宅畔黄梅老，尺土河阳亦渺然。却怪铁牛编断简，不从八景正讹传。”民国诗人杨无恙自注其诗：“宋朝奉大夫丘耒墓在河阳山。耒官将作监丞，俗误丘丞相墓。圆沙《凤山志》将丘丞相墓列入河阳八景。松陵道人有《丘丞相墓》诗，沿误久矣。河阳并有宋将仕郎丘壁墓。丞相之伪，

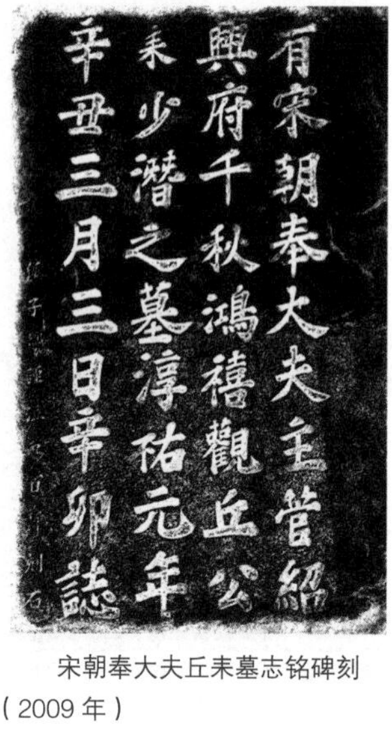

宋朝奉大夫丘耒墓志铭碑刻（2009 年）

或因龙图阁学士丘岳。壁、岳同载县志。耒旧宅在邑城慧日寺东。宋代寺有腊梅，吴梦窗有《浣溪沙》词。”明代松陵道人，路过丞相墓时驻足沉思，作诗：“丞相坟头草木柔，问他奚姓姓为丘。生叨宋室台三位，殁瘗河阳土一抔。世远孙苗谁个是，山荒石兽几枚留。经年麦饭无人供，惟有寒烟一缕愁。”

湖下书声 位于元末学士陈基读书处的湖下书院。据杨无恙《湖下陈学士夷白斋故址》记载：“今湖下蒋坟北有巨宅，尚是前明遗构，宅后正阳泗浜尽处也。”这套巨宅在20世纪60年代尚存。巨宅东侧是明代礼部主事蒋棻故居，也是清代蒋伊、蒋廷锡故居。西侧为明永乐年间（1403—1424）指挥运粮使徐彦达故居。这两处故居均为五进，中有花园。湖下书院在蒋宅东北侧，书院建于明永乐三年（1405），东南为莲塘，四周竹林连绵，溪水环绕。民国诗人杨无恙作诗：“二陈文采耀茅衡，乡里今仍旧籍名。夷白斋前紫荆树，长留湖下读书声。阳泗浜底小山东，鹃泣春城溯隐风。断续书声五百载，并无人晓昔儒宫。”

坊基酒肆 据《重修常昭合志》记载：“户部赡军酒坊有塘头、河阳、原塾、支塘四所，课入版曹赡军，两浙漕臣领其事，月解漕司。”河阳酒坊是由朝廷户部直接掌握和管理的酒坊，专供军用，归两浙（即浙东、浙西）漕臣管领，按月把粮食和酒品运输上缴到朝廷。坊基在让塘北，坊基浜西，三面环水，一面靠山，是宋代朝廷在凤凰地区的酿酒基地之一。里人钱陆灿在《坊基诗》中有“春风欲泼檀槽响，怕有刘伶抱券来”的诗句，形象地描述了河阳酒肆生意繁忙、好酒之客接踵而来的场景。

宋代河阳酒坊遗址（2009年）

莲塘游鱼 莲塘位于河阳桥（今属双塘村）南侧。莲塘分大莲塘与小莲塘，大莲塘疑是明隆庆年间（1567—1572）御史钱岱家的花园池，小莲塘为明嘉靖年间（1522—1566）江西布政使司参政钱泮家的花园池。莲塘四周遍栽桃树、杨柳。莲塘里种有莲藕，养有各种观赏鱼类，为许多文人雅士赏景的好去处。

桑岸啼鸠　桑岸位于河阳桥（今属双塘村）东约500米，下街坊塘与奚浦塘交界处。古时，当地农家都以养蚕为业，用蚕丝织成的绸缎远销各地。下街坊塘和奚浦塘两边的河岸上都栽有成片的桑林。每到夏天，桑葚挂满树枝，喜食桑葚的斑鸠等飞鸟成群结队地在桑林里采食，或在桑枝上嬉闹鸣叫，或在空中飞翔。游人进入桑园里就能听到群莺争唱、斑鸠啼鸣。

港口渔歌　据《重修常昭合志》记载："港口在让塘东，踞浪澄港之口，故名。"明代之后，内陆出海过往港口的商船很多，渔舟往来繁忙。清初，让塘和浪澄港口建有界禁桥、禁关桥，设栅征关税，于是港口渐成渔舟停靠之地。夕照之际，让塘和浪澄港口渔船云集，帆船桅杆林立，渔歌四起；清晨，鱼市上卖鱼买鱼交易繁忙，叫卖声、吆喝声热闹非凡，形成了"港口渔歌"一景。

柴场牧唱　柴场是河阳古城（今属双塘村）买卖柴草、木炭的地方。河阳古城内有两个柴场，一个位于河阳桥（今属双塘村）东北侧的孙家角柴场，叫北柴场，另一个位于河阳桥东南侧，称南柴场。古代主要依靠河道运输，柴场一般紧靠河码头。柴场通往的河塘纵横交错，河岸遍植杨柳等树，盛夏之际，绿树成荫，野花飘香。旧时耕牛是农家之宝，专由牧童放牧。牧童在晨雾中骑着牛，沿着柴场河塘岸边的荒草地，边唱歌，边放牛。有文人雅士以《柴场牧唱》为题作诗："绿映平原百草肥，桃林春牛霭清晖。一枝短笛青山里，和我琴声一路归。"

精舍飘幡　据《沙洲县志》记载，秦汉后，河阳山、庆安等都设有官办驿舍。驿舍内有固定的幡杆，幡杆上迎风飘动着旗幡，成为"精舍飘幡"一景。清末，五联村大树巷（今属金谷村）的官方驿舍改为精舍庵堂。1944年，精舍庵堂又改为精舍小学。这处驿舍的古遗址处留存有石条幡础。

附2：凤凰山周边遗址、墓葬及出土文物

凤凰地区成陆较早，自古代以来，凤凰山周边共出土过自新石器时代至唐宋时期的多个古遗址，另有20余座古墓葬和100余方古碑刻、200余件古文物。

凤凰山新石器时代遗址　位于凤凰山南侧港口窑厂，出土玉玦、玉镯等文物，距今有5000～6000年历史，系崧泽文化遗址器物；在程墩村、太平桥（今属恬庄村）、河阳桥（今属双塘村）等地发现有石犁、石锛等农耕工具，系新石器时代器物。

凤凰山新石器时代遗址出土文物——石钺（2014年）

西张古文化遗址　在今西张市集镇西侧，新西河（旧称水北塘，后名张市塘）西侧，庵浜以南，横塘以北。据《张家港市历史文化资源报告》记载："东西长1.5公里，南北长500米。因镇上建房，遗址破坏十分严重。1975年，由沙洲县文化馆发掘，文化层厚约1米。出土陶罐、石斧、石锛、石钺等器物。该遗址为新石器时代聚落遗址。"1976年，横塘北的居墩发现一处新石器时代聚落遗址。

春秋秦汉遗址　位于凤凰山东侧，面积约1平方千米，1984年由张家港市文化馆发掘。遗址内发现有民居遗址，大部分居室宽约3米，进深约5米，中间为"柱"，单壁砖砌筑，曾进行过夯筑。大约每十间为一个连体群落，有瓦屋面与稻草面杂混，有泥土墙，有柱石，柱石为略带红色的黄石。出土器物有砖、筒瓦与板瓦。板瓦规格为长48厘米，宽42厘米，板瓦内有席纹，外有水波纹与绳纹。还发现泥陶制的排水管残件及屋脊构建，时代为春秋至汉代。在村落还发现多口泥井。

河阳市遗址　位于凤凰镇东部，凤凰山东麓，又称河阳里。据《重修常昭合志》记载："旧有河阳市，在河阳山东，去县四十里，今废。"河阳市的形成在唐宋以前，陆续出土的文物有米格纹和席纹陶罐、青铜器残件等，其中有规格为48厘米×42厘米的两块绳纹板瓦。考古工作者还从地

河阳市遗址（2009 年）

面以下约 60 厘米处挖掘出宋代街市路面。路面用香糕砖铺设，宽约 1 米，两侧各有半米用乱石铺就的辅路。出土的陶瓷器皿残片上写有清晰可辨的“东店”“西舍”等字样。村落西侧原有宅院两座，一处为元末学者陈基住宅，陈基原籍浙江临海，后定居河阳里，自题宅名“夷白斋”；另一处为徐氏家宅，有五进。御书泾后有江西参政钱泮宅第，明嘉靖年间（1522—1566），钱泮抗倭殉国，宅第被倭寇烧毁，仅剩一楼。民国诗人杨无恙有诗：“河阳桥畔忠良宅，碧草长青属本乡。”由于河阳市水陆交通便利，农副产品、江海鱼鲜等在此集散，各地商贾云集，街市交易兴旺，官府专设司库衙门以征税，留下“司库”“司库港”“司库浜”等地名。河阳市全盛时有“十园八景”，著名的有高都督庙、永定公庙、顾守备花园、钱御史别墅等。明嘉靖年间，河阳市频遭倭寇抢劫焚掠，街市逐渐衰落，后东移至恬庄重建集市。现河阳市仅存河阳街（又名河阳桥），属双塘村。

古井群遗址　据《张家港市历史文化资源报告》记载，2001 年 4 月，在沿江高速公路凤凰山段工程建设取土时发现古水井群遗址。该遗址位于凤凰山东侧 500 米处，地势平阔，南北跨度约 100 米，东西跨度约 20 米，范围约 2000 平方米。在苏州博物馆的指导下，张家港博物馆对该水井群进行抢救性考古发掘，共清理水井 22 口。古井群遗址以宋代遗存为主，时代跨度从唐、宋、元到明代。遗址东侧是银杏树种植区及庙宇旧址，古井群中有部分水井为庙宇专用水井。遗址中出土有陶器、瓷器等文物近200件，其中包括韩瓶78件、釉陶执壶42件、瓷碗62件、石杈2件、灯台8件、北宋绍圣通宝钱币（铜钿）4枚。

凤凰山西汉夫妇合葬墓　2001年出土于凤凰山东南麓河阳山凤生窑厂，由张家港市文管办发掘。此墓为汉代夫妇合葬墓，墓葬为椁棺木结构，椁的上部及四周已被破坏，底部椁木尚存。墓穴长2.4米，宽3.5米，深6米，木椁内有两只黑漆木棺。无墓志铭。出土器物有铜镜二面，一为云纹镜，一为草叶纹铭文镜。出土有青铜盆1只、五铢钱币30多枚。其中一种五铢钱"五"字交笔斜直，"铢"字"朱"头向上作方折，"金"字偏旁头较小，呈箭镞状，为西汉武帝元狩五年（前118）铸造，系西汉早期五铢钱币。另一种五铢钱，青铜质，呈紫红状，质地细腻，"五铢"二字笔画颀长，"五"字交笔弯曲，上下两横偏长，与交笔相连处呈直角，"朱"头作方折，"金"字偏旁头呈等腰三角形而较"朱"头略低，外廓坚挺匀称，钱面见一横划，为西汉宣帝时期所铸，称为"宣帝五铢"，为五铢珍品。

凤凰山东汉墓葬　1990年出土于凤凰山东南麓双塘村，由张家港市文管办发掘。此墓为一座汉墓，墓离地面3米左右，墓葬形制为土坑棺椁墓，棺木为楠木质，敦实厚重。墓穴长3米，宽2米，深1.1米，南北走向，已遭盗挖。出土文物有青铜矛头2件，王莽"大泉五十"钱币48枚。无墓志铭。墓迹现废。其中一件青铜矛头，矛身长20厘米，柳叶刃，叶宽2厘米，刃口薄而锋利，有肩、长骹，骹中部偏下处铸有两个相对的龙头纹饰，龙眼突出，龙嘴大而扁，龙头上部饰弦纹。骹侧无环钮，骹根部呈圆锥形，中空，用于装长柄。另一件青铜矛头，矛身长15厘米，柳叶刃，叶宽2厘米，刃口薄而锋利，有肩，素纹，骹长与叶长基本相等。骹部为长方形棱锥体，中间空，骹根部两侧各有两个长方形小孔。该青铜矛头系春秋时期武器。矛头保存于张家港博物馆。

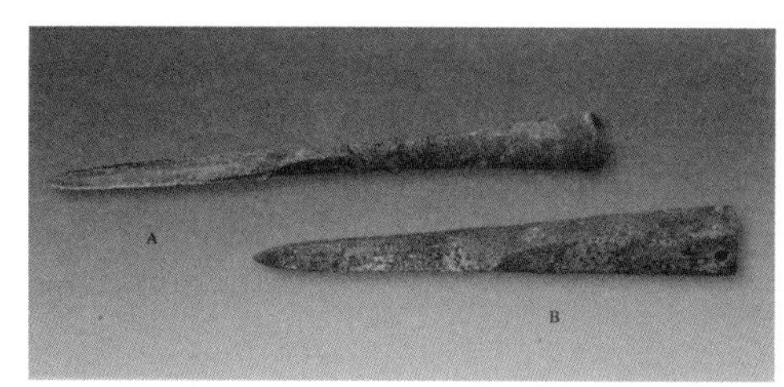

凤凰山东汉墓葬出土的青铜矛头（2006年）

南朝陈故卫和将军墓葬　1992年出土于凤凰山东北坡，今双塘村境内，由苏州博物馆和张家港市文管办联合发掘。此墓为南朝古墓，墓穴长 6 米，宽 2.5 米，高 2.5 米，为穹隆式砖室墓。墓中出土文物 16 件，有碗、钵、盆、盅、盏和五铢钱等。墓中出土有墓志铭碑刻，名称为《南沙陈故卫将军墓志铭并序》，长宽各 35 厘米，砖质，正书 16 行，为凤凰镇及张家港市境内出土年代最早的墓志铭碑刻。

南沙陈故卫将军墓志铭并序：君讳和，卫姓，平陵人也。其先避仇来南沙，遂家焉。君少孤耽教，有胁力，抱风木之悲，怀马革之志。侯景窜苏□入海。君预毁海上船，不得渡，遂被擒。司徒王僧辩知之，召其为前锋将军。会高祖与僧辩不睦。知有变，称病归里，耕凿以终。年四十二，于太建二年岁次庚宣十一月葬于河阳□引凤池上。铭曰：苍天不吊，靳与寿考。黄土毋情，长埋忠孝。树兹硕德，终焉食□。

唐代陆思罕夫妇合葬墓　1988 年出土于凤凰山西南坡，今凤凰村庙墩，由苏州博物馆与张家港市文管办联合发掘。墓葬形制为船形券顶砖室墓，人字形砖铺地。二墓共宽 6.3 米，墓长分别为 3.85 米、4 米。出土文物有青瓷器、陶罐等十余件。现墓迹已废。墓中出土有墓志铭碑刻，长宽各 32 厘米，厚 6 厘米，正面 16 行，背面 3 行，砖质，双面刻字，楷书。铭文标题为《唐故陆府君洎夫人清河张氏合葬墓志铭并序》，撰文、镌刻者不详。铭文称，墓主陆思罕是晋代文学家陆云、陆机后裔，殁于唐贞元十一年（795），夫人清河张氏殁于唐宝历二年（826），由其子陆凤将二人合葬于凤凰山之南。此墓志铭证实凤凰山一带有一支属于晋唐时期望族陆氏的后裔。碑石保存于张家港博物馆。

唐代陆府君夫妇合葬墓志铭碑刻（2006 年）

唐代陆得微夫妇合葬墓　1988 年出土于凤凰山南麓，由苏州博物馆与张家港市文管办联合发掘。墓葬形制为船形券顶砖室墓，人字形砖铺地，二墓共宽 6.3 米，墓长分别为 3.85 米、4 米，墓主人于唐宝历二年（826）合葬，出土器物有青瓷器、陶罐等。

宋代丘耒夫妇合葬墓 1996年出土于凤凰村境内，为凤凰镇在建造河阳山塔陵时发现。当时发现宋、明时期古墓共8座，其中一座宋墓有墓志铭，墓主是南宋朝奉大夫丘耒。碑额为“有宋朝奉大夫主管绍兴府千秋鸿禧观丘公耒少潜之墓淳祐元年辛丑三月三日辛卯志”。清钱陆灿纂修的《永庆寺志》卷下《胜概》载：“丞相丘岳墓在河阳山。朝奉大夫丘耒、将仕郎丘璧墓俱在河阳山。”《胜概》记述得到证实。共出土文物26件，大部分为南宋绍兴年间（1131—1162）器物，有银粉盒4个、银粉盘1个、银手镯4个、银戒指2个、银发钗4件、包金木梳3件、铜镜1面，还有陶器、瓷器、古钱币等。墓志铭和文物保存在永庆寺。现墓迹已废。

明代施耐庵衣冠冢 位于凤凰山西南坡，相传为明御史徐恪所建。1958年被毁。

明代徐恪墓 位于凤凰山南麓，凤凰村境内，1952年由凤凰村村民自行发掘。据《重修常昭合志》卷十二《名迹志》记载：“工部侍郎恪墓在河阳山下，前临让塘，正德中赐葬。李东阳撰碑。”墓迹已废。墓中出土有墓志铭碑刻，长84厘米，宽84厘米，厚18厘米，青石质，双合。由翰林学士、国史副总裁、邑人李杰撰文，左侍郎、前都御史萧南雄书丹。碑盖刻篆体字“大明正议大夫资治尹南京工部右侍郎徐公之墓”，铭文为楷体，计有千余字，大部分字迹已漫漶不清。铭文简述了徐恪一生所任官职及其刚正不阿、铲奸除弊的政绩，其中有关记述补正了《沙洲县志·人物志》关于徐恪生年的空缺和部分事迹。因徐恪是明朝大官，当地百姓称之为“大人”，将其墓称作“大人坟”。碑石保存于张家港博物馆。

明代徐恪墓志铭碑刻（2006年）

明代徐氏家族墓葬 2013年出土于西徐市集镇南侧，杨家桥村境内，由土地管

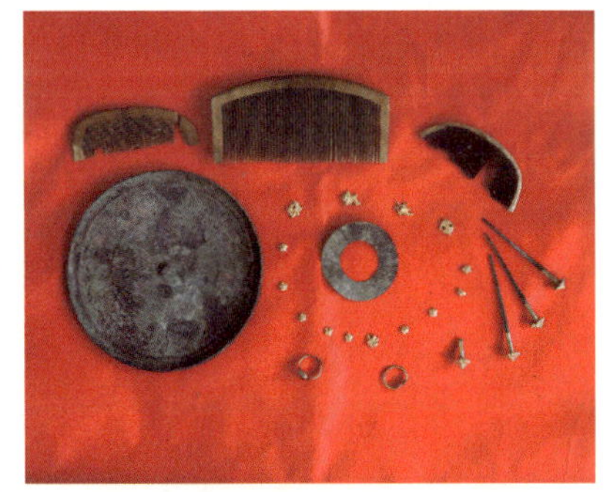

明代徐氏家族墓葬出土文物（2013年）

理人员在凤南路附近的施工工地中挖掘。墓葬内有一块石板，下面有墓室。为明正德九年（1514）当地望族徐氏家族墓葬，张家港市文物保护部门对其进行抢救性挖掘。在两个墓室中，有棺木4具，均为浇浆石板墓，为两对夫妻合葬墓。墓中共发现文物54件，主要有3面铜镜、2个梳妆盒及女性佩带的发簪、金器等物，大部分保存完好。

清代蒋廷锡墓　位于凤凰山东南麓双塘村，占地面积6600平方米，建筑雄伟，有石马、石羊、石人等人、兽像，石兽前有四亭，亭内有赑屃驮碑。蒋廷锡墓毁于“文化大革命”时期。墓中出土有墓志铭碑刻残件，志盖刻“清故光禄大夫经筵讲官太子太傅文华殿大学士兼理户部尚书事世袭一等阿达哈哈番蒋文肃公墓志铭”，碑额有双龙戏珠及篆书“御书”两字。残件现存3块，存常熟市碑刻博物馆。蒋廷锡墓中出土有各种文物80余件，还有100余件文物散落民间。蒋廷锡墓葬遗址于2009年被列为张家港市文物保护单位。

清代蒋廷锡墓志铭碑刻（残件）（2017年）

清代蒋廷锡墓出土“御书”碑刻(2009年)

清代庞钟璐墓　1955年出土于长寿乡太平村黄泥墩西侧、九望泾南侧（今属恬庄村）。墓中出土有墓志铭，碑盖、碑底均长60厘米，宽60厘米，厚16厘米，青石质，双合。墓主庞钟璐为清道光二十七年（1847）探花，历任侍讲学士、户部侍郎、兵部侍郎、工部尚书、刑部尚书，官至一品，并赐紫禁城骑马。生于清道光二年，卒于清光绪二年（1876）。墓志铭由状元、入直毓庆宫户部右侍郎、里人翁同龢撰文，榜眼、南书房翰林、里人杨泗孙书丹，探花、礼部左侍郎、吴县（今属苏州）潘世荫篆额。由“三鼎甲”合作墓志铭在历史上并不多见。铭文主要叙述庞钟璐的先世渊源、生平事迹，以及子孙后裔情况，颂扬其在文治武功方面的事迹。主要内容与《清史稿》中其本传大体相同。碑石字迹清晰，基本未损坏。

青铜蒸器 1982 年出土于凤凰山南坡。蒸器为圆形，直径 12 厘米，厚度 0.5 厘米，上面分布 18 个圆孔，是春秋时期蒸米的器物。蒸托表面雕刻的花纹图案精细，有草地、河流及一群动物奔走的景象，形象生动逼真，是典型的吴文化器物和青铜器珍品。保存于张家港博物馆。

青铜蒸器（2016 年）

口含玉蝉 1975 年出土于港口砖瓦厂西汉古墓。玉蝉呈翠绿色，长 6.5 厘米，宽 3.3 厘米，厚 1 厘米，重量为 33.25 克。双面雕刻，是汉代玉雕“汉八刀”[①]工艺代表作。保存于张家港博物馆。

口含玉蝉（2006 年）

瓷碗 1984 年出土于港口砖瓦厂，属晋代文物。保存于河阳山歌馆。

釉盏 1984 年出土于港口砖瓦厂，属晋代文物。保存于张家港博物馆。

铜带钩 1985 年出土于港口砖瓦厂，属战国时代文物。保存于张家港博物馆。

瓷瓶 1985 年出土于凤凰山，属唐代文物。保存于张家港博物馆。

鎏金银发罩 1975 年出土于程墩村，属明代文物。保存于张家港博物馆。

铜方镜 1985 年出土于港口集镇，属明代文物。保存于张家港博物馆。

瓷碗（2014 年）

① 汉八刀：指汉代琢制玉器时所采用的挖削刀法，在作品表面通过留下很少的几处大坡面刀削痕以作为作品的装饰纹饰。经常用于琢制明器玉握，在一般作品中不会轻易使用。这种用于玉握的“汉八刀”，其直观特征就是呈半圆形或长椭圆形的大坡面，加工方法简单直观，看不到任何修饰的痕迹，工匠惜“刀”如金，寥寥几刀，将作品雕制而成。

永庆寺

古寺沿革 永庆寺原名大福寺，旧址位于凤凰山南麓，始建于南朝梁大同二年（536），梁侍御史陆孝本舍宅为寺，曾与杭州灵隐寺、镇江金山寺齐名。寺基最广时达到86亩。寺内建筑有大雄宝殿、天王殿、弥勒殿、三圣殿、东岳庙、关圣殿、文昌阁、藏经楼、罗汉堂及金仙塔院等，旧时寺内有杨惠之彩塑、吴道子绘画的唐塑罗汉，还有人称“三绝”的千年古桧、肉身菩萨和自然石井，是当地佛教信众朝圣参学的圣地。历代文人墨客留下诗词数十篇。南朝梁诗人李堪曾作《永庆寺》诗:“岩扉开早凉，谷鸟远纷翔。花气湿幽径，磬声清上方。云生松涧底，泉落藓池旁。我有遗荣意，移时坐石床。”千余年间，寺庙屡经兴废。北宋大中祥符元年（1008）九月改永庆寺额。北宋政和四年（1114）乞奏名大福寺。后又改名为永庆寺。元朝末年，寺庙损毁。明洪武初年，如海和尚重建，不久毁坏。明正统九年（1444）再建。嘉靖年间（1522—1566），工部右侍郎徐恪出资修缮。万历年间（1573—1620），辽海道兵备萧应宫、都察院监察御史钱岱重新修缮。清顺治初年，寺庙又毁废。顺治十四年（1657），梁溪（今属无锡）僧人宗智住持永庆寺，发愿重修寺庙，都察院左副都御史钱朝鼎带头捐资，当地百姓自愿助力。顺治十七年，寺庙建地藏殿，造藏经楼，拓寺旁山地为菜园。康熙八年（1669），朗月和尚收回了先前被僧人窃卖的山地，解决僧人常住之计。朗月和尚戒行精严，法缘辐辏。殿宇房廊，焕然重整。40余年辛苦，造就了永庆寺历史上的鼎盛局面，后人奉他为永庆寺中兴之祖。清乾隆五十九年（1794），僧人际元募至饭僧田百亩，进一步扩大了寺产。其后年久失修，清咸丰十年（1860）太平天国运动，永庆寺寺败僧散，岌岌可危。由于地处偏僻之处，寺庙虽然未全部损毁，但破坏特别严重，唯存大殿、山门、地藏殿、魁星阁，并附属的关帝殿、东岳殿及旁屋数间。后藏海寺住持赓阳和尚住持永庆寺，废者复兴，圮者重整。清同治年间（1862—1874），赓阳和尚重修

俯瞰永庆寺（2016 年）　　张春龙　摄

殿宇，募建客堂 3 间。澈尘和尚继承其师赓阳住持永庆寺，清光绪年间（1875—1908），逐次更新装塑佛像，并铸大钟一口，院宇始恢复原来景象。澈尘圆寂，其徒戒堃和尚住持永庆寺，命其徒定远收集遗文，检其故实，嘱张树铭整理钱陆灿所著旧志，重修《永庆寺志》。张树铭以钱氏寺志为蓝本，搜罗当时可入志者，于 1936 年夏天出版续编的《永庆寺志》。据《沙洲县志》记载："1968 年，永庆寺全部拆除。"

古寺重建　20 世纪 90 年代初，为保护历史遗产和地方文化，张家港市委、张家港市人民政府决定重建永庆寺。复建的永庆寺位于凤凰山西北坡，总建筑面积 9860 平方米。1993 年，重建永庆寺正式启动。1994 年，伽蓝殿落成。1995 年，永庆寺一期工程完成，新的山门落成。1998 年，大雄宝殿、玉佛殿、观音殿、钟楼落成，供奉三尊玉佛像。2004 年，天王殿、钟鼓楼落成。2006 年，安养院落成。2007 年，张家港市人民政府投资 50 多万元进行放生池改造，在天王殿西侧安置十二生肖雕塑。2008 年，佛教文化苑竣工。2010 年，文昌阁落成。永庆寺为依山势而上的建筑格局，中轴线上以传统殿堂为主，依次为山门、放生池、天王殿、玉佛殿、大雄宝殿、文昌阁及偏殿。中轴线东侧为佛教文化苑、上客堂、安养院和斋堂，西侧为伽蓝殿、财神殿和千手观音殿。山门中间为一大门，两旁各有一小门，也称"三门"，中间"空解脱门"代表佛教中的中道智慧，东边"无相解脱门"代表佛教的慈悲精神，西边"无作解脱门"代表佛教的方便法门。永庆寺于 2007 年被列为张家港市文物保护单位。

永庆寺（2007 年）

王勇 摄

天王殿　天王殿系山门内第一重殿，匾额为著名书法家沙孟海所题。殿中间供奉弥勒佛，背后供奉韦驮菩萨。东西两旁供奉四大天王塑像。弥勒佛面前有对联："大肚能容，容天下难容之事；笑口常开，笑世间可笑之人。"天王殿后檐下的匾额上写的是"三洲感应"。

会贤楼　会贤楼一楼南侧接洽佛事，是办理一切寺务的地方。北侧供奉四面圆满报身卢舍那佛，四面镜中互相影射，成为万千佛像，描述的是佛经记载"华藏世界"的情况。二楼是方丈室，另辟一室专门陈列寺藏文物。

惠风楼　惠风楼一楼是"客堂"，接待来寺僧人与宾客。二楼是永庆寺的会议室与重大活动贵宾接待室。

永庆寺回廊（2013 年）　　万玉藻　摄

玉佛殿 玉佛殿内供奉缅甸玉佛三尊。中间供奉的卧佛像为佛祖释迦牟尼涅槃像。东西各供奉释迦牟尼成道像。

三圣殿 三圣殿是永庆寺做超度佛事、施放焰口的坛场。殿内供奉西方三圣阿弥陀佛、观世音菩萨、大势至菩萨及地藏菩萨。

观音殿 观音殿是永庆寺做消灾延寿、祈福延生法事的坛场。殿里主供两尊观世音菩萨像，一尊观世音菩萨像结跏趺坐，手持净瓶，瓶中插了柳枝。另一尊为千手千眼观音像。

永庆寺内景（2013 年） 陈鹤 摄

大雄宝殿（2013 年） 陈鹤 摄

大雄宝殿 大雄宝殿内供奉的三尊大佛是三世佛。中间一尊是释迦牟尼像，其佛像旁有阿难、迦叶尊者像。东边一尊是药师佛像，西边一尊是阿弥陀佛像。大殿后东侧为文殊菩萨像，西侧为普贤菩萨像。三世佛背面是海岛观音像，两旁是善财童女像。大雄宝殿前露台迎面的“佛”字是著名书法家武中奇的手笔。露台上旗杆是永庆寺举行重大法事或典礼时悬挂幡与七星灯所用。“大雄宝殿”四字由中国佛教协会会长赵朴初题写。“无上清凉”为近代高僧弘一大师的手笔。“法相庄严”系著名书坛泰斗启功的书法。“调御丈夫”出自中国书法家协会主席沈鹏之手。

伽蓝殿 伽蓝殿内供奉关公像。伽蓝是僧伽蓝摩的省称，又称众园。

太岁殿 伽蓝殿两侧为太岁殿，供奉六十甲子太岁。

文昌阁牌匾（2013 年） 柳笛 摄

雾里文昌阁（2016 年） 徐卫元 摄

紫薇树 位于菩提花园内，树龄 600 余年，为永庆寺镇寺之宝。

文昌阁 文昌阁原阁建于永庆寺东侧，清嘉庆年间（1796—1820），由乡人易万禄所建。后来年久毁坏，易氏后人易秉钧等于道光二十五年（1845）集资翻修。后此阁连同永庆寺被毁。2008 年，凤凰镇人民政府为褒扬凤凰百姓“耕读传家”的优良传统，动工重建永庆寺文昌阁，2010 年落成，总投资 1400 万元。文昌阁地势较高，从大雄宝殿后登上 131 个台阶才能到达。文昌阁占地面积 400 平方米，为仿明建筑，有三层，加上葫芦金顶高度，总高度 27.6 米。全阁构建均为土木结构。阁内油漆，生漆调和遵循古法，施工配以新法，柱、梁、门、窗

文昌阁台阶（2013 年） 柳笛 摄

色泽沉稳。文昌阁为三重檐歇山式结构，屋面龙脊，用亚光琉璃瓦装饰，阳光之下暗绿闪光；戗角平缓，悬挂20个黄铜风铃；屋顶琉璃翘角，檐角高挑；廊周装饰有花瓶形花岗石栏杆；廊内门窗为明代风格，满天星纹样。匾额上的“文昌阁”三字是2009年3月20日，秋林法师在苏州寒山寺拜访中央军委原副主席迟浩田时，由迟浩田题写。“金榜题名”是苏州市寒山寺方丈秋爽题写。内有学士殿，为砖木结构硬山式建筑，建筑面积300平方米，相传元至正年间（1341—1368），施耐庵曾隐居于此，撰写《水浒传》。据说《水浒传》中一百零八将即受了永庆寺一百零八罗汉的启发而创作的。

云彩下的文昌阁（2016年） 王佳晓 摄

佛教文化苑（2013 年） 陈鹤 摄

“九凤朝阳”照壁（2013 年） 陈鹤 摄

永庆寺佛像（2013 年） 陈鹤 摄

佛教文化苑 佛教文化苑分三个层次、两个回廊，第一层次为“九凤朝阳”照壁；第二层次为象征中国大乘佛教精神的五大菩萨像；第三层次为三面观世音菩萨像，佛像高 9.9 米。最北侧墙壁上镌刻寒山寺法主大和尚性空所书《法华经·观世音菩萨普门品》一卷。一个回廊内陈列弘一大师所绘一百零八尊罗汉的碑刻，另一个回廊内陈列永庆寺历代名家题咏诗文书画作品碑刻。

钟鼓楼 钟鼓楼是发送全寺僧众作息号令之所在，东边为钟楼，西边为鼓楼。钟楼一层供奉地藏王菩萨，鼓楼一层供奉药王菩萨和济公活佛。

鼓楼（2013年） 陈鹤 摄

放生池 放生池供信众放养水族生命。中间架设香花桥，东为吉祥桥，西为智慧桥。“香花桥”三字出自苏州市寒山寺方丈性空和尚之手。2007年5月，张家港市人民政府投资50多万元，对放生池进行改造，四周装接汉白玉栏杆，并建造两座汉白玉拱桥。

放生池（2013年） 陈鹤 摄

安养院 安养院是为年老信众提供的颐养天年的场所，开创了张家港市佛教自办敬老院的先河。

樱梅之钟 位于永庆寺北侧，为1997年5月5日日本樱花代表团第七次访华参访永庆寺时赠送，并栽种26棵日本樱花树。钟高1.8米，重1.8吨，由青铜铸成，钟名由日本著名书法家滨野新子题写，另镌刻有原江苏省佛教协会副会长、苏州寒山寺方丈性空和尚书写的“和平友好”四个大字。为纪念中日邦交正常化25周年，寺内建樱花园。

永庆寺樱花（2016年）滕红燕 摄

附：湮没庙宇

法轮寺 位于鸷山南麓，鸷山村境内。该寺是凤凰镇境内最早的寺院，始建于南朝梁天监年间（502—519），比永庆寺早建30多年，明代称天台寺。据《重修常昭合志》记载：“法轮寺在至山南麓，梁天监间僧宗印建。明洪武五年（1372），僧胜行重建，永乐二年（1404），僧智昶建地藏殿及法堂山门，清康熙中，僧德全重修，未竟。”1961年，寺庙被拆除。寺内原有古银杏二株，一株在1958年“大跃进”时被砍伐，现仅存一株，枝叶茂盛。

白衣庵 位于西徐市集镇北街，凤凰村境内。据石碑记载，建于明代。新中国成立后被拆除。

慧林庵 位于西徐市集镇西街鱼家弄，凤凰村境内。据《重修常昭合志》记载：“慧林庵，明代建，清咸丰十年（1860）毁，后重建，屋五楹。”慧林庵在清末太平天国运动时被焚毁。

刘神庙 又称河阳庙，位于双塘村河阳桥堍，明代为纪念南宋名将刘琦而建。南宋建炎四年（1130），刘琦为经原经略使，在连年抗敌鏖战中屡建战功。南宋绍兴三十一年（1161），金兵大举南侵，刘琦率兵于镇江以东固守江防，金兵畏其名，不敢轻举妄动，海隅得以安宁。江南百姓为感激其恩而为其立庙，每年农历三月二十一日，为湖下刘神庙与凤凰坊基联办社日，称“团里会”，以示纪念。民国著名文人杨无恙曾作诗：“湖下桥头蒋坊东，百年古树郁葱茏。灵旗飘拂精忠榦，一样南枝拒北风。”该庙建筑面积原有380余平方米，分前后二进，共16间，进头三门屋，塑立尚相神像、土地神像，正殿塑刘琦、太保世少神像。“文化大革命”时，庙宇被拆除。庙前原有数棵数百年古银杏，现剩二棵。

圆觉庵　位于双塘村村委东南方向1000米处，国道G204线西侧。据《圆觉庵碑记》记载，原苏州虎丘山甘露寺僧净起和尚云游至此，召集信众募捐，建庵于界泾桥左侧。建时曾得邢某、陆某等12人的大力资助，还得常熟三峰的汉月老人及苏州灵岩寺的继起禅师协助，于清康熙十一年（1672）建成。净起生于明万历二十五年（1597），卒于清康熙十七年，终年81岁。净起殁后，骨灰葬于此庵内。圆觉庵庙屋原有19间，有大雄宝殿、观音堂、头山门等。20世纪50年代，庙宇被拆除，仅剩庙后北侧双人合抱粗的古银杏二棵，在人民公社化时期被砍倒。

高神堂　1949年前，凤凰镇境内有东高神堂、西高神堂，河阳桥也有高都督府，主要为祭祀宋代御前指挥使高琼祖孙三代（俗称高老爷）。东高神堂位于港口集镇东约2千米，今清水村境内，建筑面积814平方米。该庙相传于清乾隆四十七年（1782）由钱牧斋仓房改建而成，建筑有大殿3间、辅房十余间，有山门、戏楼，前有香花桥、御道街，庙前有古银杏树二棵。“文化大革命”中，寺庙被拆除。西高神堂位于港口集镇西塘街中段北侧，是港口集镇上仅有的一座庙宇。新中国成立后，街道几度变更，庙宇已无遗迹，仅存银杏二棵。东高神堂、西高神堂原本均为高老爷行宫。东、西高神堂与河阳桥边高都督府均有高老爷塑像，每年农历三月二十二日庙会，方圆数十里的群众都要到河阳桥高都督府叩拜烧香，各行各业云集而至，南北货、土特产等应有尽有。相传，乾隆皇帝下江南时，曾亲临河阳庙会以观奇景，赞许其盛况。新中国成立后，庙会几度被取缔，主要内容逐渐改为走亲访友和物资交流会等集市贸易。“文化大革命”中，东、西高神堂均被拆除。进入21世纪后，境内及周边群众在农历三月二十二日河阳庙会这一天，仍有赶恬庄、港口、凤凰等集场（集市）的习俗。

财神堂　又称总管堂，位于恬庄集镇后东街，今恬庄村境内。该庙原有房屋11间，其中有朝西的正殿3间、南侧房屋3间、北侧房屋2间，庙场前后有两排石条牌楼，旧时该庙有农历三月十六日集场。“文化大革命”期间，寺庙被拆除。

西林寺·姚塘茔 位于双龙村和金谷村交界，为明嘉靖年间（1522—1566）爱国护乡义烈钱泮的祠堂和墓地。祠堂在牛潭桥北（今属金谷村），墓在北姚塘西北的姚塘湾（今属双龙村）。西林寺又称西林庵，为清顺治年间（1644—1661）钱泮玄孙钱昉舍宅而建。为保护其寺，清乾隆三十七年（1772），常熟知县刘沅勒发表文告：“奉布政司牌开，西林寺系生员钱昉于顺治间舍宅建设，捐田一百七十三亩，并供其祖明光禄寺卿泮神主奉祀。”该祠毁于清末。太平军拆下该寺木材，运至常熟福山港，用于建对江瞭望观察台。

双椿庵 位于栏杆桥集镇北的鹤墩，今安庆村境内。明代，宋伯昂后裔于此建宅，相对于塘下庄的宋姓木宅而言，称“北宅基”。清代，地方绅士宋孔征建宋氏家祠，并建双椿庵。新中国成立后，双椿庵被拆除。

凤凰湖生态湿地公园

凤凰湖生态湿地公园位于凤凰山风景区核心区，2013 年建成开放，湖区总面积 28.9 万平方米，其中水域面积 16.5 万平方米，绿化面积 9.5 万平方米，建筑总占地面积 1393 平方米，停车面积 3330 平方米，共提供 274 个普通车位、6 个大巴车位。

凤凰湖开挖工程主要分湖体开挖工程、道路桥梁建设工程、景观园林建设工程和景观绿化工程四大部分。2012 年，经过水系疏浚沟通、低洼坑地整理、道路建设取土、山体林地植林恢复、湖区山体景点建设等步骤，建成集观光旅游休闲、生态湿地保护、山体林地保护、镇区应急水源储备、城市防洪排涝等功能于一体的凤凰湖生态湿地公园，于 2013 年蓄水成湖并开放。2014 年，凤凰湖生态湿地公园项目被列为苏州市美丽城镇建设优秀示范项目。

凤凰湖（2016 年） 龚晓东 摄

凤凰湖湖区由大小不同的 3 个子湖组成，并与三干河清水走廊相连通，湖区之间由偃月桥、相思桥、朝凤桥和状元桥 4 座拱桥串联成景，其中主桥偃月桥为五孔连拱桥，极具特色，负责连接湖区南北。湖区北侧有鸟岛和鸟类生态保护湿地，每年春夏交替之际，大批白鹭和其他各种鸟类到此栖息。鸟岛边

天鹅（2016 年） 朱美兰 摄

白鹭嬉戏（2015 年） 徐溢璘 摄

雀影（2016 年） 周军 摄

凤凰台（2016年） 徐卫元 摄

建有便于游客观鸟的观鹭亭。湖区南侧为垒土而成的高山区，与湖面落差有20米，站在山顶能鸟瞰湖区全景，山坡上设有登山道、自行车道和漫步道。湖区西侧的湖滨路与望湖路交界处设为凤凰台景区。

松枝鸟（2016年） 朱美兰 摄

据史料记载，凤凰湖地区曾有坊基酒肆、松林落照等凤凰山“外八景”。据传，《水浒传》作者施耐庵曾驻足的茶歇坊和明代进士萧应宫故居遗址即坐落于此。而今，有文化广场、音阶蹊径、亲水栈道、湖滨亭台、林荫步道、生态湿地等新景观。

俯瞰凤凰湖（2016年） 钱永德 摄

凤凰湖湖滨路（2013 年）

湖滨路 位于凤凰湖生态湿地公园沿湖西侧，面湖临河，沿路两侧遍植柳、桃，桃红柳绿的春景长廊是湖边的一大胜景。湖滨一侧的绿地，曲径通幽，沿湖设置各具特色的停留空间，以便游人停留观景。

凤戏游台景区 又称凤凰台景区。位于凤凰湖生态湿地公园西部中心，是一个面积约为 1800 平方米的滨水广场，为凤凰湖堤上的核心景观。广场中心矗立着一尊寓意重生、祥和的凤凰雕塑，雕塑高 18 米，是凤凰湖湿地公园的标志性建筑。周边竖立着赤、青、黄、白、紫五根景观灯柱，代表凤凰祥瑞之五色。

凤湖烟雨景区 又称烟雨台景区。是凤凰湖西北部最为开阔的景点，与凤凰山隔湖相望。驻足台上，湖光山色尽收眼底。烟花三月，雨雾缭绕，灵动的山水组成一幅动人的诗情画卷。滨水广场、草场花廊为游人提供了观景、休闲、康乐的复合型空间。

凤湖偃月景区 主要指连接桃花岛和生态湿地的偃月桥，位于凤凰湖生态湿地公园西部。该桥为三孔拱桥，桥长约 28 米，宽约 5 米。登桥，远可观凤凰湖周边景色，近可观荷花池、桃花岛。

凤彩灼春景区 又称桃花岛景区。位于凤凰湖生态湿地公园东部，实为一半岛，半岛上遍植水蜜桃树。

凤舞水韵景区 即湖滨广场。位于凤凰湖南岸。此为面湖依山的广场，有位于山脚下的风筝草坪台地。临湖有游艇码头，游人可乘艇游览凤凰湖。

陶然山水景区 位于凤凰湖南部，凤凰湖、凤凰山之间，为景区建设时挖湖取土而成的高岗台地，与湖面约有 20 米落差，上有陶然亭。登亭北望，湖水共长天一色，凤凰湖景色尽收眼底；南眺，与永庆寺、文昌阁遥相呼应。

凤池盈荷景区 又称荷花池景区。位于凤凰湖生态湿地公园东南入口处。荷花池中设有小亭。

凤鹭幽居景区 位于凤凰湖生态湿地公园东北部，是鸟类生态保护区。此地独立成岛，游人不能登岛。岛上建有鸟屋，种植香樟、杨梅、火棘、樱花等植物。

鸟岛（2016 年） 阚周华 摄

凤芦斜照景区　位于凤凰湖生态湿地公园东北部，鸟岛北侧。景区内生态浮岛绿树成荫，栈道两边，岸芷汀兰，郁郁葱葱，芦苇、菖蒲摇曳丛生，尽显湿地风貌。岛上筑有观鸟亭。

西凤路—凤恬路健身步道　位于凤凰镇中部，围绕凤凰湖，起点为金谷路（西凤路）与嘉泰路交界处，往南至凤恬路后折向东至恬庄西街，全长21.5千米，为双向健身步道，是2011年凤凰镇“两路一湖”（西凤路、凤恬路、凤凰湖）工程内容之一，2013年建成。

西凤路—凤恬路生态健身步道（2013年）

农业生态园

飞翔农业生态园　位于凤凰镇程墩西路，总投资2.5亿元，占地面积166.67公顷，2014年建成，并于同年成功创建全国休闲农业与乡村旅游星级示范单位、江苏省四星级乡村游项目。有蜜梨基地、优质蔬菜基地、观赏苗木基地、水产养殖基地、休闲旅游基地和农产品展示中心，有果蔬采摘、农事体验、休闲垂钓、迷宫探险等项目。2015年，飞翔休闲农业园被评为国家三星级乡村旅游点、2015年度苏州市美丽城镇建设示范项目。

凤凰农家乐集聚地——双塘村肖家巷（2016 年） 方天闪 摄

庆桂家庭农场 位于凤凰镇程墩西路北侧，占地面积约 18 公顷，总投资 560 万元，2013 年 5 月 18 日正式开业。庆桂家庭农场集种植、养殖、休闲、餐饮等于一体，主要栽培有葡萄、油桃、水蜜桃、西瓜等果品，养殖青虾、螃蟹、青鱼、草鱼、鲢鱼、鳙鱼等。农场采用桃树田套种西瓜和甜瓜、葡萄田套养草鸡等立体种养模式，生产的葡萄、中华绒螯蟹及青虾等农产品深受凤凰及周边人民喜爱。

七彩明珠葡萄园 位于凤凰镇鸷山村千亩桃园中，占地面积 59 亩，2014 年 7 月正式开园，是上海交通大学葡萄限根栽培技术的实验推广基地。园区内主要栽培夏黑、阳光玫瑰等葡萄新品种，采用限根栽培技术种植及数字化栽培技术管理。2013 年，园中所结夏黑、巨玫瑰两种葡萄在苏州市第七届地产优质果品评比中获得金奖。

旅游服务

对外交通 凤凰山风景区周边有国道G204线、常合（沿江）高速公路、通锡（锡张）高速公路、苏虞张公路3条对外联系通道。苏州、常熟、张家港市区以及浙江方向的游客可经由苏虞张公路到达凤凰山风景区，无锡方向的游客可经由通锡（锡张）高速公路到达凤凰山风景区，南京、常州、太仓、上海方向的游客可经由常合（沿江）高速公路到达凤凰山风景区，南通方向的游客可经由国道G204线到达凤凰山风景区。

公交路线 旅客从各地乘坐长途客车到达张家港客运站后，可于站外乘坐公交车前往凤凰山风景区。游客自河阳山歌馆（凤凰客运站）站点下车后，步行5～10分钟，即可抵达凤凰山风景区。前往恬庄古镇游览的游客可乘坐公交车至恬庄古镇。

食宿服务 沿金谷路（西凤路）北行2千米可达中心镇区，镇区内有金凤凰温泉度假村、巴马酒店等住宿场所，我爱我家餐厅、江南名灶餐厅等餐饮服务场所，吉麦隆超

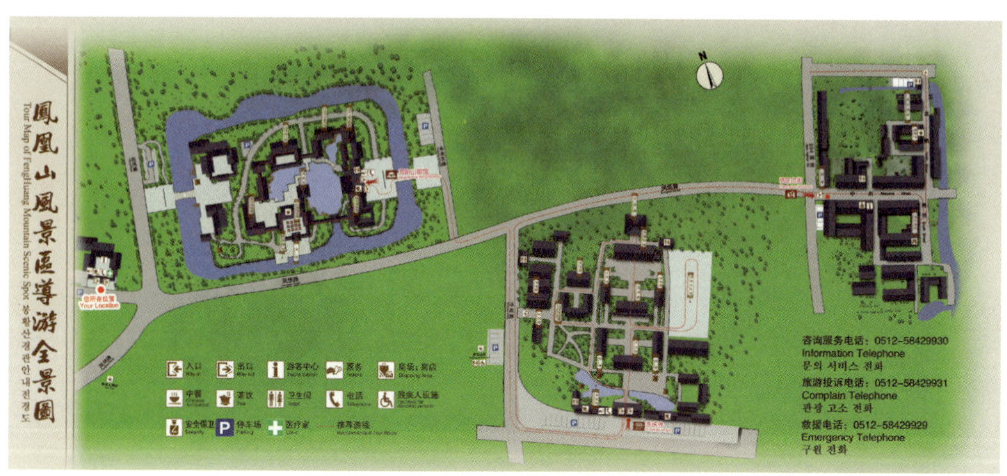

凤凰山风景区导游全景图（2016年）

市、华联超市、德胜超市等大中型购物超市和生活配套设施。恬庄古镇北首有恬庄人家特色餐厅，凤恬路沿线有各类特色农家乐可供游客选择。其中金凤凰温泉度假村内有著名的“苏南一号”温泉。

凤凰镇主要农家乐一览表

表 4

名称	位置	特色食品
吴歌人家	凤恬路肖家巷	香芋煲、凤凰豆腐、凤凰桃园鸡
河阳鱼馆	凤恬路肖家巷	除凤凰豆腐、凤凰桃园鸡等本地菜以外，还经营南京酸菜鱼、番茄鱼、沸腾鱼、河南野山鸡汤等外地菜品，饭店中另有桃园鸡蛋、野鸡蛋等售卖
凤桃农庄	山前路	农家蛋饺碗、洋菜咸肉碗、去骨蒸鸡碗、蒸三鲜碗、开洋双菇碗、高汤鱼盒碗、顶汤狮子头碗、樱桃肉碗“八大碗”，徽菜臭鳜鱼
恬庄人家	恬庄古镇停车场南侧	以状元红烧肉、榜眼蹄、凤凰豆腐等本地菜肴为基础开发出的状元宴、豆腐宴、全竹宴、桃花宴等

特色活动

“赏桃花、游古镇、泡温泉”主题自驾游 由凤凰镇人民政府于 2012 年主办，联合张家港交广俱乐部、爱上网、中华户外等单位，组织大批自驾游爱好者到凤凰踏青旅游，游览凤凰美景，并联合相关网络媒体大力宣传凤凰旅游。

“穿越千年，寻梦江南”古装穿越节 由凤凰镇人民政府于 2016 年主办，会同同程旅游网、张家港在线网、张家港市区各大摄影机构，组织游客穿着唐代至民国时期特色服饰，游览凤凰山风景区。古装游客参与体验古代名人雅士所崇尚的琴、棋、书、画、诗、酒、花、茶八大雅趣。景区设置 8 个体验及拍照地点，集满 8 张照片发微信朋友圈，2 小时内点赞数量超过一定量，即可获赠价值不等的精美大奖。活动吸引了近 5000 人参与。

链接：凤凰镇荣誉

2011 年，凤凰山风景区创建成为国家 AAAA 级旅游景区。

2012 年，凤凰镇荣膺“长三角最佳慢生活旅游古镇”称号。

2012 年，凤凰山风景区创建成为自驾游基地。

2013 年，凤凰镇荣获 2013 网民最喜爱的“江苏桃花胜境”。

2013 年，“凤凰旅游”荣获“年度最具人气网络品牌”称号。

2015 年，凤凰镇入选“江南水乡古镇世界文化遗产”预备名录。

2015 年，凤凰镇获“中国宝卷之乡”称号。

2015 年，凤凰镇荣获“中国吴地山歌传承保护基地”称号。

2015 年，凤凰镇荣获“长三角最美乡村”称号。

2015 年，凤凰山风景区荣获“张家港十大休闲旅游地”称号。

2017 年，凤凰镇荣获第五批“江苏省特色旅游景观名镇”称号。

古镇风貌

凤凰镇在几千年的发展历程中，形成了恬庄、西徐市、西张市、港口、栏杆桥、周家码头6个古集镇，反映了不同历史时期的地方特色，在江南乃至全国都有典型意义，具有较高的历史、文化价值。

恬庄古镇

古镇创建 恬庄古镇位于凤凰镇东部，凤凰山东侧1000米，总面积3.11公顷。明天顺年间（1457—1464），常熟鹿苑奚浦（今属张家港市塘桥镇）人钱洪、钱宽两兄弟在恬庄拥有良田千顷，钱氏收田租，造房屋，建庙宇，逐渐形成集市，始称田庄。明嘉靖年间（1522—1566），河阳市遭倭寇抢掠，居民纷纷迁徙到田庄定居。因人们忿于兵荒马乱，思念安定生活，取“田”之谐音，将“田”改为“恬”，意为恬淡安适。

恬庄古镇牌楼（2016年） 陈鹤 摄

恬庄古镇石板街（2016 年） 万玉藻 摄

古镇发展 清康熙九年（1670），杨氏从浙江湖州迁居恬庄，务实兴业，发家之后乐善好施，热心投资公益事业，集镇区得以扩建。至清代中叶，集镇区有东、西、南、北 4 条主街道，巷门 6 座，大弄堂、小弄堂与恬庄北街相交。奚浦塘穿镇而过，将全镇分为东西两半。河上有 3 座石桥相通，南为五福桥，北为兴隆桥，均用大石条横卧铺设而成；中间一座桥为青石拱形桥，造型古朴，俗称中桥，又名长寿桥。恬庄古镇处于虞西地区粮棉产区的过渡地带，商贸繁荣，店铺林立，银楼、典当、南北货栈、京广货店、花边行、土布庄，以及缫丝、染色、榨油、酿造等作坊一应俱全。较大的店铺有乾丰恒京南货店、乾昌杂货店、文乐园茶馆、南园书场茶馆、杨定松布店、潘栋仁染青店、狄少山柴行、钱家米厂，以及豆腐坊、药店、纸扎作坊等。恬庄古镇水运发达，设有恬庄—常熟、恬庄—无锡航船的始发站。20 世纪 30 年代，恬庄已通电并设立电话局。集镇上有总管庙、财神堂、雷部殿、三元宫以及文昌阁等 20 多处寺庙观祠。

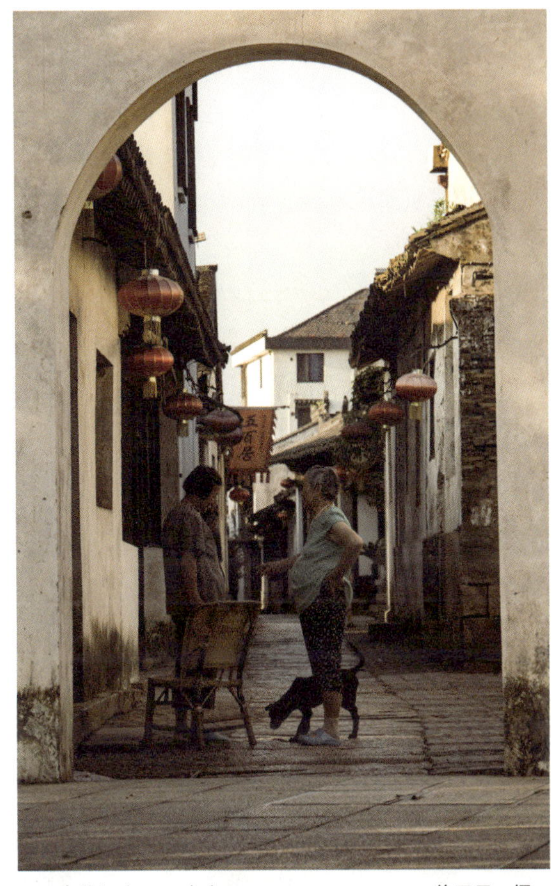

古巷门（2016 年） 徐卫元 摄

古镇人文 恬庄古镇民风淳朴、人才辈出，自清代以来取得功名的进士、举人有 20 余人。比较有名的有清乾隆五十七年（1792）举人、芜湖教谕蒋宗文，嘉庆三年（1798）举人、刑部主事杨景仁，嘉庆十六年辛未科进士、广州惠州知府杨希铨，道光二十三年（1843）举人杨沂孙，咸丰二年（1852）壬子科榜眼、太常寺少卿杨泗孙，光绪六年（1880）庚辰科进士、御史杨崇伊，清末驻新加坡领事、著名诗人杨圻（杨云史）等。恬庄古镇除杨姓望族外，还有陈、庞、葛等姓氏。

保护规划 2008 年，凤凰镇党委、政府发文成立凤凰镇古镇保护领导小组，由镇党委书记任组长，镇长任副组长，领导小组下设办公室，全面负责古镇保护、政策宣传和日常管理工作。2008 年 8 月，凤凰镇人民政府根据有关法律、法规，结合凤凰镇实际，制定《凤凰古镇区保护管理暂行办法》，办法共 6 章 43 条，明确了对古镇区建筑物、河道、绿化与古树名木、经营与环境的保护管理，并给予一定的政府资金支持。2009 年 3 月，《张家港市凤凰镇总体规划（2005—2020）》获张家港市人民政府同意批复，凤凰镇党委、政府在新一轮总体规

《凤凰历史文化古镇保护规划》书影

划的指导下，委托苏州市规划设计研究院有限责任公司编制《凤凰历史文化古镇保护规划》。2009 年 6 月,《凤凰历史文化古镇保护规划》获张家港市人民政府同意批复，2012 年，获江苏省人民政府同意批复。2009 年 8 月,《恬庄古镇中街北弄修缮改造规划》编

雨后的恬庄古街（2016 年） 钱克勤 摄

春雾里的恬庄（2016 年）　　时晓波　摄

制完成。2009 年 9 月,《恬庄古镇西北片区整治规划》编制完成。2012 年,《恬庄古村落保护五年规划》修订完成。凤凰镇人民政府在凤凰镇镇务公开栏、恬庄古镇公开栏设立公示栏，将《凤凰镇总体规划》《凤凰古镇区保护管理暂行办法》《恬庄古镇工程公示》等规划文本进行公示。按照《凤凰历史文化古镇保护规划》要求，凤凰镇文管办对历史建筑、文物古迹和环境要素进行登记建档，其中文物保护单位和控制保护建筑已全部登记造册并挂牌保护。恬庄古镇区主要出入口均设立了明显的标志，在园林、古树周围设立爱护古树名木的标志等。

保护工程　2006 年，张家港市、凤凰镇两级政府正式启动恬庄古镇一期至五期整治工程。2007 年 2 月，一期工程投资 700 万元，按照“修旧如旧，不改变原貌”的原则，全面修复榜眼府、杨氏孝坊和杨氏南宅，项目于2007年年底竣工。2008年6月，二期工程投资1300万元，对恬庄中街西段建筑外立面以及榜眼府后花园进行改造和建设，项目于2010年竣工。2010年7月，三期工程投资2300万元，对沿国道G204线建筑立面、恬庄北街和恬庄南街实施立面改造，完善基础设施，铺设恬庄中街石板路面，开挖恬庄北街杨氏孝坊西北角段玉带河，重建玉带河桥楼，恢复原有民房的墙体、老式窗户、石驳岸和码头，项目于2010年11月竣工。2010年11月，四期工程投资450万元，对恬庄古镇杨氏中宅两座转角楼进行修缮，并投资280万元，新建恬庄碑刻博物馆（苏州碑刻博物馆张家港分馆），完善恬庄古镇西北片区基础设施，进行道路改造、河道开挖、整治石驳岸、改造兴隆桥、新建玉带河桥等工程，并完成奚浦塘驳岸及绿化景观工程，项目于2014年年初竣工。2013年11月，五期工程投资1850万元，恢复兴隆路南侧建筑风貌，对杨氏南宅进行西拓，恢复继缘道院遗址，新建拱桥1座，修缮恬庄古镇内部道路及排水工程，完成古镇景观绿化10000平方米，项目于2014年12月竣工。2014年12月，恬庄古镇一期至五期工程全部竣工，古镇建筑廊檐雅致，古镇庭院精美小巧。整治后的古镇，古街、古巷与古桥、古埠相依相傍，重现了古镇的明清历史风貌。

古镇街巷

恬庄北街 位于奚浦塘西岸北侧，长290米，宽2米，石板路面。现有石板铺设于明末，石板下有排水设施。街道两旁建筑大多保留清代、民国时期的原有风貌。恬庄北街上有全国重点文物保护单位杨氏宅第中宅（榜眼府）、杨氏孝坊（杨孝子祠）及民国时期地方名医夏志仲的住宅（即夏宅，现为寻慢茶堂）、恬庄碑刻博物馆（苏州碑刻博物馆张家港分馆）等。另有特色小吃豆腐花、海棠糕等售卖，寻慢茶堂为游人提供了休息、品茶的场所。

恬庄南街 位于奚浦塘西岸南侧，长148米，宽3米。此街为恬庄古镇重要组成部分，全国重点文物保护单位杨氏宅第南宅位于其中。恬庄南街较好地保留了晚清、民国时期的建筑特色。

恬庄中街 位于奚浦塘西侧，与奚浦塘十字相交，长约160米，宽约6米。此街为恬庄古镇主要商业区，入口门楼上写有梁同书所撰“恬庄”二字。恬庄中街上的建筑大多为仿明清时期建筑，道路中间设有花坛及仿古路灯，街道上分布有店铺。每当农历三月二十二河阳庙会及其他节庆时，恬庄中街人头攒动、热闹非凡。

恬庄北街（2016 年）　万玉藻　摄

恬庄南街（2009 年）

沿河民居（2009 年）

古河埠（2009 年）

恬庄中街（2016 年）　许玉玲、吴仁忠　摄

大弄堂　位于恬庄北街中段西侧，杨氏中宅（榜眼府）后门，长 57 米，宽 1 米，石板路面。旧时是恬庄东街、恬庄南街人们到横街道院进香、入塾读书，或经浜梢岸往西张市、塘桥的主要道路。弄堂中段有通弄跨越。

小弄堂　位于恬庄北街南段，长 52 米，宽 1 米，石板路面。为穿街小巷，是通往横街、浜梢岸的通道。陈氏家族宅第位于此，弄堂西口外为陈氏家祠。

臭弄堂　原名庵弄，位于恬庄西街中部南侧，长 55 米，宽 2 米。清咸丰十年（1860），弄东毁于战火后，有人置数只大粪缸于此，故得臭弄堂之名。玉带河从其中间穿过。其旁有船坞遗址。弄东侧为河阳钱氏家族所建的长寿庵，其后为张氏大宅。宅院后原有两人合抱的皂荚树，于 1958 年被砍伐。弄西也为张氏大宅。

庙弄　位于恬庄南街中段，长 66 米，宽 1.5 米，碎石路面。紧邻杨氏南宅。

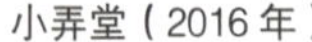

小弄堂（2016 年）

大弄堂（2016 年）

臭弄堂（2016 年）

庙弄（2009 年）

古镇民宅

张宅　位于臭弄堂，建于清代，建筑面积 245 平方米，占地面积 269 平方米。该建筑为硬山式建筑，二层，坐北朝南，进深九柱，蝴蝶窗造型。两侧有低矮辅房，保存完好。张宅于 2009 年被列为张家港市控制保护建筑。

张宅（2009 年）

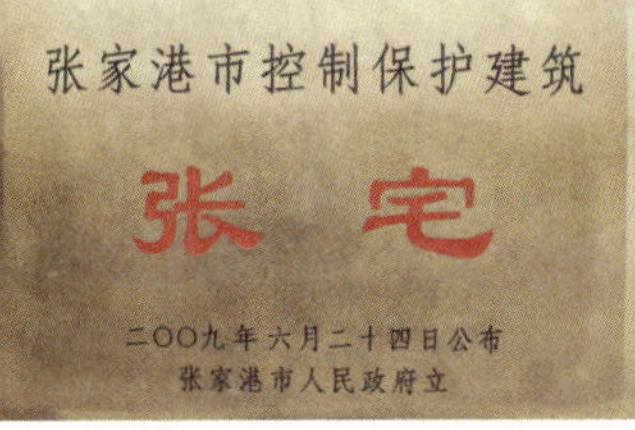

张家港市控制保护建筑

张　宅

二〇〇九年六月二十四日公布

张家港市人民政府立

张宅获张家港市控制保护建筑标志牌（2009 年）

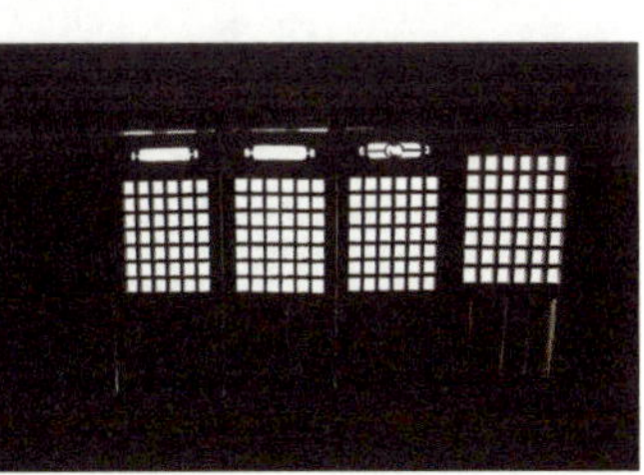

张宅蝴蝶窗（2009 年）

陈宅　位于恬庄北街，建于清代，建筑面积 349 平方米，占地面积 314 平方米。该建筑为硬山式建筑，坐西朝东，第一进为两间

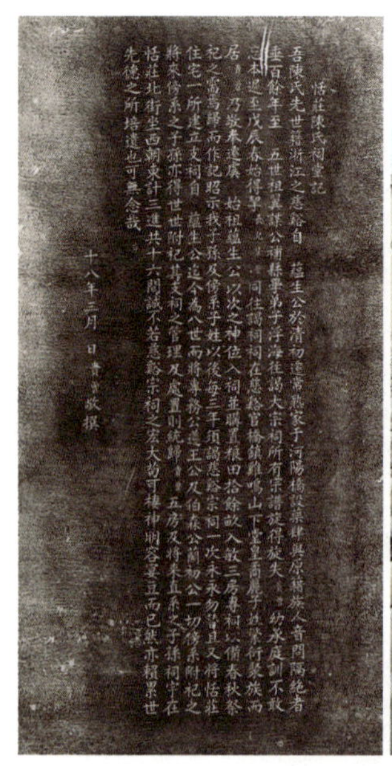
恬莊陳氏祠堂記

吾陳氏先世籍浙江之慈谿自 蘊生公於清初遷常熟冢子河陽橋設業肆與原籍族人音問隔絕者垂百餘年至 五世祖翼謀公補縣學弟子浮海往謁大宗祠所有宗譜旋得旋失 幼承庭訓不敢忘本遲至戊辰春始得挈 同往謁祠祠在慈谿官橋鎮雞鳴山下堂皇高廠子姓繁衍聚族而居 乃敬奉遠祖 始祖蘊生公以次之神位入祠並購置祭田拾餘畝入敬三房專祠以備春秋祭祀之需爰歸而作記昭示我子孫及傍系子姓以後每三年須謁慈谿宗祠一次永永勿替且又將恬莊住宅一所建立支祠自 蘊生公迄今為八世而將事務公遺王公及伯森公蘭初公一切傍系附祀之將來傍系之子孫亦得世世附祀其支祠之管理及處置則統歸 五房及將來直系之子孫祠宇在恬莊北街坐西朝東計三進共十六間誠不若慈谿宗祠之宏大尚可棲神明容宴豆而已然亦賴累世先德之所培遺也可無念哉

十八年三月 日 敬撰

恬庄陈氏祠堂记碑（2014年）

陈宅（2016年）

平房，第二进为楼房，北侧有备弄进出。陈宅于2009年被列为张家港市控制保护建筑。原有陈家祠堂，位于大弄堂、小弄堂之间，建于清代，1929年重建，原有三楹两进，原正厅北墙嵌有民国时期石碑二方。2012年，后祠堂被翻建为民房。

蒋宅 位于恬庄北街，建于清代，建筑面积800平方米，占地面积786平方米。该建筑为硬山式建筑，青砖围墙。其后有蒋家花园，围墙有60米长，园内种有桂花树、虎皮榆树等植物。蒋宅于2014年被列为张家港市文物保护单位。

夏宅 位于恬庄北街，建于清同治年间（1862—1874），建筑面积110平方米，占地面积70平方米。该建筑为两进临河砖木结构建筑，民国时期，是乡间名医夏志仲的诊所，俗称“小郎中诊所”。

蒋宅（2009年）

夏宅（2016年）

古桥、古树、古井

长寿桥　又名中桥，位于恬庄古镇中心，奚浦塘上，长约 30 米。为单孔花岗岩全拱形石桥。相传为清乾隆年间（1736—1795）杨岱所建。2004 年，旧桥被拆除并重建。2011 年重修，恢复清朝时的原貌。

通济桥　位于恬庄北街梢，跨越古镇北侧的小河，长约 10 米，始建年代不详，清乾隆四十年（1775），杨岱重建。2010 年开展恬庄古镇整治三期工程时重建。

长寿桥（2003 年）

整治后的长寿桥（2016 年）

通济桥（2016 年）　　王佳晓　摄

兴隆桥 位于恬庄古镇北侧，跨奚浦塘，东西走向，长约30米，西通国道G204线，是恬庄古镇进出的主要通道。该桥初建于清乾隆年间（1736—1795），据传为浙江湖州人杨岱（字元峰）到恬庄成为富翁后，为扩建恬庄集镇而建。为金山石石条桥，桥面用三块长石条铺设，无栏杆，取名为“兴隆桥”，意为恬庄集镇更加兴旺。1976年，奚浦塘拓宽，改建肋拱桥，为农用桥。1996年，再度重建为板梁桥，分三跨，两边有钻孔水泥圆柱形桥墩4个。2010年改造。

湖甸古石桥 位于恬庄古镇东侧，杏市村湖甸自然村境内，长约40米，始建年代不详，石板构造。

凤凰古银杏（2009年）

凤凰古银杏群 位于恬庄古镇西南侧，常合（沿江）高速公路凤凰出口附近。共有4株，树龄均在200年以上，其中一株为唐天宝年间（742—756）所植，是张家港市境内最古老的银杏树之一。

恬庄古井群

恬庄古镇分布有大大小小的古井数口，均建于明清时期。

旗杆井 建于明代，位于恬庄北街24～26号杨氏中宅（榜眼府）内。

吴家井 建于明代，位于恬庄古镇西侧，双塘村吴群杨家院内。

秦家井 建于明代，位于恬庄南街16号秦家院内。

赵家井 建于明代，位于恬庄古镇西侧，双塘村赵卫龙家院内。

八仙井 又称义井，建于清代早期，位于恬庄北街中段。因井台刻有八仙法器图案而得名。

阁老井 建于清代早期，位于恬庄东街6号庞家院内。

大弄堂杨家井 建于清代，位于恬庄古镇大弄堂北侧。

恬庄中街杨家井 建于清代，位于恬庄中街15号后院。

八仙井（2016年）

大弄堂杨家井（2009年）

恬庄中街杨家井（2009年）

附：河阳桥、货到桥

河阳桥　位于恬庄古镇西侧，双塘村的三丈浦上，长约30米。始建于北宋皇祐二年（1050），为石孔拱桥。明嘉靖年间（1522—1566），桥上增设铁栅。明万历十八年（1590）重修，桥面增铺青石板。清雍正十三年（1735）又重修，由兵部尚书蒋廷锡捐款，桥上增铺花岗石条、石级，并在桥中建桥亭一座。现已不存。

货到桥　又名火烧桥。位于恬庄古镇北侧，双塘村境内，长约20米。该桥始建年代不详，单孔石桥，东西各有18级台阶，桥孔中央刻有“太平桥”字样。1956年改建为石板桥，1977年拆除。相传古时候，桥以北便是出海处，外来货船出海或进港到此均要卸货，此地是货物集散地，故称“货到桥”。另传，桥旁民居曾被倭寇烧毁，人们非常愤恨，为记住这一事件，将此桥改称“火烧桥”。现已不存。

古镇遗址

黄泗浦巡检司遗址　黄泗浦巡检司始建于明洪武二年（1369）。旧领弓兵百人，文员实兼武事，为抗击倭寇、海盗及维护地方治安的武装机构。后弓兵由30人减至24人，仅作“缉私贩、诘奸宄”等事，与武备无关。

黄泗浦（2009年）

清雍正年间（1723—1735），黄泗浦巡检司迁至恬庄镇南城隍庙东社仓。自明洪武至清道光年间，黄泗浦巡检司有记录的首领约24人，其中贵州人氏李世杰在位时政绩卓著，阖境送“海隅贤佐”匾额，后官至兵部尚书、两江总督，卒谥恭勤。

黄泗浦巡检司遗址（2009年）

继缘道院遗址 又称横街道院，位于恬庄横街，占地面积500平方米，为道教活动场所，清康熙年间（1662—1722）由葛氏、曹氏出资建成，原有庙屋3间、银杏1株。清乾隆三十七年（1772），杨岱在恬庄先建义庄，又与百姓捐田创办义学。义学借用继缘道院的破旧房屋，杨岱出资赎回道院余地建造东西厢房作校舍，聘请二位先生施教，每年招收四乡五邻贫寒子弟和本族学子二三十人到义学读书。继缘道院于清末民国初后逐渐衰败、损毁，现仅存遗址。

恬庄“千人坑” 位于凤凰镇恬庄村兴隆桥堍西侧。抗日战争时期，凤凰地区是日本侵略军沿长江口向内地进攻的必经之地。1937年8月18日18时，11架日军飞机飞越凤凰上空，投弹4枚，拉开了日军残害凤凰人民的序幕。当年11月20日清晨，日军在恬庄施暴，200余人惨遭日军杀戮。11月22日，日军撤离恬庄，村民龚继安、钱德铭等人召集当地民工张小三、张关金、张元元、张二郎等人，把各处的无主尸体共1808具，全部运到恬庄北街外兴隆桥堍，埋进被废弃的防空壕内。其中一具常熟福山女性尸体被家人送回家乡。坑内实际埋有尸体1807具，后人则习惯性地称其为“千人坑”。2009年6月，恬庄“千人坑”纪念地被列入张家港市首批革命纪念地。

杨氏宅第

全国重点文物保护单位——杨氏宅第位于恬庄古镇，由杨氏中宅、杨氏孝坊、杨氏南宅三部分组成。杨氏宅第于2013年被列为全国重点文物保护单位。

杨氏中宅 又称榜眼府，位于恬庄北街，建筑面积1948平方米，占地面积3711平方米。砖木结构，硬山式建筑。据《旌表孝行杨君家传》记载，此宅是在清乾隆四十四年（1779）由孝子杨岱为祝贺母亲袁宜人八十寿诞所建，“颜其室曰爱日斋，曰北堂，开池凿石，栽莳花木以为娱”。后杨氏子孙多有修建。清咸丰二年（1852），杨岱曾孙杨泗

杨氏中宅正门（2016年）

杨氏中宅客厅（2016 年） 万玉藻 摄

砖雕门楼（西侧）（2016 年） 龚晓东 摄

砖雕门楼（东侧）（2016 年） 龚晓东 摄

斗拱（2009 年）

孙考中榜眼，因此此宅又称榜眼府。新中国成立后，杨氏中宅移作他用，渐趋破败。该宅为五间五进，进深 49.3 米，前宽 15.3 米，后宽 16.2 米。第一进五间，房前有 4 个石柱础。第二进、第三进为四间，第三进为大厅，通宽 16 米，进深 11.2 米，高 7 米。柱础为青石鼓墩，抬梁结构，重檐方檐，正桁上镀金重彩花绘。一、二、三进均为平房。第四进为四间楼房，通宽 16.2 米，进深 7.2 米，高 7.9 米。大厅和楼房间有北厢房和转楼连接。另外，还有水码头、下水道兽头出口和院墙。宅内另有砖雕门楼，刻有“安乐世家”“厚德载福”字样，保存完好。

杨氏中宅西北侧有后花园，为清乾隆年间（1736—1795）杨岱所建。据《恬庄小识》记载，宅内有敦本堂，由梁同书题额，左偏筑园，园中有爱日斋、北堂、养源书屋、活泼泼地、古湾泾、恬养斋等。清嘉庆年间（1796—1820），杨岱之子杨景仁增建诒砚斋、学福轩。诒砚斋由潘世恩题额并作跋。新中国成立后，杨氏花园移作他用，房屋几近倒塌。2007 年，张家港市人民政府、凤凰镇人民政府按照“修旧如旧，不改变原貌”的原则，全面修复杨氏中宅，项目于 2007 年年底竣工。

对拱（2009 年）

花窗（2009 年）

砖雕（2009 年）

杨氏孝坊　又称杨孝子祠。位于恬庄北街，占地面积 1170 平方米，建筑面积 962 平方米。砖木结构，硬山式建筑。由孝子坊和孝子祠两部分组成。孝子坊建于清嘉庆十一年（1806），孝子祠建于清道光五年（1825），由杨岱之子杨景仁所建。孝子祠为硬山式砖木结构，坐西朝东，为五间两进两厢房布局。第一进屋檐有三层斗拱重叠，正厅宽 17.9 米，进深 6.4 米，高 6.32 米，具有典型的清式建筑风格。第二进后厅建筑规模与前厅相仿。北墙有清嘉庆年间（1796—1820）的《旌表孝行杨君家传》石刻 3 块、《虞山杨氏读书田记》石刻 3 块、《布政司执帖》石刻 1 块，另有清代行省颁发的《杨氏义田负税》执照石刻 1 方。两进间有 9 米长的天廊相连，使前后两进院融为一体。第三进有木构件和石磉。第四进为五开间，前加两辅房，烽火山墙形式，另有木装饰。杨氏孝坊内有杨氏孝坊井，建于清代早期，位于杨氏孝坊后墙，井圈为武康石，下层为砖瓦砌壁。2007 年，张家港市人民政府、凤凰镇人民政府按照“修旧如旧，不改变原貌”

杨氏孝坊井（2016 年）

杨氏孝坊正门（2016 年）

杨氏孝坊大厅（2016 年）　　万玉藻　摄

杨氏孝坊回廊（2016 年）　　万玉藻　摄

杨氏孝坊牌楼（2016 年）

的原则，全面修复杨氏孝坊，项目于 2007 年年底竣工。

杨氏南宅 位于恬庄南街，建筑面积 200 平方米，占地面积 700 平方米。砖木结构，硬山式建筑。杨氏南宅为杨岱父亲杨继祖故居，宅中有“六有楼”，后由杨继祖之孙杨景谊居住。杨氏南宅坐西向东，是典型的明代建筑。共分四进，分别为门厅、仪门、大厅和后厅，设内外天井。三间主房宽 8 米，进深 5.5 米；侧厢房宽分别是 1.86 和 1.68 米，进深 4 米；底层高 2.9 米，楼层高 1.8 米，山尖高 1.2 米；内天井面积 4 平方米；外天井呈梯形，山墙门口宽 7.5 米，进深 10.8 米，占地 170 平方米。院墙的外北侧内嵌一石碑，上刻“仁寿堂杨”四字。杨氏南宅内有杨氏南宅井，建于清代。2007 年，张家港市人民政府、凤凰镇人民政府按照“修旧如旧，不改变原貌”的原则，全面修复杨氏南宅，项目于 2007 年年底竣工。

杨氏南宅花园（2016 年） 万玉藻 摄

杨氏南宅井(2009 年)

杨氏南宅客厅（2013 年） 万玉藻 摄

杨氏南宅门厅（2013 年） 万玉藻 摄

杨氏义庄遗址 位于恬庄古镇五福桥东堍，紧挨杨氏本族祠堂，建于清乾隆年间（1736—1795），有仓房十三楹，临河有石码头一座，有义田 1012 亩 1 分 1 毫，随田工作房 22 间，侧厢 4 间。杨氏义庄以义田租息为贫族提供食米、嫁娶、读书、考试、丧葬等费用，为孀妇及贫老提供衣、药、棺木。另有田 102 亩 3 分 4 厘 8 毫，岁租供修葺义庄及修祭义士坟墓、耳房等费用。义庄水栈边有清乾隆五十七年（1792）杨岱所建步坊。1976 年，步坊被推入河中填没。

恬庄碑刻博物馆（苏州碑刻博物馆张家港分馆） 又名“碑苑”。位于恬庄古镇北街北首，建筑面积600平方米，占地面积800平方米，于2012年3月由凤凰镇人民政府投资280万元兴建，2013年年初建成，2015年4月21日正式开放。馆舍为三进砖木结构的仿古建筑，其中第一进、第二进为平房，第三进为二层楼房。2014年4月，苏州碑刻博物馆张家港分馆在此挂牌。馆内共征集、展出各类碑刻及石构件约100件，以祠堂碑文、墓志铭、族规家训、地形田块等碑刻为主，碑文主要记载当地官宦名人、名门望族的历史地位、社会影响及功绩义举等。馆中另藏有清朝大书法家梁同书、王文治及恬庄杨氏、港口蒋氏诸大姓的书法碑刻，绝大部分碑刻是当地文物保护管理人员历时30余年从当地和附近乡镇征集，从地头河坝及建筑物中采掘到的。

恬庄碑刻博物馆（苏州碑刻博物馆张家港分馆）（2013年）

附：凤凰镇境内出土的部分重要碑刻

唐代陆公孙夫人墓志铭碑刻 出土于凤凰山北侧。长 32 厘米，宽 31.5 厘米，厚 5 厘米，砖质，楷书 11 行。碑石保存于张家港博物馆。

唐代□府君墓志铭碑刻 出土于凤凰山。长 31 厘米，宽 30 厘米，厚 5 厘米，砖质，有一角残缺，楷书 12 行。

唐代王府君洎夫人孙氏墓志铭碑刻 出土于凤凰山东南侧，小山东侧一葬墓内。长 31.6 厘米，宽 31 厘米，厚 6 厘米，砖质，楷书 14 行。碑石保存于张家港博物馆。

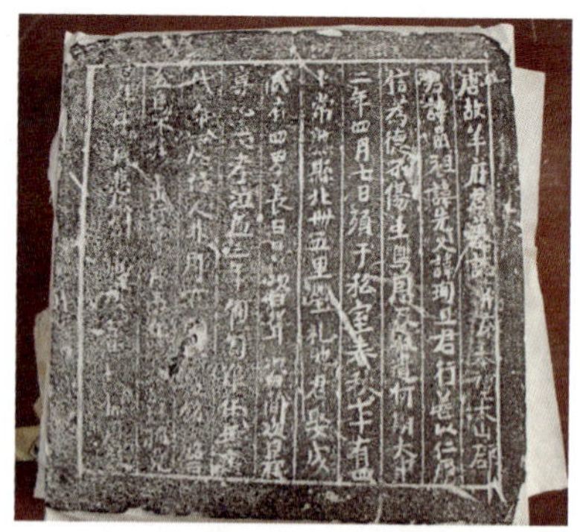
唐代羊府君墓志铭碑刻（2009 年）

唐代羊府君墓志铭碑刻 出土于凤凰山，长 33 厘米，宽 33 厘米，厚 6.5 厘米，砖质，楷书 10 行，部分字迹漫漶不清。

唐代济阳蔡君之妻莫夫人墓志铭碑刻 2004 年出土于小山村（今属双塘村）境内。长、宽各 33 厘米左右，厚 6 厘米，砖质，志文清晰、保存完整，单面刻字，楷书 11 行，130 余字，由墓主生前丈夫“济阳蔡偱”亲撰，标题为《唐济阳蔡君之妻莫夫人墓志铭并序》。碑石保存于张家港博物馆。

唐代济阳蔡君之妻莫夫人墓志铭碑刻（2016 年）

唐代故王府君墓志铭碑刻 1990 年出土于凤凰山南麓。长 33 厘米，宽 32 厘米，厚 4 厘米，石质，楷书 12 行，100 余字。铭文标题为《唐故王府君墓志铭并序》。该墓志材质与一般唐代墓志所用材质不同，且是张家港市境内明清时期墓志曾普遍使用的青石，这

唐代故王府君墓志铭碑刻（2009 年）

在境内乃至周边地区出土的唐代墓志中并不多见。碑石保存于张家港博物馆。

唐代孙府君墓志铭碑刻　2000 年出土于凤凰山东南侧一船形砖室夫妻合葬墓内。正方形，边长 33 厘米，厚 6 厘米，砖质，楷书 13 行，出土时已断为三截，部分字迹漫漶或缺失。

唐代孙府君墓志铭碑刻（2009 年）

唐代渤海□□□□墓志铭碑刻　出土于凤凰山。

明代顾乐闲墓志铭碑刻　1998 年出土于小山村（今属双塘村）。长 44 厘米，宽 44 厘米，厚 9 厘米，青石质，双合。墓志铭由承恩郎、工部主事、邑人赵宁撰文并书丹，将仕郎、临海县主簿朱友文篆盖。碑石保存于恬庄碑刻博物馆。

明代顾乐闲墓志铭碑刻（2008 年）

明代处士徐伯和夫妇墓志铭碑刻　1998 年出土于鹫山村。长 53 厘米，宽 50 厘米，厚 9 厘米，武康石质，双合，楷书。墓志铭字迹清晰，对于考证河南徐氏迁徙张家港定居的史实具有参考价值。碑石保存于恬庄碑刻博物馆。

明代处士徐伯和夫妇合葬墓志铭碑刻（2008 年）

清代蒋朴堂墓志铭碑刻　1958 年出土于双塘村。碑盖长 64 厘米，宽 64 厘米，厚 11 厘米。碑底长 54 厘米，宽 54 厘米，厚 14 厘米。青石质，双合。墓主蒋朴堂是清代大学士蒋溥的长子，名棡，字作梅。墓志铭由工部尚书、邑人嵇璜撰文，进士、里人陈桂森书丹篆额，主要记述墓主的官宦世家渊源、生平事迹。碑石保存于恬庄碑刻博物馆。

清代杨沂孙夫妇墓志铭碑刻　1999 年出土于双塘村。长 68 厘米，宽 65 厘米，厚 15 厘米，青石质，对合。墓志铭由杨沂孙弟、榜眼杨泗孙撰文，杨沂孙学生段用霖篆盖并书丹。铭文主要记述恬庄杨氏家族世系源流以及墓主生平事迹。碑石保存于恬庄碑刻博物馆。

清代田庄杨氏义庄碑记　镌刻于清乾隆四十五年（1780），据记载共4块，现存3块，均长82厘米，宽32厘米，厚18厘米，青石质。碑刻由进士及第、前翰林院侍读、署日讲起居注官、云南临安府知府、丹徒人王文治撰文并书丹。碑石保存于张家港博物馆。

清代旌表孝行杨君家传碑刻　镌刻于清嘉庆十一年（1806），共3块，规格分别为84厘米×52厘米×16厘米，79厘米×52厘米×16厘米，81厘米×52厘米×16厘米，青石质，楷书，700余字。碑刻由经学家、礼仁阁大学士、江苏仪

清代杨沂孙夫妇墓志铭碑刻（2008年）

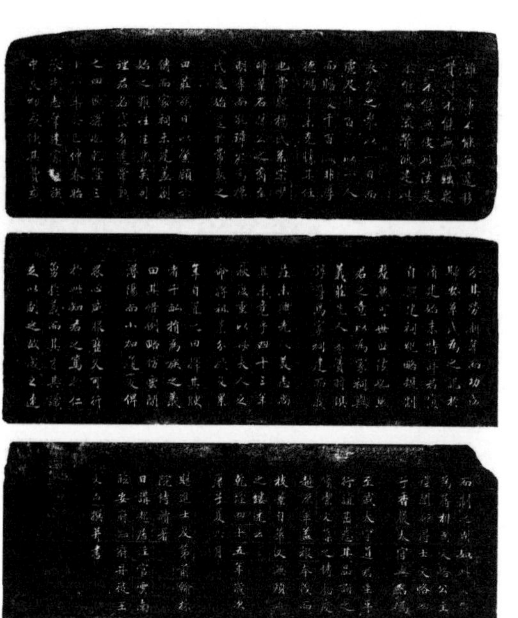

清代田庄杨氏义庄碑记（2008年）

清代旌表孝行杨君家传碑刻（2008年）

征人阮元撰文，状元、书法家、浙江归安人姚文田书丹。文中“孝行杨君”即指孝子杨岱。碑石保存于恬庄碑刻博物馆。

清代新修永庆寺文昌阁记碑刻　镌刻于清道光二十七年（1847），长78厘米，宽31厘米，厚15厘米，青石质。碑刻由进士、恬庄人杨希钰撰文并书丹，孔宪山镌刻。碑文阐述了修建文昌阁对于引导地方士子读书兴学之风的积极意义和作用。碑石保存于张家港博物馆。

其他碑刻　境内另有镌刻于清康熙四年（1665）至民国时期的建桥碑、圆觉庵碑、宗祠碑、义庄碑和布告碑等碑刻，记载了不同时期的历史事件，以告示、训语、执帖等形式的碑刻告诫公众要遵纪守法，遵守各项条规。

西徐市集镇

集镇历史　西徐市集镇位于张家港市南部，距张家港市区14.9千米。地处凤凰山与鹜山之间，南临张家港塘，水抱镇，北枕山。镇区面积1.33平方千米。1962年前，属常熟县管辖，常熟县内有两个徐市，因该徐市位于常熟县城之西，故得名西徐市。2002年，西徐市是凤凰镇政府驻地。2003年8月，西徐市为凤凰镇凤凰街道办事处驻地。据《重修常昭合志》载，西徐市，在让塘西，明弘治间，侍郎徐恪创，累代聚族于此。距城三十六里，街三道。居民多徐、钱两姓，集镇以徐姓得名。西徐市在明代弘治年间（1488—1505）初具规模，有街道三条，南北向一条接连北街，长1000米；南街曲尺形，东西走向，接新桥街，长200米；北街与西街相接成丁字形，长约350米。主街分支的小弄有臭弄、新弄、鱼家弄。街道弯曲，店面房屋参差不齐，街道狭窄，碎石路面，中间有长石条连接贯通。镇东新弄口有巷门，巷门上方石上，刻有“迎春毓秀”四字，出巷门是大、小湖罗墩。西徐市集镇水陆交通方便，又是与江阴、无锡、常熟三县市的交界处，成为农副产品的交易场所，市场繁荣，街道两旁商店林立，有茶馆、酒店、酱园、药店、糕饼店、茶食店、米行、竹木行、布庄、南北货店、香烛店、典当铺、烟铺、印染店、肉庄、鲜鱼摊等50余家。镇上大商号有缪同济药店、旺长和药店、一林春茶馆、钱顺昌布庄、顺利济酱园、华生泰杂货店、陆恒丰草籽行等。吸引了常熟、无锡、顾山等地的商人到此开店经商。旧时的交通运输主要依靠水路，直达小镇中心的船浜，船浜里停泊着许多运输货物的商船。民国初期，每年初夏，来自上海浦东的运输船停泊在集镇的河边，收购名扬沪杭的鸷山草头籽，市场上人来车往，生意兴隆。至1949年，西徐市有南街、西街、北街等三条主要街道，镇区面积0.43平方千米。解放后，集镇建设进展缓慢，以修补街道、填筑砖石路为主。1958年，集镇开始拆建，拆除了新弄和镇中心的许多民房，中心街道拓宽至6米，长800多米，与南、北老街形成十字街，镇中心建成一幢三层的转角楼，新街路面铺设碎石，沿街两旁新建商店。20世纪70年代，公社编制了集镇总体规划，按照规划发展小城镇，1979年，新建五金交电门市部。80年代，扩大新镇区，建成长500米、宽16米的凤新街。新建食品站、百货门市部、文化站、凤凰税务所、邮电所、凤凰农业银行、交管站、供电站、农机站、凤凰中学等20多家单位。1992年，新建凤凰镇政府办公楼，2001年，建凤翔小区别墅式住宅楼130幢，入住居民332户，镇区面积扩大到2平方千米。西徐市多古迹，集市南有柳陌西桥，东有咸佳桥。让塘东有孝子徐植祠堂、墓，有文星桥。文星桥北堍有城隍庙，立有城隍神像，每年农历中元日，举行迎神赛会。水曲岸旁有关帝行宫殿，院内有古银杏两棵，门口的塘内有一座转水墩。南街有观音堂，西街有猛将庙，北街有明代建的白衣庵。鱼家弄内曾有建于明代的慧灵庵。明代，集镇西的牌楼墩旁有3座节孝牌坊。出西街向北一里许，有明代侍郎徐恪的故居八房巷，村边竖立着“都宪坊”的石牌坊。出金龙桥，过小市的香花浜，生长着传说中昭明太子所植的红豆树。1985年，红豆树被列为市级文物保护单位。该集镇是长江内陆运输航道上的一个物资集散地。改革开放以后，随着社会经济的发展，集镇上先后建办了数十家工厂，张家港市五十强企业之一的江苏飞翔集团位于集镇南部。七八十年代后，政府加强集镇建设，拓宽集镇街道，集镇上建起了商场、银行和居民住宅楼，城镇面貌焕然一新。2001年建成的凤凰大桥，把集镇区南北连成一体，凤凰路、凤南路、凤恬路纵横贯穿集镇。2004年，苏虞张公路建成通车后，集镇交通更加方便快捷。

红豆树 又称“相思树”。位于西徐市集镇西侧，鸷山南麓鸷山村邓家宕。相传由南朝梁昭明太子萧统为表达对恋人的思念而亲手种植，后由明朝御史徐恪移栽于此。现

红豆花（2012 年）

红豆（2009 年）

红豆树开花（2015 年）

存红豆树为老树所发之新苗，树龄有 200 多年。20 世纪 50 年代，共有 3 株红豆树，同长一条根。农业合作化和人民公社化时期，有两株先后被砍伐。现今园中的红豆树，单株直立，高 11.5 米，树围 1.41 米，冠幅 8 米。红豆树不常开花，曾在 1949 年、1956 年、1963 年、2000 年、2012 年、2015 年开花结果，是张家港市唯一开花结果的红豆树。古树周围砌有六角形保护砖墙，以红豆树为中心向周围扩展 50 余米为保护区，形成占地面积约 0.13 公顷的红豆园景点。红豆树于 1984 年被列为张家港市文物保护单位。

文星桥 又名星桥。位于西徐市集镇南侧，张家港塘上。长约 60 米，南北走向。始建于明永乐三年（1405），初建时是一座木桥。弘治元年（1488）改建为单孔石桥，名为文星桥。桥名来历与邑人徐恪官至南京工部右侍郎被誉为“文曲星”有关。清咸丰四年（1854），文星桥毁于战火。光绪元年（1875），由乡绅出资并募捐，在原地重建单孔弧形石桥，沿用旧称，俗称星桥。文星桥于“大跃进”时期被拆除，后重建。

让塘桥 又名尚塘桥、上塘桥。位于西徐市集镇东侧，凤凰村境内张家港塘上。长 60 多米，南北走向。相传是为纪念周朝名将姜尚（姜子牙）而命名。此桥建于明洪武二

文星桥（1999 年）

让塘桥（2016 年）

年（1369）[1]。原为三孔石拱桥，青石作台阶，花岗石铺面。南端建有石亭，内有石桌、石凳。1968 年，拓浚张家港塘时被拆除。1969 年重建，为有柱砖拱桥。1999 年拆除。2001 年改建新桥。

八房巷古村落　位于西徐市集镇北部，凤凰村境内，占地面积 2.46 万平方米，居民大多为徐姓，是凤凰镇望族渔梁徐氏聚集之地，距今已有 600 余年历史。据《重修常昭合志》记载，徐理四世孙徐讷育有八子，是谓“渔梁八分”，第八子即明成化二年（1466）进士徐恪。八房巷三面环水，水名牌楼泾。明代，徐氏在村内建造两座相互连接的四合宅院，每座宅院各有 16 间房屋。徐恪辞官回乡后，将其所居之屋定名为“主一斋”。南京御史刘臻为表彰徐恪政绩，在村南侧竖立石质牌坊一座，上题“都宪”二字。徐恪故居在“文化大革命”时期被拆除。石牌坊遗址基础和刻有“都宪”二字的石块仍然保存于村内一户居民家中。

缪家宕古村落　位于西徐市集镇东南部，杨家桥村境内，是凤凰医药世家缪氏祖居之地，形成于明朝初年，距今有 600 余年历史。缪氏世代行医，在凤凰颇具影响。清代，缪氏在村南沿河建庄园，占地约 8000 平方米，庄园东侧是两进高大的宅院，约有 18 间房屋。宅院两侧是缪氏仓房，共有两排，有 40 余间房屋，房屋东南侧建有巷门。缪家宕南面建有缪氏支祠，祠堂正厅挂有翁同龢所作楹联：“传仲素医经利人济物，秉豫公家训睦族敦宗”。清光绪年间（1875—1908），缪氏建义庄，有义田 34 公

① “张家港市乡镇地名志丛书”《凤凰地名志》中称“始建年代不详”。

徐宅（2013 年）　　柳笛　摄　　周家码头张家港大桥（2013 年）

顷，另有读书田 13 公顷。

方基古村落　又名“坊基古村落”。位于西徐市集镇北侧，凤凰村境内。据传，北宋时方腊部下的兵马在此驻扎过，遂得名“方基”。该村地处宋代消亡的河阳市近郊，相传旧时村上有酿酒作坊，有街道，多酒店，故又名“坊基”。村边河浜内埋有装水用的陶瓷罐，称瓦老罐。当地人把瓦老罐也称作韩瓶。方基地处河阳古镇的入海港口附近，传说村内出土的陶瓷罐是宋代名将韩世忠领兵在沿江驻防时留下的水壶罐。

方基古村落出土的宋代韩瓶（2014 年）

徐宅　位于西徐市集镇南侧，高庄村境内。建筑面积 300 平方米，东西长 15.7 米，南北宽 19.2 米。建筑为砖木结构，歇山式，四合院格局。东厢房于 1959 年拆除，现存五开间两进、侧厢一间。该房屋第一进修建于清代晚期，第二进修建于民国时期。徐宅于 2014 年被列为张家港市控制保护建筑，2017 年被列为张家港市文物保护单位。

周家码头　位于凤凰镇西南端，西徐市镇西侧，地处张家港、常熟、江阴三市交界，南临张家港塘，距张家港市区 13 千米，距中心镇区 5.5 千米，总面积约 0.6 平方千米。镇名以姓氏命名。清康熙初年，江阴北涸鲤鱼港周厚培迁此，以制毛笔为生，逐渐发迹。第四代周宽泉生有五子，分立五房，各建房屋数十间，聚居地改称周家宕。至第五代，周湘云在下岸（即沿塘）增建市房，铺设石子街道，茶园、肉铺、鱼摊相继开设，此地遂形成小集镇。咸丰年间（1851—1861），周家在沿塘驳石驳岸，修建码头，过往船只在此停靠，集镇成为活跃的水运码头，江阴顾山等地的商贾陆续到此开设布庄、米行、杂货店、酱园、药铺，市镇得以逐渐扩大，形成长约 300 米的一条对面街。码头因属周家所建，故称周家码头。光绪三十四年（1908），周欣成与常熟房姓合股在集镇开设荣昌茧行，在集镇周边方圆 1.5 千米范围内种桑数千亩，集镇逐渐成为澄（江阴）、锡（无锡）、虞（常熟）三县交界处的蚕茧集散地，周家码头逐渐市容日旺，时有店铺 30 余家。抗日战争时期，因蚕茧销路受阻，荣昌茧行于 1943 年关闭，自此，集镇市面萧条。新中国成立后，镇区面积 0.1 平方千米，人口 206 人。县、乡两级政府对集镇街道进行了整治，面貌有所改变。

港口集镇

集镇历史 位于张家港市南部，让塘和奚浦塘交汇处。集镇面积 0.89 平方千米。据《重修常昭合志》载:“港口在让塘东，踞浪澄港之口，故名。”明代之后，内陆出海过往港口的商船很多，渔舟往来繁忙。清初，让塘和浪澄港建有界禁桥、禁关桥等，设栅征关税。船栅关闭后，此地成渔舟停靠和货物堆放的集散地，形成了河阳山外八景中的“港口渔歌”一景。集镇形成于明末清初，距今有 400 余年历史。集镇以禁关桥为界，有呈丁字形分布的 3 条古街，街宽约 2 米，碎石铺路面，两旁店面多数为小瓦粉墙平房。西街较为繁华，街中段有让塘小学，于清光绪三十四年（1908）正月，邑人祁元焘就宅开办，经费由祁氏独捐。东街西临奚浦塘，有船码头，附近多饮食店。北街有豆腐、酿造作坊、茶馆、成衣铺、货栈、布庄等店铺。北街有龙潭河，河南侧有蒋陈锡于康熙年间（1662—1722）所建蒋氏家祠，前立有康熙御书“怀荩兴文”石坊，有三进五楹房屋，山门陈列蒋氏官诰及匾额，中为享堂，后为列祖列宗神主牌位及遗物。咸丰十年（1860）遭兵燹损毁。集镇西北建有蒋氏义庄，有义田200余亩。民国时期，祠堂作为筑十苏王公路和羊福公路工程队住所，日伪统治时期被伪军警所占用。新中国成立后，港口为双塘乡、港口公社、港口镇（乡）政府驻地。西街中段有西高神堂，有两进庙房，正殿五楹，殿前有银杏两株。东高神堂在港口集镇东三里泗安村，有三进庙房，山门前有戏楼，中有御道，两旁各有银杏树一株。两庙均祀宋侍中殿前都督指挥使高琼。集镇西北河阳桥有高都督庙，供奉宋代名将高琼和刘琦。每年农历三月二十二日，港口等周边乡民都要抬两座神像出巡，参加河阳山庙会。港口在清初系政府设卡检查、征税要地，留有桥闸4座。奚浦塘上由北往南，先是货到桥（民众讹称“火烧桥”），意为来自江海之货物到此装卸，系青黄石混砌拱形桥，桥堍两侧有石板铺设的场地供装卸货物；往南有界禁桥，桥下设有哨卡，船舶过哨卡接受检查，桥东堍有圆觉庵，供观音神像，驻缉私队，装备缉私炮船；界禁桥往南为连接港口东西街的禁关桥，桥南约百米有毁船基，以石板铺地约一亩，没收的走私船只

港口集镇（2016年）

在此拆毁；毁船基往西约百步，横跨让塘有大兴桥，其结构与禁关桥相同，桥洞内侧设卡栅，闭栅禁船只通行；大兴桥往南过让塘后，进入浪澄塘，其西岸，有石板铺设的古纤道至万丰桥。港口望族以蒋姓为多。明清时期，蒋氏有 11 人中进士，其中蒋廷锡、蒋溥父子均为大学士。其次，杨氏、祁氏、顾氏、陆氏等望族也有跻入仕途的官吏或有所建树的文人学者。民国年间，港口集镇为常熟县沙洲区三塘乡乡公所所在地。解放前，港口集镇仅有少量店铺。1962 年 5 月，人民公社机关从恬庄迁入后，港口集镇成为区域中心。改革开放以后，集镇迅速发展，先后建起了育才路、人民路、金阳路、安康路、府前路、西塘路、商业街、街胜路、富民路、港程路、南环路、西环路、鑫港路等 14 条主要街道。2016 年，港口办事处被列为苏州市 14 个“被撤并镇示范点”之一，凤凰镇党委、政府投资 3710 万元，对港口集镇进行全面整治。

富民桥 又名清水桥、清水塘桥，位于港口集镇东侧，清水村境内，跨曲塘泾。全长 16.5 米，中孔跨度 6.2 米，桥高 4 米，南北走向。富民桥始建于明代，清康熙四十三年（1704）重建。为纵联分节并联的单孔石拱桥，桥墩采用青石堆砌，桥面及拱形桥洞均采用花岗石。桥上有东台阶 14 级、西台阶 11 级。拱顶桥面铺设石板，中心雕刻圆形“云日图”。拱梁北侧镌有“富民桥”三字。拱端北侧左右均有二明柱，镌刻“南无阿弥陀佛”六字。古桥保存完好。富民桥于 1998 年被列为张家港市文物保护单位。

富民桥石刻局部纹式（2014 年）

富民桥（一）（2016 年）

富民桥（二）（2016 年）

程墩村（2013 年）

程墩古村落 又名陈墩、秦墩，位于港口集镇南侧，程墩村境内，形成于唐宋时期。因村南有座高约四丈、围约百丈的土阜而得名。据《重修常昭合志》记载："陈墩，初名秦墩，世传秦始皇自金鹅山将过福山观海，夜遇雪，经此墩南里许徐湖桥下，有断石篆文甚古，人莫能读，传闻即李斯书也。弘治初犹存，后为好事者携去。"清初，程墩是清政府征税地点之一。程墩南百米许，有余庆庵，俗称陈墩庵，又称杨龟山祠、余庆书院，南宋乾道二年（1166）僧柏梁建，内祀宋文靖公。明嘉靖四年（1525）毁，不久奉敕修复。永乐年间（1403—1424），姚广孝携御赐七十寿诗至常熟谒文靖公祠，守僧净心以御诗有"余庆"二字，请留此永镇山门。至民国初年，余庆庵有大雄宝殿、观音殿、学斋等 17 处建筑，每年农历三月初六为程墩庵庙会，周边群众都要到程墩进香逛庙会。余庆庵旁有明嘉靖年间（1522—1566）进士杨仪庄院。明代曾有人在庄院内凿池，挖得铜印一枚，有"弘农开国"字样，系杨氏旧物。村南有南门泾，东有东门泾，西有西江湖、门前河，均为人工开掘而成。程墩河上有石桥，桥端有石质牌楼。牌坊倒塌时有些构件倒入河内。20 世纪 50 年代，村民将石质构件捞出，用于修建农业灌溉水渠。60 年代平整土地时，在村东侧发现古井两口，深 4 ~ 5 米，井底沉有陶片、残骨和青石碑一块，石碑字迹模糊不可辨认。

蒋家缺角楼（2014 年）

蒋家缺角楼 位于凤凰镇港口府前街南侧，为一幢两层五上五下的楼房，楼房南侧连接着有两个院堂、一个墙门，面积约有 420 平方米的四合院建筑，建造时间为二十世纪三四十年代。因旧时蒋、叶二姓土地之争，蒋氏在建楼房时被迫在西北角截去了一角，故当地人都称此楼为“蒋家缺角楼”。

仿苏式粮仓 位于港口集镇北侧，国道 G204 线与张家港塘交界处，为 50 年代时仿照苏联粮仓样式建造的粮食收储设施，主要功能为收集、储藏、保管周边地区的粮食。港口仿苏式粮仓于 2014 年被列为张家港市文物保护单位。

鸳鸯聚水潭 港口集镇原为三塘交汇口，故旧有三塘乡之称，三塘为让塘、奚浦塘及浪澄塘。让塘自西向东而流，其水清可见底，昼夜不息，故让塘有“一曲清流向东去”之美称。奚浦塘源接大江，潮涨之时，江水汹涌而至，是一股浊水，清浊二水相交于港口的观音堂墩。相交之清浊二水在此旋转不息，而后向南入浪澄塘，直奔虞山而去。观音堂墩下的河面，称三角墩，又称鸳鸯聚水潭。墩上旧有园道庵，俗称观音堂，后作叶氏之茶肆。

栏杆桥集镇

集镇历史 集镇始建于清乾隆四十年（1775）左右，位于凤凰镇政府驻地西北约5千米处，古黄泗浦（今二干河）畔。据《重修常昭合志》载，清末，栏杆桥有“街二道，居民百余户”。黄泗浦东称“上塘街”，西称“下塘街”。栏杆桥相连两街道。上塘街为东西向，长约50米，道宽3米。下塘街沿浦呈南北向，长约60米。“有双椿庵、观音庵、关将军庙、李王堂，陆氏、宋氏家祠，节孝坊”。水陆交通发达，有“无锡北外栏杆桥”之称。解放前，下塘街又称栏杆桥西街。街道基本是单面向东，北起永大裕木行，南至郑中保的轮船码头。合计有商户31家。并有栏杆桑园试验场、蚕业学校。1934年建栏杆小学。新中国成立后，下塘街的商户均拆至上塘街。1978年，政府拓浚二干河，改建老街道，集镇面貌日益现代化。

栏杆桥（2016年）

栏杆桥 位于凤凰镇西北端，栏杆桥集镇西侧，二干河（锡十一圩）上，长约60米，东西走向，是进出栏杆桥集镇的“门户”。栏杆桥始建于南宋淳祐元年（1241），初名安庆桥，其命名与当时附近的安庆镇有关。栏杆桥横跨古黄泗浦（今二干河）的水道要冲，曾于明洪武二年（1369）置巡检司，设弓兵100人驻守。清乾隆年间（1736—1795），由当地士绅宋孔征改建，取唐诗“沉香亭北依阑干”之意，更名为“阑干桥”。后改名为栏杆桥。咸丰十年（1860），栏杆桥毁于战火，后由乡人重建。1934年，由姚少华牵头拆除旧桥并重建新桥，恢复古称“安庆桥”。曾助朱生豪翻译“莎剧”的才女宋清如，家在栏杆桥旁日晖坝（今属安庆村），曾在《双红豆》词中写道：“倚栏杆，怨栏杆，倚到何日方始欢，梦中相对看。”

黄家新桥 古名黄村桥，位于栏杆桥集镇南侧，魏庄村境内，全长18.2米，中心石板长5.6米，东西走向。始建年代不详。黄家新桥横跨鸷山塘，桥面及桥东坡道分别由并排的三块石板组成。清末由黄定章改建，后改名为黄家新桥。黄家新桥于2009年被列为张家港市文物保护单位。

定静斋 位于栏杆桥集镇东侧，西参村境内。据《萧阮生先生家传》记载：“元季有海运万户曰佑什者，家常熟，遂占籍。”万户佑什即萧安道祖先。萧安道潜心理学，其读书处名为“定静斋”。经考证，其址在西参村萧家巷。现今护宅河圈内萧姓已不多见，古遗迹仅存护宅河。萧氏后裔中著名的有明代进士萧奎、萧应宫，清代贵州知州萧若钦，还有近代萧蜕。萧蜕为南社社员，通经史，精书法，有“江南第一书家”之誉。

黄家新桥（2016年）

黄家新桥张家港市文物保护单位铭碑（2016年）

山歌宝卷

河阳山歌是千百年来凤凰山地区群众创作的歌谣的总称，主要反映江南百姓的日常生活，是江南吴歌的代表。河阳山歌的代表作主要有《斫竹歌》《赵圣关还魂》《尔汝歌》等。2007 年，凤凰镇被命名为“中国吴歌之乡”。河阳山歌是国家级非物质文化遗产吴歌的重要组成部分。河阳宝卷是流传于境内以凤凰山为中心的民间讲唱艺术的手写底本，盛行于明清及民国时期，内容大多是民间故事和佛道传说，以惩恶扬善、教化育人为主题，是国家级非物质文化遗产吴地宝卷的重要组成部分。

2007 年，凤凰镇荣获“中国吴歌之乡”称号

河阳山歌

山歌溯源　河阳山歌发源于远古时代，最早的《斫竹歌》产生于远古狩猎时代，《尔汝歌》产生于东汉，经世代沿袭传承下来。到了晋武帝时期，河阳山歌已名闻大江南北。到明清时期，出现许多长山歌。清末民国初又产生了许多时调新曲。河阳山歌用古老的方言演唱，保存了《诗经》和唐诗的遗风，其历史悠久，种类繁多，内容丰富，唱腔优美，曲调变化多样，现在仍然活跃在民间，生动地记录了江南农民的日常生活。河阳山歌是古老的民间艺术形式，它具有劳动、人的天性、宗教、模仿四大元

《斫竹歌》（2016 年）

素。劳动是山歌的基础，人类对大自然的敬畏，产生了以祈求为主要形式的宗教，他们在祈求时发出的口语与心语，久而久之变成了唱词。大自然的风声、雷声、水声、鸟叫声，原始先民进行模仿以后，便出现了音乐感，加上劳动的节奏感，便形成了山歌。

山歌分类

河阳山歌分为四句头山歌、短山歌、大山歌、长山歌四大类。

四句头山歌 四句头山歌历史悠久，源远流长，规格大约是 4 句为一首、4 首 16 句以下。有二言加衬词、三言、四言、五言、七言等形式,《斫竹歌》是其中代表。四句头山歌几乎触及农民生活的各个层面，跨越长达五千余年的文明社会历史，在这部分山歌里，也有文人的参与及影响。由于农民歌手文化程度不高，抄歌者又常借用同音字，因此在传唱中，人与事往往被讹传，但因资料缺失，考证艰难，认知不清。四句头山歌按照题材可分为开场歌、生活歌、劳动歌、情歌、历史传说歌、风物歌、仪式歌、对歌、儿歌、新山歌十大类。开场歌也叫歌头，常在对歌会、赛歌会开场时唱。在长山歌的段与段之间也有开场歌，主要起承上启下的作用。生活歌是反映日常生活、家庭劳作、人情世态的歌，题材广泛，数量较多。劳动歌是描述劳动场景、反映劳动甘苦的歌。情歌是河阳山歌中占比例最大的一类歌。历史传说歌反映的是当地历史上某些变革，例如改朝换代、推行某种制度、农民所抱的态度与希望，内容有赞美，也有批评和讽刺，代表作有《唤英台上万人呼》《刘神庙》《江南最好河阳路》等。风物歌是农民们歌唱自然天象、游艺杂耍、饮食名品、民间俗节等的歌，反映的大多是本地的风物，代表作有《秋社歌会》《端阳新景》《九重阳》《红枣》等。仪式歌主要是在民俗节日、婚丧嫁娶、祭祖拜师、上梁开船、造桥动土等举行一定的仪式时所唱的歌，例如中秋的《拜月华歌》。对山歌常常是即景创作，问答式相对，对不出、对错即输。对山歌要求歌手有广博的知识、流利的口才，要即兴出题、即兴相对。创作的好歌，有人记即流传下来。这种歌流失得很多，漏记的也多。儿歌是儿童传唱的歌谣，在河阳山歌中有近百首，有的是儿童自己编的，有的是祖辈传承下来教唱的，也有的是当代人为达到某种宣教目的而创作的，如《亮月亮》是大人教小孩抗击倭寇的。新山歌出现于二十世纪五六十年代，主要歌颂新生的人民政权。当代，也有老百姓为批评一些干部的浮夸作风，或针对某些腐败行为，编出了讽刺性的新民谣。

短山歌 传统上把河阳山歌中20句以上、100句以下的称为短山歌，其中五更调、十字序数、十二月序数的小调占大部分。农民们在唱这些歌曲时，一般用小调来歌唱，也有用山歌调来歌唱的。在凤凰山地区，或者说整个吴地，百姓都习惯于把小调之类的歌曲同山歌调一起统称为山歌。小调由山歌发展而来。广义的山歌囊括了吴地的所有民间歌谣。短山歌，有的是本传的，有的是口传记录的。有部分短山歌，口传时间长，经过千百人的锤炼修饰，比较优美，如《五更调》《十杯酒》等。这种歌谣几乎遍及凤凰山周围，出现了《十张台子》《十二月花名》等作品。短山歌中另有一类称为“时调新曲”，大部分产生于二十世纪二三十年代，大多随教育开化、信息传播而由城市以说唱谋生的滑稽艺人创作，是社会转型期城乡双向交流的产物。

大山歌 大山歌是指100句以上、400句以下的山歌，共收集到11个歌本，其中叙事山歌有5本。这些叙事山歌由抒情山歌逐步演变而成，如《红菱私情》《断情歌》等。

长山歌 河阳山歌中400句以上的，农民习惯称之为长山歌。长山歌几乎都是靠抄本传承的。旧时农民中主要的抄歌手，一部分是唱经先生、道士，也有以唱滩簧、唱春为职业的农村识字人，还有秀才和私塾先生。受山歌手文化程度制约，此类山歌中出现了许多别字、错字。长山歌中的代表作是《赵圣关还魂》。山歌《赵圣关》在吴语地区流传较广，但山歌《赵圣关还魂》只在凤凰山地区流传，是凤凰山地区的民歌手受佛教讲经的影响而加工创作出来的，是一部情节完整、曲折离奇、憧憬自由婚姻的长歌。《赵圣关还魂》全长6476句，故事情节从赵圣关结识林六娘，产生私情展开，表现二人坚决与封建门阀观念决裂的抗争历程。民歌手把赵圣关拔高到宰相之子，进一步加深了矛盾的对立。最后，二人以死抗争，借佛道的力量，赵圣关还魂。民歌手又把《孟姜女》《牛郎织女》《梁祝》三个民间故事的三世未成姻缘演变为赵、林四世而圆的前世姻缘，充溢着理想主义、浪漫主义色彩。山歌故事情节曲折、复杂，悲欢离合淋漓尽致，是所有赵圣关山歌传承本中最完美的一本。另一部代表作是《尔汝歌》。《尔汝歌》又名《汝河山歌》《如何山歌》《汝尔歌》，用得较多的名称是《汝河山歌》。《中国·白茆山歌集》中收录了这首山歌的两个片断，分别为139句和29句。凤凰山地区发现的《汝河山歌》上、下传抄本，长4000多句，情节完整，唱句通畅。收入《中国·河阳山歌集》后，这首抒情长山歌定名为《尔汝歌》。

山歌传承 河阳山歌有两种传承方式，一是口传，一是本传，以本传为主。本传的山歌本都是口袋本，便于携带。劳动休息时，走亲戚时，村民就从口袋里拿出山歌本唱起来。目前收藏的河阳山歌传抄本大多是大山歌、长山歌，如《赵圣关还魂》《尔汝歌》《老姐嫁人》《天门阵》《沈七哥》《小红郎》《东南风起打斜来》等。

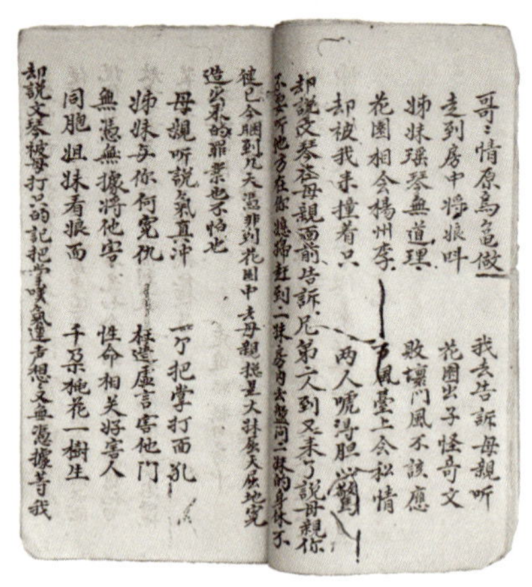

河阳山歌手抄本书影（2016 年）

山歌传播　古代农民的活动范围不大，加之江南水乡水网密布、交通不便，河阳山歌的传播范围大致是以凤凰山为中心的半径 15 千米的区域，包括附近几个乡镇及江阴、无锡、常熟三地交界处，之外是松散的传播区域，交流不多，偶尔有流入流出。自古苏州、常熟一带是富庶之地，外地的山歌随人口流入凤凰山地区，并被吸收改造。河阳山歌的传播途径主要是对山歌，本村与邻村对山歌时，可以请著名歌手助阵。对歌时，歌手很在意输赢，赢了，觉得有光彩、有面子，如果输了，会认为是一件丢脸的事。另外，农村庙会、民俗节日、通婚、经商、游医、游艺等，都是河阳山歌的传播途径。

山歌收集　早期，山歌不在禁唱之列，清代以后，出于封建统治的需要，统治者开始禁止山歌演唱。清同治七年（1868），江苏巡抚丁日昌在江苏列禁唱名录，其中就有《赵圣关》《汝河山歌》《小红郎》等。但是在农村，实际上禁而不止，不少官员及山歌爱好者仍旧搜集山歌本，只是不唱而已。山歌本越集越多。据统计，“文化大革命”前，民间文化工作者曾收集到 20 余本，后来全部被查抄、焚毁。80 年代，民间文化工作者搜集到山歌本 26 本，最早的抄写于清光绪年间（1875—1908），大部分抄写于 20 世纪 40 年代。

老歌手张元元（1998 年）

河阳山歌非物质文化遗产省级传承人尹丽芬（2016 年）

河阳山歌演唱（2016 年） 蔡春林 摄

一本山歌传承两到三代人后，又必须重抄。2016 年，搜集的本传山歌有《赵圣关还魂》、《尔汝歌》（即《汝河山歌》）、《沈七哥》、《小红郎》、《天门阵》、《倘情歌》、《老姐嫁人》、《荒年山歌》、《东南风起打斜来》等 30 本。本传山歌大多是长歌，最长的《赵圣关还魂》有 6476 句。口传山歌大部分是四句头山歌及小调歌曲，也有中长歌，如《田家乐》有 276 句。这些都需要传承者用心记下来，特别是禁唱山歌 40 年后，还能唱出几十首山歌的老农民是难能可贵的。2016 年，收录到口传山歌，包括小调、儿歌、佛句等，有约 1000 首。加上本传的大山歌、长山歌，总量超过 1000 首，共计 35000 余句。

2005 年起，拯救民族民间文化为各级政府所提倡。《中国・河阳山歌集》由张家港市委宣传部、张家港市文化艺术界联合会、张家港市文化广播电视管理局联合编写，2013 年，由华东师范大学出版社出版发行。全书共 103 万字，3.5 万行，共收录山歌 1019 首，正文由四句头山歌、短山歌、大山歌和长山歌等四卷组成，第五卷编录曲谱

51 首，附录包括序、概述、收集整理河阳山歌的文化工作者介绍、凤凰山地区方言简释等八部分内容。

《中国·河阳山歌集》书影（2006 年）

山歌保护　在 20 世纪 50 年代，有 300 余人会唱河阳山歌，分布在凤凰镇的各个自然村落里，到 90 年代，仅剩 80 余人会唱河阳山歌。2005 年，出版发行《中国·河阳山歌集》后，凤凰镇政府成立 18 个山歌演唱队。凤凰镇河阳山歌艺术团是全镇山歌手最多、演唱水平最高、演出场次最多的一个团队。2008 年，凤凰镇被文化部命名为“中国民间文化艺术（山歌）之乡”，专题片《远山歌谣》在央视《乡约》栏目播出，创作改编的男声小组唱《斫竹歌》参加了改革开放三十周年首届中国农民文化艺术精品比赛，并获得丰收奖。2010 年，河阳山歌在上海世界博览会上展示,《斫竹歌》代表江苏省参加了中国非物质文化遗产大会的演出。2014 年，河阳山歌艺术团应台湾新北市永和乐龄学习中心之邀，赴台湾参加“中国梦·团圆梦”两岸文化交流活动。参加此次交流的 5 个节目都是从江苏省第二届“中国人寿杯”老年春节联欢节目中筛选出的精品，河阳山歌是苏州市唯一入选的地方特色节目。2015 年，凤凰镇被列为中国吴地山歌传承保护基地。2016 年，“‘吴音雅韵’——南博·苏州非遗项目展示周”首场展演——河阳山歌、河阳宝卷专场在南京博物院上演。2016 年，农村、学校、工厂有山歌手 300 多人，年龄最大的山歌手已经百余岁，最小的为幼儿园的儿童。为保护、创作、传承河阳山

祝中国河阳山歌集出版
人民的心声
民族的情结
国家的瑰宝
世界的奇葩
周巍峙题

中国文联原主席周巍峙为《中国·河阳山歌集》出版题词（2006 年）

河陽山歌館　周巍峙题

中国文联原主席周巍峙为河阳山歌馆题词（2006 年）

河阳山歌走进小学课堂（2005 年）

歌，2016年，凤凰镇组建河阳山歌艺术团，共46人，由凤凰镇水平较高的山歌手组成。该艺术团已成为保护、宣传河阳山歌文化艺术的主力军。河阳山歌馆通过相关场景、照片以及视频等多种方式展示、介绍河阳山歌发展历史。

河阳山歌表演（2016年）

山歌文化 凤凰山地区文人有听山歌的习俗。每当春秋两季，农村倾村而出对山歌，在田野里农作时唱山歌，文人们往往在树荫下摆出一桌、一椅、一壶、一纸、一笔，时听时记，陶然其间。如明成化二年（1466）进士、重庆知府沈海在河阳市（今属双塘村）的农村听歌后，写了《四野农歌》；成化五年进士、广东参政王鼎在河阳市写了《弦歌旧俗》。文人们还帮助记录抄写长篇山歌，帮助歌手们识字。一本清代的手写《日用杂字》，就是文人们为山歌手学识字而写的。在抄本《尔汝歌》的“千家景”一章中，出现了三句山歌一句诗（唐诗、宋诗），都是文人的创作。明代的冯梦龙在此风气的影响下也创作了山歌《夹竹桃顶针千家诗》。民国时期诗人杨无恙，生长在凤凰山下，在河阳山歌的影响下，写了很多反映农耕劳动的诗篇，如《放鱼苗》《插秧》《分秧》《拔稗》《登场》《搪草泥》《修树头》等。河阳山歌被道教经卷收录进去的也很

河阳山歌、河阳宝卷赴南京博物馆演出（2016年）

河阳山歌走进央视《乡约》栏目（2008年）

首届河阳山歌节开幕式（2009年）

多，例如包括《造洛阳桥》《哭七七》《王花宝卷》等在内的《四季调》《十一月花名》等。河阳山歌中也有歌唱道教人物的山歌。河阳山歌也被纳入佛教的经本中，如北宋的《香山卷》。受《佛说野鸡经》的影响，民间艺人开始创作一些童话类、拟人类的山歌，如《螳螂娶亲》。河阳山歌唱腔、唱调因人而异，小调在河阳山歌中有十多种，如《十双拖鞋》，唱起来有节奏、有动感，跟绣花的劳作能结合起来。类似的还有《造桥歌》《十条毛巾》《孟姜女》等。有些曲调被地方剧种改造、吸纳，如《四季调》《簧调》《紫竹调》《造桥歌》，曲调优美动听，带有宗教音乐的特征，其中部分曲调是昆曲曲牌的初始音乐。同一首河阳山歌，歌手们受心情影响，可以唱成悲哀、凄凉之调，也可以唱成快乐、祥和之声。

河阳山歌馆

河阳山歌馆位于凤凰山西北侧，凤恬路与金谷路（西凤路）交界处，建筑面积3806平方米，占地面积1.3万平方米，2009年由凤凰镇人民政府投资4500万元建造，2010年竣工并对外开放。河阳山歌馆集展示演出、学术研究及文化交流于一体，馆内布置有关河阳山歌历史传承资料，陈列十多本山歌本及对歌时所用的“小金箱”。河阳山歌馆以河阳山歌传承的时间与空间为主线，通过现代科技手段展现区域内的历史遗存、历史名人、民风民俗与非物质文化遗产，设有河阳山歌主题馆、历史文物陈列馆、名人厅、民俗厅、碑廊、戏台、凤凰阁、学术交流中心八大功能场所。馆内小桥流水，亭台楼阁，一派古典风韵。游人徜徉其间，可观看有关河阳山歌产生、传承的图片和文字，欣赏山歌手们原汁原味的演唱。

对歌时所用的“小金箱”（2005年）

河阳山歌馆（2013 年）

河阳山歌馆牌坊（2016 年） 王佳晓 摄

古戏台和室内演绎厅可容纳 150 余人观看演出，山歌手演出时还可与观众互动。南京大学中韩文化研究中心、三江学院东亚文化研究中心在河阳山歌馆挂牌，并共同建立张家港市河阳文化研究所。

河阳山歌主题馆 为河阳山歌馆第一门厅，主题为“国之瑰宝、世界奇葩”。该馆集中展示山歌文化的精髓，讲述河阳山歌的历史演变、传承方式、山歌特色及搜集整理情况等，展示河阳山歌卷本、抄本及与河阳山歌讲唱文化相关的器物约 250 件，全方位

俯瞰河阳山歌馆（2016 年）

蔡春林　摄

展现河阳山歌的挖掘、传承和保护情况。

历史文物陈列馆　为河阳山歌馆第二展厅，主题为“千古神韵、岁月如歌”。该馆集中展示了凤凰地区的历史文化古韵，主要以实物、图解、文字形式展示凤凰地区出土文物、古迹、碑刻、拓片、古遗址等，包括新石器时代骨器、春秋陶罐、唐宋青瓷、明

河阳山歌馆内景（2013 年）

河阳山歌馆历史文物陈列馆（2013 年）

清彩盆以及各时代钱币等，有 90 余件。

名人厅 为河阳山歌馆第三展厅，主题为“笙歌清扬、廉润万世”。主要展示苏州地区、张家港市有记载的第一位状元陆器、铁面都堂徐恪、抗倭英雄钱泮、清代重臣蒋廷锡等河阳山歌传唱的 20 名廉政清官名宦的事迹。

民俗厅 为河阳山歌馆第四展厅，主题为“民俗民风、乡俚乡音”。该馆以声、光、电等科技手段全面展现凤凰地区的岁时节令、民间艺术、农耕生活等。

河阳山歌馆名人厅（2013 年）

位于河阳山歌馆南侧的廉石（2013 年）

河阳山歌馆民俗厅（2013 年）

其他展厅　河阳山歌馆入口门厅以沙盘形式展示古代凤凰地区的地形地貌、历史文化古迹、风景名胜等。馆内还有展现历朝历代著名碑刻的碑廊、不定期举办河阳山歌演唱会的古戏台、展示河阳宝卷孤本的凤凰阁等。

河阳山歌馆门厅（2013 年）

河阳山歌馆古戏台（2016 年）　顾世忠　摄

河阳山歌馆凤凰阁（2013 年）

河阳宝卷

宝卷溯源　河阳宝卷是流传于张家港市南部地区，以凤凰山为中心的民间讲唱文学。它盛行于明清与民国时期。在凤凰山地区，这种讲唱形式被民间称为“讲经”。吴自牧在《梦粱录》卷二十中记载：“谈经者，谓演说佛书；说参请者，谓宾主参禅悟道等事……又有说浑经者。”“谈经”就是唐代变文的流变形态，也是宝卷的初始阶段。千百年来，凤凰山地区一直保留着讲经的习俗，它的底本有“科”“卷”“宝卷”等多种名称。河阳宝卷底本为讲经文，民间俗称“经卷”“经书”，或称“卷”，如《香山卷》《大仙卷》《唐僧卷》《严嵩卷》等。有少数内页称“宝卷”，封面则称“卷”的。部分宝卷只叫名而不称“卷”，如《双珠凤》《碧玉簪》《螳螂做亲》《洛阳桥神》等。还有的宝卷称“科”，如《星宿科》《九幽灯科》等。河阳宝卷是民间故事和佛道传说的手写底本，它的主题思想是除恶扬善，教化人做好事而不做坏事，教育人们忠君爱国、从善明德，引导社会互帮互助、和谐共处。河阳宝卷是国家级非物质文化遗产吴地宝卷的重要组成部分。

宝卷传播 河阳宝卷的传承中心在凤凰山周围地区，包括凤凰镇的港口、恬庄、西徐市、周家码头、西张市、栏杆桥，塘桥镇的鹿苑、妙桥，杨舍镇的泗港、塘市、乘航，还有较远的金港镇南沙等地。清末民国初，又逐步传播至张家港市锦丰镇三兴、合兴，南丰镇和乐余镇兆丰等地。

宝卷收集 河阳宝卷共搜集到700多卷，历代传抄本占90%以上。最早的刻印本出现在北宋,《香山宝卷》刻印于北宋崇宁二年（1103）。清末民国初，上海、苏州、无锡、杭州等地有刻印本。《绘图鸡鸣宝卷》为石印本，1914年出版，总发行为上海文益书局，前有人物绣像4页，中间有一页刊“文益书局出版各种宝卷书目”的广告，计47种。《升莲宝卷》为木活字本，封面残，内页开列张大姐、周大姐、周二姐、周小妹等40人名单。《大乘香山》为铅印线装本，分上、下集，内页有题名为《香山宝卷》《重刻观世音菩萨本行经简集卷》《香山简集》。传抄本的抄写者大多是历代宝卷讲唱者本人，如双塘村的虞关保存有宝卷120多卷，绝大部分由他本人抄写；塘桥镇牛桥村的钱载卿存手抄本近30卷；程墩村张咏吟存有宝卷传抄本128卷，绝大部分由其丈夫蒋祖恩抄写。河阳宝卷在发展过程中受到较多文人的影响，如《男延寿卷》《郭三娘割股卷》《三汉宝卷》等。20世纪初至中叶，恬庄集镇的杨再可、杨振明，西张的谢庄先等，都曾参与过河阳宝卷的传抄、改编。

2007年,《中国·河阳宝卷集》由上海文化出版社出版，全书约220万字，分上、下两册，收集选编了流传于张家港境内的河阳宝卷163卷。全卷列为三大类：第一类“道佛叙事本”40卷，第二类“民间传说故事本”96卷，第三类“道佛经义仪式本”27卷，收录河阳宝卷曲谱24首。2015年，凤凰镇被评为“中国宝卷之乡”。

宝卷特色 河阳宝卷用吴语中的虞西方言讲唱，底本用吴方言书写，且运用大量

《中国·河阳宝卷集》书影（2009年）

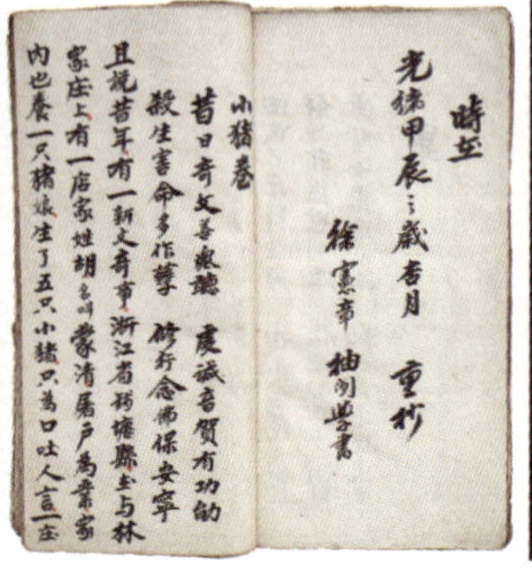
小猪卷

河阳宝卷手抄本书影（2016年）

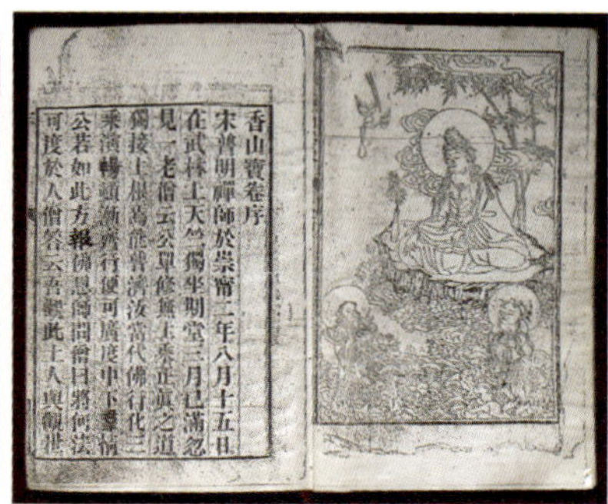
香山寶卷序
宋普明禪師於崇甯二年八月十五日
在武林上天竺獨坐明堂三月已滿忽

河阳宝卷民国刻本书影（2007年）

河阳宝卷非物质文化遗产传承人——虞关保（2016 年）

方言俗语、谚语，如“十人九赞傲”，即表明一个人的言行中规中矩、表现出色，受到绝大多数人的赞扬，并使人引以为骄傲；再如“响趟光”，指吃光；再如“风吹树头动”“雨落阶沿湿”等，以自然现象借喻，简洁生动。宝卷讲唱中的虞西方言含有大量的古音，如“下”读音如“户”，“鸟”读音如“吊”。河阳宝卷中有 50 余卷是本地特有的或第一次面世的，其中有本地讲经人自己编写的，如《龙王卷》《王仪宝卷》《河神卷》等，它们是在本地发生的传说故事的基础上，经过艺术加工而成的卷目。河阳宝卷的道教色彩浓厚，有为数众多的道教经义念唱本，而在总量上占比最大的是糅合了佛、道、儒教义的民间故事卷本，如《碧玉簪卷》《还阳卷》《孟姜女宝卷》《琵琶卷》《合同宝卷》等，都是民间喜闻乐见的传说故事，世俗性和娱乐性都很强。河阳宝卷在世代传抄过程中，部分卷名有所更改，有些一卷多名，如《香山宝卷》，有《大乘香山》《香山卷》《香山地狱卷》《香山简集卷》等名称，且各卷内容差异很大；有些卷本有别名，如《白衣卷》又名《西瓜卷》《小香山》等。

宝卷讲唱　在现代传抄本中，讲唱人会加进现代器物、流行词语，如《结缘》《才神宝卷》等。河阳宝卷大部分在农闲时讲唱以适应农民生活实际，部分宝卷讲唱为农耕生产服务，如《龙王卷》《土地卷》《猛将卷》等。河阳宝卷受丝弦宣卷[①]影响后，逐步出现乐器伴奏，主要使用胡琴、笛、笙、响板、星子、筝等，说唱也逐步趋向娱乐化与世俗化。每逢凤凰山周围寺庙、道观的神佛生日时，就讲唱相关的宝卷，如在李王庙讲

① 宣卷：由唐代书院的“侈讲”发展而成的一种民间说唱艺术形式。

唱《李王卷》，在龙王殿讲唱《龙王卷》，在六神庙讲唱《刘神卷》，拜香时讲唱《五雷经》，拜香行进时讲唱《清微全真斗科》等。河阳宝卷讲唱者三至五人一组，民间庆寿时讲唱《八仙上寿》《男延寿卷》《女延寿卷》；祈祷早日康复时讲唱《香山宝卷》《纯阳卷》《度关卷》《壅根借寿》《八仙卷》等；办丧事时讲唱《地狱卷》《地藏卷》《血湖灯科》《七七卷》等；做会时讲唱相关庙宇的佛道卷本，如《白衣宝卷》《观音试心卷》《关公卷》《祖师卷》《龙王卷》《城隍宝卷》等，唱完“本卷”之后，由当地民众自己选择，是否再加唱一些民间传说故事。

宝卷类别

根据河阳宝卷的内容，主要分为道佛传说本、民间故事传说本、道教经义本三类。河阳宝卷按形式分，主要有全唱本、念唱本、讲唱本三种类型。民间讲经人把河阳宝卷分为两大类，一类称“佛卷”，因吴地民间把佛道儒之神通称为“老爷”，“佛卷”又称“老爷卷”；另一类称“凡卷”，即讲凡人修行的故事卷。

道佛传说本 这类宝卷是讲述佛与道的本生故事，佛教中的佛、菩萨与道教中的诸神如何做善事、救黎民百姓、修行成佛成神的故事。代表性作品有《悉达卷》《香山宝卷》《龙王卷》《猛将宝卷》《纯阳卷》《土地卷》《地域卷》等。

民间故事传说本 这类卷本在内容上主要列举平民百姓如何顿悟，规范自己的行为，凭自己的能力、财力多做善事、好事，救贫济困，扬善抑恶，如《雕龙卷》《黄糠卷》《碧玉簪》《珍珠塔宝卷》《三汉宝卷》《翠莲卷》等。这些宝卷为世俗文学、戏剧评弹等提供了大量创作材料。这类宝卷中，有一种是以花鸟虫鱼为主角，运用拟人化的手法来反映世象，表明事理，如《小猪卷》《螳螂做亲》《花名宝卷》等，但数量不多。

道教经义本 这类宝卷大部分是讲经人在祭祀、禳灾、驱邪等仪式中讲唱的，如《五雷经》。大部分是道教经义，有的是原始道家与民间道士编写的经文，如《太上玄灵北斗本命延生真经》，属道家经典；再如《星宿科》《度关卷》《净科》《结缘》等，主要用在民间延寿、消灾、驱邪、保太平、求风调雨顺时讲唱、念唱。

全唱本 这类宝卷全部是唱词，一唱到底，最长的《贤良传》有2025句，还有《洛阳桥神》《拜月华卷》等。

念唱本 这部分宝卷主要是道教经义仪式本，经文只能念，韵文用来唱。

讲唱本 这类宝卷占宝卷总数的90%以上。讲唱时，除了唱词不能变外，讲的部分可有少量的自由发挥，故而这部分宝卷同题卷本往往有差异，由讲唱时各人修改而成。

蜜桃文化

凤凰水蜜桃素以其皮薄、汁多、味甜、果大等特点深受广大消费者青睐，2009年获全国优质桃评比金奖，被誉为“苏州第一桃”。凤凰镇党委、政府注重桃文化与旅游相结合，自2006年起举办凤凰桃花节，至2016年，共举办11届。凤凰水蜜桃产业园不仅是水蜜桃产业发展的硕果，也为来往游客提供了赏景、休闲及文艺创作的理想场所。春赏桃花，夏品佳果，桃蹊留足迹，挥毫绘魅影，已成为一种恬淡而雅致的生活内容。2016年，凤凰镇蜜桃人文小镇入选江苏省农业特色小镇名录。

发展历程

桃种栽培　自古以来，凤凰境内适宜栽培种植果树，历史上种植最多的是桃树。50年代之前，境内农户普遍在房前屋后和庭院内种植桃树。当时栽种的都是没有经过嫁接的直生桃苗，开花迟，需四五年才能开花，果型小，果肉薄，甜汁少，产量低，成熟后容易开裂。当时人们种桃树，只是为了欣赏桃花和美化环境，收获果实在于次，因此桃树只是零散种植，未形成规模。1950年，鸷山村三甸巷农民从无锡阳山购买了50株已嫁接的水蜜桃苗，种在鸷山脚下一个四面环河的土墩里，由于山下土地肥沃，土质疏松，气候适宜，虫害少，再加上农民们学会了桃树栽培的管理方法，三年后，这批最早落户凤凰地区的水蜜桃苗开花结果，水蜜桃果实比直生苗的果实大几倍。村民看到水蜜桃适应在当地生长，就在房前屋后和庭院内种植。在栽培实践中，一些村民逐步摸索出一套适应当地种植的栽培技术，在他们的传授和指导下，鸷山和红星两个大队的不少社员学会了给水蜜桃嫁接、剪枝、整形、施肥、治虫、中耕除草和人工授粉等科学管理方法，为凤凰水蜜桃发展成为一个产业打下了良好的基础。这些栽培桃树繁育的土专家，是种植凤凰水蜜桃的创始人。

水蜜桃规模种植（2014年）

规模种植　1963年，凤凰人民公社成立副业办公室，作出绿化凤凰山和鸷山的规划，在两山的山坡上开垦成片土地，种植果树，其中水蜜桃种植面积达70亩。到70年代，凤凰境内开始利用不宜种水稻的山地、高岗地种植桃树，种植的水蜜桃面积一直保持在300亩左右。80年代后期，村民开始利用稻田大面积成片种植桃树，从张家港塘北岸向张家港塘南岸发展，从山坡高岗地向平原地区发展，凤凰水蜜桃种植逐步形成产业。1986年春，凤凰镇党委、政府在鹜山周围的鹜山、珠村重点连片开发种植水蜜桃，利用鹜山周围土地肥沃的特点，建成凤凰水蜜桃种植示范基地，初期面积600多亩，经过多年的种植，基地核心区域连片面积达1100亩。水蜜桃种植示范基地通过实践研究，从水蜜桃的品种和管理入手，总结经验，把成功经验向其他果农推广。2002年，全镇种植水蜜桃面积3700亩，带动种植水蜜桃的桃农800多户。

品牌创建 90年代中期，在实行农村产业结构调整中，凤凰镇党委、政府号召农户扩种水蜜桃，发展水蜜桃产业，把种植凤凰水蜜桃当成提高农业经济效益、增加农民经济收入的重要途径。各村在农业产业结构调整中，对种植水蜜桃的面积作出规划，1996年，全镇发展种植凤凰水蜜桃2300亩，超过以往多年种植面积的总和。凤凰水蜜桃种植示范基地与江苏省农业科学院园艺研究所作为长期技术挂钩单位，接受江苏省农业科学院的技术指导。1999年12月，凤凰水蜜桃种植示范基地被苏州市委命名为苏州市（凤凰水蜜桃）科技示范园。2002年，按照苏州市质监局的要求，凤凰水蜜桃种植示范基地制定了《凤凰水蜜桃无公害农产品生产技术规程》，进一步规范水蜜桃的生产技术管理。同年，凤凰水蜜桃种植示范基地被江苏省农业厅认定为无公害农产品生产基地，该基地生产的“凤珠”牌水蜜桃被农业部认定为无公害农产品。2003年，凤凰水蜜桃种植示范基地创建成为苏州市水蜜桃种植示范基地。2004年，“凤珠”牌中华寿桃通过无公害农产品认

凤凰水蜜桃丰收（2016年） 龚晓东 摄

定。2005 年，凤凰水蜜桃荣获农业部签发的绿色食品证书，凤凰水蜜桃保鲜技术研究被列为苏州市科技攻关项目。同年，凤凰镇举办首届凤凰镇桃王比赛，水蜜桃种植技术得到较大发展。2006 年，凤凰水蜜桃种植专业合作社创建成为苏州市示范专业合作社。2007 年，凤凰镇党委、政府引进投资 1000 万元的水蜜桃设施栽培项目，凤凰水蜜桃种植示范基地被列为苏州市现代化农业规模化示范区。2007 年 7 月，苏州市农林局、姑苏晚报社、张家港市农业局、凤凰镇人民政府联合举办了“苏州第一桃”评选活动。苏州各县（市、区）选送的十多个精品桃种参赛。由江苏省农科院园艺研究所专家组成评鉴委员会对参赛水蜜桃进行重量、外观外形、着色情况及含糖量等指标的测定。经过评鉴，凤凰水蜜桃在口感、糖分、色泽上均高出一筹，荣获第一名，摘得“苏州第一桃”桂冠。7 月 30 日，举办凤凰水蜜桃推介会。会上，苏州市果品协会向凤凰水蜜桃颁发了“苏州第一桃”证书。同年，凤凰水蜜桃种植面积进一步扩大。凤凰镇党委、政府采取一系列措施加以引导和扶持，当年凤凰水蜜桃总销售量 364 万千克，净收益 1434 万元，亩均效益 5736 元，全镇农民人均增收 252 元。2007 年年底，凤凰镇党委、政府号召村民扩种凤凰水蜜桃。到 2008 年春，凤凰水蜜桃种植面积由 4000 亩扩大到 6000 亩。同年，凤凰水蜜桃获得江苏省优质果品评比金奖，凤凰水蜜桃合作社被评为“江苏省 20 强专业合作社”。2008 年，凤凰水蜜桃销售总量达 314.4 万千克，全年净收益 1608 万元，亩均效益 6740 元。同年，由江苏省农林厅组织的江苏省第四届“神园杯”优质水蜜桃评比活动暨张家港市凤凰水蜜桃产业发展论坛在凤凰镇举行，凤凰水蜜桃种植专业合作社送评的“湖景”和凤凰镇鹜山水蜜桃良种园送评的“红花”两个水蜜桃品种以其果大色美、皮薄肉厚、汁多味甜、香气浓郁等优点，从全省众多的参评品种中脱颖而出，分获金奖。2009 年，投资 1500 万元的凤凰水蜜桃产业园基础设施建设基本完成，占地 100 多亩的水蜜桃大棚种植区和 30 多亩的精品示范区基本建成。凤凰水蜜桃种植面积达 1 万亩，亩均效益达 8000 元。同年，凤凰水蜜桃获得全国优质桃评比金奖。凤凰镇举办 2009 凤凰水蜜桃桃王评比大赛及凤凰水蜜桃苏州推介会。2010 年，凤凰水蜜桃种植面积超 1 万亩，“凤凰水蜜桃”成为张家港市首件地理标志证明商标，并被评为苏州市十大农产品商标。2011—2013 年，凤凰水蜜桃亩均净效益超 1.3 万元，凤凰水蜜桃连续三年获得苏州市优

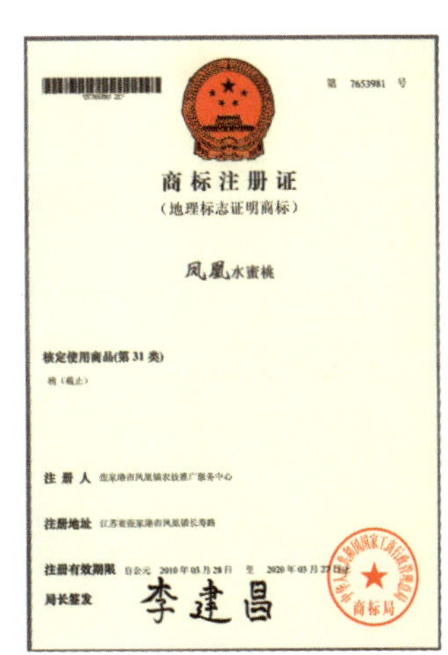

第 7653981 号

商标注册证

（地理标志证明商标）

凤凰水蜜桃

核定使用商品(第 31 类)

注册人 张家港市凤凰镇农技推广服务中心

注册地址

注册有效期限 自公元 2010 年 03 月 28 日 至 2020 年 03 月 27 日止

局长签发 李建昌

中华人民共和国国家工商行政管理总局商标局

凤凰水蜜桃地理标志证明商标

凤凰水蜜桃（2016 年）

外国友人品蜜桃（2016 年）　朱德明　摄

质果品评比金奖。2012 年，凤凰水蜜桃在苏州市第六届地产优质果品评比中获金奖，并获“苏州市名牌产品”“苏州市知名商标”等称号。同年，莺山村被江苏省农业委员会命名为“江苏省首批‘一村一品’专业示范村”称号。2013 年，凤凰水蜜桃荣获苏州市第七届优质果品金奖、苏州市名牌产品。2016 年，凤凰水蜜桃亩均效益 1.35 万元。同年，《凤凰水蜜桃种植省级标准》修订完成。

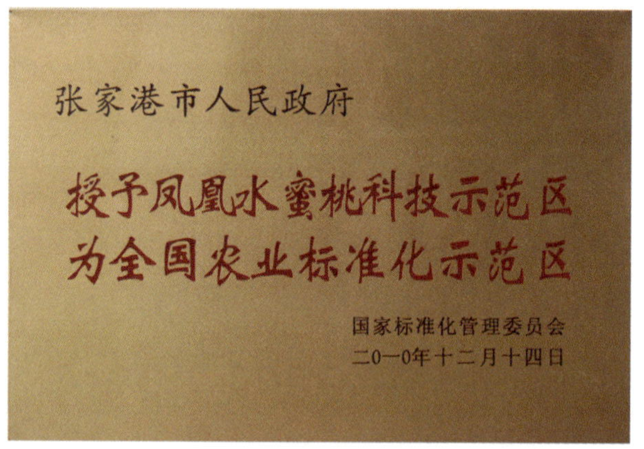

2010 年，凤凰水蜜桃产业园以凤凰水蜜桃科技示范区为名，被评为全国农业标准化示范区

主要品种

凤凰境内桃农采用引进外地优良品种与当地品种杂交自繁相结合的方法，对水蜜桃的品种进行改良，提纯复壮，形成凤凰地区特有的水蜜桃新品种。其品种由原来的

白凤、大红花等 4 个品种，发展到大白花、小青桃、新白花、湖景、大红花、北京早蟠、霞晖七号等 20 多个品种。品种的增多使水蜜桃的成熟期分散，采摘收获期延长。凤凰水蜜桃分特早、早、中、晚熟等品种。特早桃 5 月上市，主要为温室油桃；早熟品种 6 月上市，有雨花露、春蕾、早露蟠桃等；中熟品种 7 月上市，有白凤、朝晖、湖景等；晚熟品种 8 月上市，主要为白花。白凤、湖景、红花 3 个主栽品种分布在鸷山村、凤凰村、杨家桥村、高庄村、魏庄村，其他各村有少量种植。2016 年，全镇水蜜桃种植面积达 10500 亩，亩均产量 1500 千克。

柳条白凤 柳条白凤是早熟代表品种，长势强健，枝条下垂。果形大，长圆形，果顶圆，平均果重 250 克以上，最大果重 480 克，果皮白中带红，色泽艳，美观。黏核，硬溶质，汁液多，味甜，香气浓，可溶性固形物含量为 12% ~ 14%。凤凰地区 7 月上旬成熟。丰产性、耐储性均好。

湖景 湖景是中熟代表品种，长势中庸，果实圆形，平均果重 225 克左右，果顶略凹陷，两半部匀称。果皮乳黄，阳面有红霞，皮易剥离。肉质细密，纤维少，甜浓于酸，可溶性固形物含量为 12% ~ 14.5%。7 月中、下旬果实成熟。

苏州第一桃——凤凰水蜜桃推介会（2007 年）

赏桃花（2016 年） 周东贤 摄

红花 红花是晚熟代表品种，花红色，坐果率高，生理落果轻，果实大，平均果重 250 克以上，色泽艳丽，可溶性固形物含量为 12.8% ~ 14%，半溶质。8 月中下旬果实成熟。

紫金红 1 号 紫金红 1 号属油桃品种，由江苏省农科院育成。果实圆形，平均果重 125.4 克，最大果重 200 克。80% 以上着色，果肉黄色，肉质硬脆爽口，成熟后柔软多汁，味甜，可溶性固形物含量为 9.5% ~ 12.8%，最高可达 17.8%。黏核。

银河 银河属蟠桃品种。平均果重 150 克，味甜，肉质硬，耐储性好。7 月上旬成熟。

金霞油蟠 金霞油蟠属油桃品种。果实扁平形，果心无或小。平均单果重 121 克，最大果重 197 克。果皮底色黄色，果面 80% 以上着红色，外观艳丽。果肉金黄色，味甜，可溶性固形物含量为 12.0% ~ 14.5%。黏核。7 月 20 日左右成熟。

锦绣 锦绣属黄桃品种。肉色金黄，果形整齐匀称，平均果重 200 克以上，最大果重 400 克左右，可溶性固形物含量 13% ~ 15%，核小。成熟后肉质较软，软中带硬，甜多酸少，有香气，水分中等。成熟时间一般在 8 月中旬至 9 月上旬。容易储藏，一般采收后可储藏 7 ~ 10 天。由于肉厚、较坚实，便于长途运输。该品种于 1986 年荣获上海市科技进步奖一等奖。

凤凰水蜜桃产业园

桃园概况 凤凰水蜜桃产业园位于鸷山村，面积 2100 亩，是凤凰水蜜桃种植园的集中展示区。园区由凤凰镇党委、政府于 2009 年投资 1500 万元建成，并于当年成为江苏省农科院果树研究所水蜜桃基地、苏州市现代农业规模化示范区、绿色苏州建设示范工程。该产业园带动全镇桃农种植水蜜桃面积达万亩。凤凰水蜜桃产业园紧临苏虞张公路，园区以现代化科学技术为支撑，现代农业科技与传统农业种植技术相结合，生产与休闲、加工、贸易相结合。

设施配套 园区内主要建设有“三区一园”，即生态水蜜桃种植区、水蜜桃新品种栽种示范区、产学研合作示范区及水蜜桃主题公园。凤凰水蜜桃产业园基础设施配套完善，田间道路、绿化、排灌系统达到高标准农田建设标准，园区规划建设与凤凰旅游文化元素相结合。凤凰水蜜桃产业园建有张家港水蜜桃博物馆。产业园紧密依托大专院校及科研单位的技术支持，加强农业科研，提升植桃技术。产业园于 2013 年与南京农业大学合作，建成研究生工作站，在水蜜桃品种改良、技术更新、项目申报等方面展开长期合作。产业园建设坚持以农民增收、率先实现农业现代化为目标，坚持经济效益、社会效益和生态效益并重。园区内农户年均增收 3 万元以上。

所得荣誉 2010 年，凤凰水蜜桃产业园以凤凰水蜜桃科技示范区为名申报成为张家港市首个全国农业标准化示范区，凤凰水蜜桃科技中心及“三新[①] 示范园”建设完成，凤凰水蜜桃影响力进一步提升。2012 年，凤凰水蜜桃产业园获“江苏省水蜜桃产业基地”及“国家级农业标准化示范区”称号。2014 年，凤凰水蜜桃示范园被评为苏州市现代农业园区。2015 年，凤凰水蜜桃科技示范区通过全国农业标准化示范区验收。

---

① 三新：新技术、新品种、新模式。

凤凰水蜜桃产业园（2016 年）

早春的桃园（2010 年）

蔡春林　摄

范品才　摄

张家港水蜜桃博物馆

张家港水蜜桃博物馆位于凤凰水蜜桃产业园内，建筑面积 8000 余平方米，占地面积 5000 余平方米，总投资 600 多万元，2010 年开始规划建设，2011 年建成开放。馆室由 1 个中厅和 4 个展厅组成，主要展示凤凰水蜜桃的发展历史和产业特色，旨在从桃产业、桃文化、桃科技等方面充分显现桃乡的绚丽风景，使之成为集文化展示、科技教育、综合实践于一体的桃主题基地。

中厅 展示内容为综述和简介，主要讲述凤凰镇党委、政府经过多年发展，将凤凰水蜜桃产业培育成为惠民、富民的重要产业和镇现代化农业发展的重要载体的过程。

第一展厅 集中介绍桃产业，陈列凤凰水蜜桃种植历史等6块展板。通过“起步”“发展”“跨越”“种植方式”等版块，介绍凤凰水蜜桃产业发展的历史概貌、取得的成就；通过“主要品种”“营养功能”等版块，展示凤凰水蜜桃的名特优品种，介绍水蜜桃的食用价值。

第二展厅 集中介绍桃文化，陈列“桃之寓意”“桃之习俗”“桃之文学”三部分展板。“桃之寓意”展板，引经据典，揭示水蜜桃象征福寿吉祥、象征青春美好、象征品德高尚、象征和谐兴旺的内在文化意涵；“桃之习俗”展板，图文并茂，揭示桃子与辟邪、

张家港水蜜桃博物馆第一展厅（2014年）

张家港水蜜桃博物馆第二展厅（2016年）

祝福、平安和长寿关系的历史渊源；"桃之文学"展板，概括介绍与桃子有关的经典著作。

第三展厅 集中介绍种桃科技。说明文字配以图片，介绍凤凰水蜜桃种植方式与时俱进的发展进程。

第四展厅 集中介绍桃之魅影。展板以美图为主，揭示桃园、桃花与人生境界的关系。

凤凰桃花节

第一届凤凰桃花节 2006年4月，凤凰镇在凤凰水蜜桃产业园举办了首届中国张

首届凤凰桃花节（2006 年）

家港凤凰桃花节。开幕式上，东方艺术团、运城鼓乐队、金凤凰艺术团表演了精彩的文艺节目。桃花节期间，举办了听歌、赏花、游园、品茶、经贸洽谈、书画影展览、农业成果展览等活动。

第二届凤凰桃花节　2007 年 3 月，第二届中国张家港凤凰桃花节在凤凰水蜜桃产业园举行。该届桃花节以“以花为媒，以桃会友，以节招商，以商促农”为主题，有“百对新人桃园留影”“百鸟朝凤，桃园赛歌”“百校同游，桃李芬芳”“百年桃乡，山歌悠扬”等六大系列活动。开幕式上，歌唱家蒋大为等表演

第二届凤凰桃花节（2007 年）

了精彩的节目。桃花节期间，举办了观花、听歌、游园、品茶等文化、经贸系列活动。

百对新人桃园留影 由凤凰镇人民政府于2007年起主办，张家港市电视台《文化广场》栏目和张家港市亲密爱人皇家摄影影楼协办，市电视台娱乐频道经过前期宣传后组织报名，征集100对新人，亲密爱人皇家摄影影楼的摄影师在凤凰镇鸷山村山脚下的桃园里为新人拍摄各种精美的婚纱照，为凤凰作广泛的宣传。

百鸟朝凤，桃园赛歌 由凤凰镇人民政府于2007年主办，组织江、浙、沪二省一市的雀鸟爱好者在凤凰水蜜桃产业园举办规模较大的雀鸟比赛。

第三届凤凰桃花节 2008年3月，首届中国张家港河阳山歌节暨第三届凤凰桃花节在凤凰水蜜桃产业园举行，中央电视台第七频道《乡约》栏目承办了此次活动。此次节庆系列活动包括“乡约魅力凤凰”专场文化演出、河阳山歌演唱比赛、“苏州第一桃”桃树认领、河阳山歌馆奠基和南京大学中韩文化研究中心揭牌、三江学院东亚文化研究中心张家港市河阳文化研究所揭牌仪式等。活动期间，《人民日报》、《光明日报》、中央电视台等国内30多家媒体到凤凰镇采风。

第四届凤凰桃花节 2009年3月，第四届中国张家港凤凰桃花节在凤凰水蜜桃产业园开幕。此次桃花节期间，江苏省农业科学院凤凰水蜜桃试验示范基地正式宣告落

第三届凤凰桃花节（2008年）

户凤凰镇。凤凰水蜜桃合作社、水蜜桃经纪人分别与经销商签订供销合同，有效助推了凤凰水蜜桃产业的发展。

第四届凤凰桃花节（2009 年）

第五届凤凰桃花节 2010 年 3 月，第五届中国张家港凤凰桃花节在凤凰水蜜桃产业园开幕。活动主题是“对接世博，相约凤凰，结缘桃花”。桃花节期间，举办开幕式及大型公益文艺巡演、金凤凰温泉度假村开业典礼、江苏交广俱乐部自驾游、摄影比赛、商贸洽谈签约、凤凰特色农产品展示展销与桃树认领等活动。活动吸引了苏州、上海、无锡、常州等地以及张家港市各乡镇的游客。

第五届凤凰桃花节（2010 年）

第六届凤凰桃花节 2011 年 4 月，张家港旅游节暨河阳山歌节·凤凰桃花节在凤凰水蜜桃产业园开幕。此次活动以河阳山歌、人文桃花、凤凰印象为主要元素，以“山歌不断河阳路”“桃花开在春风里”两个主要章节展示河阳山歌、河阳民俗和地域风情。

第六届凤凰桃花节（2011 年）

第七届凤凰桃花节 2012 年 4 月，张家港旅游节暨河阳山歌节·凤凰桃花节在凤凰镇水蜜桃交易市场开幕。开幕式上，张家港市艺术团、凤凰镇河阳山歌艺术团、常熟市古里镇白茆山歌艺术团等演出了河阳山歌、白茆山歌、童谣表演、诗歌吟咏和评弹说唱等节目。南京旅游职业学院、南京农业大学、苏

第七届凤凰桃花节（2012 年）

州市纪委、苏州大学、省旅游局分别向凤凰镇授予“南京旅游职业学院教学科研基地”“南京农业大学研究生工作站”“江苏省廉政教育示范基地”“苏州大学研究生工作站”“苏州大学社会发展研究院研究基地”“国家 AAAA 级旅游景区”牌匾。

第八届凤凰桃花节　2013 年 3 月，张家港凤凰桃花节暨千人休闲自驾游活动在凤凰水蜜桃产业园开幕。此次桃花节包含游览永庆寺、河阳山歌馆、恬庄古镇，观看山地车赛等多项主题活动。同期，举行恩爱连连拍、拔河比赛、定向寻宝等趣味活动。

第八届凤凰桃花节（2013 年）

第九届凤凰桃花节　2014 年 3 月，张家港凤凰桃花节暨千人迷你马拉松赛在凤凰湖畔开幕。桃花节期间，举办了“我眼中的美丽凤凰”万人手机摄影大赛、“春到桃花源、万人游凤凰”系列活动、“福村河阳图”长卷首展仪式、金凤凰温泉养生活动等一系列活动。

第九届凤凰桃花节千人迷你马拉松赛（2014 年）

第十届凤凰桃花节　2015 年 3 月，第十届张家港凤凰桃花节开幕。活动以“时尚凤凰”为主题，以群众参与、市场化运作为导向，文化、体育、旅游、时尚活动渗透融合。此次桃花节包括大型媒体互动节目《行走江南》首播、好运彩虹跑（凤凰站）暨第二届凤凰湖迷你马拉松赛、“三月廿二”庙会“中华特色美食展”暨恬庄古镇商业街开街启动仪式、“春到桃花源、万人游凤凰”系列旅游活动、“美丽金凤凰、人间新天堂”摄影大赛等活动。“美丽金凤凰、人间新天堂”摄影大赛由凤凰镇政府文体事业科联合张家港市摄影家协会、张家港中源置业共同举办，参与活动的摄影者紧扣“美丽凤凰”主题进行创作。通过照片征集展览，全面对外展示凤凰新城的美丽形象。

第十一届凤凰桃花节　2016 年 3 月，凤凰桃花节开幕式暨第三届凤凰湖短程马拉松赛在凤凰水蜜桃产业园、凤凰山风景区各景点展开。桃花节期间，举行“桃花古镇温泉游”、“凤凰亲子游学季”、“桃花缘爱情专列”、“中新鸷山桃花源”摄影联谊赛等一系列活动。

第五届凤凰水蜜桃采摘文化节开幕式（2016 年） 顾世忠 摄

凤凰水蜜桃采摘文化节 由凤凰镇人民政府于 2012 年起开始主办。有亲子采摘、爱心公益、休闲采摘、养生采摘等多种采摘形式。至 2016 年，共举办 5 届。

附："好运彩虹跑"（凤凰站）暨凤凰湖迷你马拉松赛

由凤凰镇人民政府于 2014 年起主办，历届桃花节均有该活动。2014 年，举办首届环凤凰湖迷你马拉松赛。2015 年，将其作为全市大型群众性体育活动加以推动。采取市场化运作的方式，会同中华户外网，引进好运彩虹跑[①]（lucky rainbow run）品牌，举办"好运彩虹跑"（凤凰站）暨凤凰湖迷你马拉松赛。比赛没有计时，不分年龄，没有国界，也没有传统意义上的冠军，是一场色彩缤纷的健康狂欢，融合了色彩、健康、乐活与运动的元素。

① 好运彩虹跑：被称为"地球上最快乐的 5 千米赛跑"，2014 年 9 月 6 日首次登陆苏州，吸引了来自全国各地爱好者 3951 人参加。

凤凰风物

早在6000多年前的马家浜文化时期，凤凰镇就有人类活动，此后各个历史阶段都有较大的集市与居民聚居点，其风俗习惯绵延不断，保存和传承了许多古代的民俗民风。以生俗、葬俗、婚嫁习俗、谢洪习俗等为代表的民间习俗，以春节、三月廿二河阳庙会等为代表的特色节庆，以唱春（唱滩簧）为代表的民间游艺，以凤凰脊画等为代表的传统技艺，以凤凰方言为代表的特色语言文化，以凤凰稻、凤凰血糯米等为代表的特色农产品，以高庄豆腐干、凤凰菊花酒等为代表的传统食品，共同构成了极具凤凰地域特色的风情风物。

民间习俗

生育习俗　主要有：烧香求子。怀孕后不食辛辣之物，不见丑恶物事。产后一个月叫作“宿母”，产妇不能吹风，不能着凉，不能碰冷水，不能起床，只能开窗通风。临盆前，女方家需准备红糖、鸡蛋、糕及婴儿所需小衣服、尿布、日用器具等，备些产妇吃的益母草送往男方家，叫“催生”，要送“催生饭”。产妇分娩，首先给女方家报喜，亲友要给男方家送火腿、桂圆、红枣、红糖、鸡等礼品并看望产妇，俗称“送汤”。满月时，产妇要回娘家吃满月饭，同时要办满月酒（或称三朝酒），邀请亲友赴宴。亲友一般都要送些礼物。产妇家办宴席答谢亲友，并将染有红色的鸡蛋回赠亲友。生男孩，鸡蛋数量为单数；生女孩，鸡蛋数量为双数。婴儿剃头办酒，称剃头酒。婴儿满一周岁，要做团子（汤圆），分送到亲友家，俗称送“满期团”。生育习俗于 2007 年被列为张家港市非物质文化遗产。

婚嫁习俗　旧时，男青年择偶，央人说媒。女方一经应允，便出庚帖，帖上写明出生年月及时辰等。媒人将此送往男方家，一声不响，放在男方家灶头上的香炉底下，谓之“闷声大发”。互换庚帖，称为订婚，又称攀亲。如果双方时辰相合，男方即择吉日，备聘帖、聘仪送至女方家定亲。除聘仪之外，还有饰物，或金银珠宝，以多为诚，以珍为信。结婚仪式繁多。男方选好黄道吉日，送“求”字帖至女方，如女方回“允”字帖，便算约定结婚日期。结婚前一日，女方派多子的夫妻去男方家铺床，铺上 12 束稻草，在床头放两根红皮甘蔗，在红漆的新马桶里放草纸、鞋子。结婚之日，新郎随同四人抬花轿去接新娘子。新郎至女方家过程中的每一环节，女方均要索讨红包，所谓“轿子歇了大门前，还要一只水牛钱”。新郎进门，吃过三道茶点、酒席后，告退回家。在新郎离开后，女方即开始起妆。女方嫁妆少则七八杠，多则几十杠。头一杠一定是和合被、一对金童玉女，用一根长杆大秤抬着，寓意夫妻和合、早生贵子、生活称心如意。

之后便是衣被、橱柜、日常生活用品的杠头。嫁妆杠头越多，新娘越有面子。嫁妆随着时代的变迁，内容不断变化，到了21世纪，不再出现“一条龙”抬嫁妆的场景，取而代之的是新式的婚礼。“吃碰风”是娶亲的定规。新娘离开娘家时要哭别，也叫“哭嫁”。新舅爷、新娘到新郎家，要吃的第一道菜是热汤碗里的剥壳鸡蛋，称之为“吃碰风”。闹洞房在乡间有“三朝无大小”之说。结婚之日，无论长幼尊卑，皆可大闹新房。回门在结婚三日后举行，夫妻同行，当日晚间看不清烟囱时返回。传说，望不见烟囱时返回，利于男方家发财。婚后一个月内，新娘不能串门、走亲戚，俗称“月不空房”。凤凰镇婚嫁习俗于2007年被列为张家港市非物质文化遗产。

挑方巾（2016年） 李孝祥 摄

2008年，凤凰镇荣获“中国民间文化艺术之乡”称号

丧葬习俗 旧时，丧葬习俗贫富有别。富裕家庭在老人生前就备有寿材、墓地。人死后，有报丧、开丧、小殓、大殓、出殡、终七等丧仪，名目繁多，雇乐队奏哀乐，请道士诵经，扎纸库，办宴席等。贫穷家庭生活艰苦，人死后，以薄棺入殓，奠仪简单。凤凰镇丧葬习俗于2007年被列为张家港市非物质文化遗产。

作享 又称“年祭”，该称呼与形式在先秦书籍中已有记载。《礼记》中说：“君子生则敬养，死则敬享，思终身费辱也。”祭祀用八仙台，朝门口的一面不设碗筷，三方用酒盅筷子设席位，筷盅的数量要按先人的多寡来定，一般祭缅三代及为救护家庭人员而亡故的恩人。菜为“八样头”，即鱼、肉、油豆腐、蛋饼等。摆好后，在面向门口的一方点上香烛，即开始祭祀，还要有当家人招呼一声：“进来坐吧！”接着家里按辈分进行参拜。一般男为先，女为后。整个过程需要参拜两到三次，在参拜时默念：“保佑合家老小平安，五谷六畜丰收。”酒壶里装黄酒或农家做的菊花酒。酒过三巡，大约等香烛燃尽时结束。结束时先说一声：“收哉！”然后动一下右手的凳子，拉开半尺距离，吹熄残烛余火，祭祀结束。接着点燃用锡箔或黄表纸折好的银锭、元宝。折元宝、银锭时要洗手，三日不能有房事，否则是对祖先的不敬畏。讲究的富贵人家还要沐浴净身。祭祀用的杯盏、盆、碗、筷子都是专用的，由世代传承下来，不能与平时吃饭的餐具共用。斋祭结束，所有的祭品都要回到灶上，才能食用。一般由童男点燃纸锭、元宝，燃化后的灰要等冷却后才能倒在河边等清静的地方。至此，整个年祭结束。

庆寿 旧时，境内较富裕的家庭，老人 59 岁时庆贺 60 岁寿辰，以此类推，每逢十年举办一次寿庆活动。祝寿要在大堂里布置寿堂，两壁挂上寿幛，大堂北墙挂上寿星或福禄寿三星图像，两侧配有“福如东海，寿比南山”的对联。寿星着“寿”字衣，端坐正中，接受亲戚朋友祝贺，收寿礼，喝寿酒，吃寿面。孙子辈要送衣料、寿面、猪腿或钱等寿礼表达孝心，恭贺老人健康长寿。寿星要给孙子辈“压岁钱”，以示子孙满堂、幸福安康。庆寿视寿星社会地位、家庭经济状况而定寿酒的规模。90 年代后，多数人家等老人 70 岁时才举办寿酒，全家团聚，共享天伦之乐。

谢洪 谢洪习俗是新屋落成后举行的宗教仪式，具体是指道士作法事。一般上午以唱念为主，请神，安放纸码，通梳头；下午是“解煞”，是镇压妖魔鬼怪的一种傩戏。最后，吹长号，一人扮提狮[①] 逃走，道士在后面追赶，“提狮”败亡，被焚化，整个仪式结束。谢洪习俗于 2009 年被列为张家港市非物质文化遗产。

抓周 婴儿周岁时的预卜婴儿前途的习俗。婴儿周岁时，在厅上设“啐晬盘”，陈设书画笔砚、刀剑弓矢、算盘秤尺等各类玩具，任婴儿拣取，以验贪廉智愚，以预卜日后志向、成就。现在有些人家抓周会放现代物品，也有以图像、卡片代替实物让婴儿抓取。

谢洪（2016 年）

① 提狮：青面獠牙貌状道具，泛指不祥之物。

传统节庆

除夕 农历一年的最后一天称“除夕”，也叫大年夜。除夕前，家家户户都要打扫卫生，张贴门联、年画，以示辞旧迎新。除夕先要祭祀祖宗，合家老少欢聚一堂，吃年夜饭。年夜饭里要放黄豆，以示从头开始之意。剩余的饭盛在饭篮里，有的做成饭山，放在大堂屋里，以祈求年年有余。吃过年夜饭，长辈们要给儿孙“压岁钱”，以祈求儿孙幸福安康、年年进步。家家门口竖放甘蔗，以示来年节节高。当天晚上放关门爆竹或礼花，以示辞旧岁。部分人家除夕夜要守岁。

春节

农历正月初一。俗称“过新年”。新年伊始，家家户户贴春联，男女老少穿新衣，象征万象更新。清晨放爆竹，叫“开门炮仗”。早餐合家吃年糕、糯米粉汤圆或馄饨，以取“高升”“团圆”“兜财”的吉利之意。小辈向长辈拜年。亲友见面，要互道“恭喜”。这一天不干活，不借火，不扫地，不倒垃圾，不能说不吉利的话，不走亲戚。有客来访，用瓜子、花生和糖果招待。正月初二，各家开始走亲戚，俗称“跑亲眷”。正月初三，称“小年”，要吃“百岁圆”[①]，并把节日里积存的垃圾倒在农户自家田角里，称“滑田财”。春节泡茶要放一枚青橄榄，因橄榄似金元宝，此茶被称为“元宝茶”，预祝进宝发财。还有做饭山、挂新枝、系红布、搁门葱等习俗，预示新的一年风调雨顺、吉祥如意。2007年，凤凰地区春节习俗被列为张家港市非物质文化遗产。

做饭山 又称“中堂供饭山”。饭山是用吃年夜饭时多余的饭盛在竹制的饭箩或饭篮里做成的。饭箩用竹丝做成，底小而四方，口圆而大，高30厘米左右。盛满饭后，

---

① 百岁圆：用糯米做成的小型汤圆，食之寓意长命百岁。

凤凰春节习俗——做饭山（2009 年）

凤凰春节习俗——挂新枝（2009 年）

凤凰春节习俗——系红布（2009 年）

凤凰春节习俗——搁门葱（2009 年）

用整块锅巴覆盖其上，将冬青枝、柏树枝、松树枝与知母[①]秆用绳捆扎并用红纸封好，插在饭箩的中央，旁边还插一杆小秤。冬青枝、柏树枝、松树枝寓意为福禄寿，知母秆寓意多子、生活节节高，秤杆象征称心如意。还要在饭上面放用红纸条封好的香芋头及花生等，寓意家中粮食吃不尽、年年有余，高堂长生不老，家无疾疫侵袭，居室四季平安。饭山放在厅堂的方台或条几上，靠北的墙上挂着福禄寿三星图。饭山一般过正月初五取下，仍可食用。摆饭山祈求丰收，是农耕社会传下来的特有民俗。

系红布　用红布系在宅内盆景上，寓意新的一年日子过得红红火火。

搁门葱　选取两根粗壮新鲜的大葱，用红纸扎在一起，靠在门臼的旁边，寓意家族兴盛。

“接财神”习俗　农历正月初五是赵公元帅生日。旧时，境内一些商家于正月初五晚上，在店堂中央的桌上摆放猪头、青鱼、羊腿、公鸡、水果、枣、莲子、桂圆、汤圆、面、饭、年糕等荤素菜肴供奉财神，称“接财神”，店主与帮工依次叩拜财神，祈求新的一年里财星高照、生意兴隆、财源茂盛。供毕，全体人员共吃“路头酒”。新中国成立后，“接财神”习俗逐渐消失。进入 90 年代，“接财神”的习俗又逐渐兴盛起来。

元宵节

农历正月十五，称“上元节”“元宵节”，或称“元夜”“灯会节”“灯夕节”。旧时，

① 知母：别称连母、野蓼、地参等，百合科，属多年生草本植物。

元宵节（2011 年） 开凤林 摄

在元宵节晚上要举行灯会，称“闹元宵”。据民间传说，东汉初年，佛教传入中国，光武帝刘秀为祝贺太平盛世，诏书全国在正月十五之夜进行隆重庆贺，从而形成了元宵节看灯会的习俗。元宵节，凤凰地区家家户户有“接灶”和“旺田”的习俗。新中国成立后，凤凰地区各大集镇张灯结彩，通过举办灯会、放烟花爆竹等形式闹元宵。

旺田 黄昏时，农民举着火把，在自家田里走动，嘴里念着“旺旺四角落，一亩要收三石六”等祈求好收成的吉利话，直到火把烧尽，尽兴而归。

接灶 参见本志“凤凰风物·传统节庆·斋灶”。

二月二龙抬头 据民间传说，经过冬眠的龙，到了二月初二这一天，被轰隆隆的雷声惊醒，便抬头升天，开始行云降雨。根据农时节令，农历二月初二前后，农民开始春耕备种。农事中的很多劳动都需腰部发力，体力消耗很大，需要补充食物，确保身体强壮。这一天，各家各户都要蒸糕吃。二月二为周历的太阳生日，其糕为圆形，似太阳，称“太阳糕”，切成条食用。农民希望此日吃了太阳糕，可不腰酸，后讹传为“撑腰糕”。凤凰地区二月二蒸糕，一为祭祀土地，祈祷粮食丰收；二为强健筋骨，食之防病。

三月三上巳节 上巳节始于周代，魏晋以后固定为农历三月初三。此时春意已浓，风和日丽，凤凰地区的少男少女游春玩景，对山歌，唱山歌。另传，三月初三是仲雍生日，其亡故后，万人送葬，葬于常熟虞山。百姓感其恩泽，祭拜成俗，形成拜香习俗。去参加拜香的人，无论男女都要在拜香前三天净身，夫妇不得同居同房，男子参加拜香队伍，女子观看。拜香前两天，香船会聚常熟大义，第三天清晨到达常熟虞山脚下的烧香浜。然后立队，前队为旗幡，每队有会旗。而后鸣锣开道，一面金镗锣，直径在 60

厘米左右，挂在一人手臂上。接下去为丝弦乐队，有二胡、笙、箫、星子、木鱼等乐器奏拜香曲，后面跟唱赞谒的班子。本子称香诰，又称经书，为《河阳宝卷》中收录的《清徽全真斗科》，分七次唱，边唱边行进，每一次唱结束，就停止行进，可以坐下休息。唱一段结束时的收调是“志心皈命礼”，然后稽首参拜三下。一路行进，一路唱导，收调是合唱。到祖师庙，行进拜香结束，然后参拜烧香。全部过程结束后就返回。

清明节　清明节又叫踏青节。旧时，到了这一天，家家都要为已故亲人进行祭祀，并携老带小上坟扫墓。新亡故的必须在清明当天祭祀和扫墓；亡故二年后的，可在当日，也可提前或推迟数日进行祭祀扫墓。因此，清明节又称扫墓节。祭祀和扫墓时要焚香、烧纸锭、放爆竹等。清明节这一天，凤凰地区家家折杨柳枝插于大门上。妇女还要头戴杨柳球，也有童男女把柳条编成环戴在头上，这种风俗在唐代已盛行。清明时节，凤凰地区有吃青团、杞芽的习俗，乡人谓之“清明眼亮”。此外，还有出行踏青、看庙会等习俗。

三月廿二河阳庙会　旧时农历三月二十二日，东高神堂、西高神庙和刘神庙等庙宇的神像都要被抬上凤凰山朝觐玉皇大帝。庙会由民众自愿参加的香社统一组织安排，又称“起会”。起会运送“神像”的路线起点为高神堂，途经刘神庙，穿过凤凰山与小山的山口，至永庆寺东岳殿。走在最前面的是身穿礼服的放铳人，紧跟后面的依次是锣鼓队、彩车队（用木板做成各种造型）、高跷队、臂锣队、彩旗队、乐队等，再由八人大轿抬着高神、刘神神像到永庆寺会合。其他小庙的高神和刘神神像也一起会聚到河阳桥，一字排开，放铳 24 响。这时，多数出会的人开始烧香拜佛，寺院内香火旺盛，烟雾缭绕，诵经声不绝。到下午 4 点左右，出会的人再次汇聚起来，按起会时的顺序排列，随着放铳 40 响的结束，出会队伍按原路返回，先抵达刘神庙，护送刘神神像进刘神庙

三月廿二河阳庙会（2016 年）　　龚晓东　摄

河阳庙会出会队伍（2014 年）　　龚晓东　摄

河阳庙会集场（2007 年）

河阳庙会展演（2014 年）　　龚晓东　摄

后，直达高神堂安放高神神像，而后，庙会仪式全部结束。整个庙会规模宏大，在凤凰山周边地区影响很大。民国诗人杨无恙形象地作诗："东涧仓房塑社神，澶渊功绩数朝臣。黄土没脚河阳道，杨柳青旗拂酒人。"新中国成立后，民间仍视农历三月二十二日为传统节日。每逢农历三月二十二日，凤凰山周边的男女老幼，穿红着绿，喜气洋洋地逛河阳庙会，登凤凰山，顺便走亲访友，以河阳桥一带最为热闹。凤凰山附近家庭习惯买菜烧饭招待逛河阳庙会的亲戚朋友，个体摊贩也汇聚到凤凰山周边摆摊卖货，形成了规模较大的物资交流会。三月廿二河阳庙会至"文化大革命"时期废止，改革开放后又逐渐兴盛起来。三月廿二河阳庙会于 2007 年被列为张家港市非物质文化遗产。

立夏　立夏的含义是夏季开始。是日，一般人家有吃草头摊面衣[①]和咸鸭蛋的习俗，并有"称人"（称体重）之俗。记下立夏时的体重，到立秋日再复称一次，以验经过一个夏天后体重的增减。据传，"称人"习俗始于三国时期（220—265），据说刘备与孙尚香成婚后，孙尚香回东吴探亲，被孙权扣留，孙尚香只能以称体重告知刘备近况，自此沿袭相传。新中国成立后，立夏日吃草头摊面衣、咸鸭蛋的习俗延续至今。

端午节　又称端阳节，农历五月初五。据传，这天是 2000 多年前楚国大夫、大诗人屈原投江而死的日子。当时的楚国人民得知屈原投江，许多人划船去救，但没有救到。各家各户烧糯米饭，用竹筒塞上糯米饭投到江里，不让鱼吃屈原的尸体。后来，人们改用粽叶代替竹筒，包成粽子投放。这种悼念屈原的形式逐步演变成今天的包粽子、赛龙舟等活动。新中国成立后，仍延续在各家灶头或门上悬挂菖蒲、艾叶和蒜头，吃咸鸭蛋和粽子的习俗，有的父母在孩子的额头上用雄黄写上"王"字，给 3 岁以下孩子穿

① 草头摊面衣：一种用江南特有的蔬菜"草头"拌入面糊煎制而成的面食。

凤凰湖赛龙舟（2016 年） 杨海平 摄

虎头鞋，以求驱虫避毒，求得太平安康。端午前几日，妇女们用针线和丝绸边角料做成荷包，意欲辟邪毒。读书人则用五月桃的桃核刻成吉利图文，挂在胸前，祈求仕途一帆风顺或马上封侯。凤凰地区有用银杏汁洗头除渍等习俗。

夏至 是日，有吃夏至粥和馄饨的习俗。夏至粥以糯米掺小麦、赤豆、玉米、红枣、糖等煮成。

六月六晒书晒衣节 六月六晒书晒衣节最早出现在晋代的记载中。传说农历六月初六为大禹的生日，凤凰一带有大禹治水劈开凤凰山的传说，人们把这一天作为消灾除虫的节日。凤凰民间有晒书晒衣的习俗，大部分农家要喝绿豆汤或绿豆粥来避暑。

斋灶 俗称“谢灶”。旧时，每年农历十二月二十四日前，每户农家都要送灶神，让灶神到天庭汇报一年来主人家的情况。为了让灶神在天帝面前说好话，斋灶时都要供上糖团子、黄酒、面饼和水果等供品。过了新年，到正月十五时，每家又要斋灶，接灶神下来，让灶神保佑全家。到了六月，要斋三次灶，初四傍晚第一次斋灶，点上香烛，供上黄酒、水果、豆腐干、面饼等；六月十四第二次斋灶，将供品中的面饼改为馄饨；而六月二十四逢灶神爷生日，人们就把这天定为斋灶节，第三次斋灶，把供品中的馄饨换成糖团子，其他供品不变。

六月廿四荷花节 其节日和风俗至少沿袭了数百年。每到农历六月二十四日，百姓便出行观赏荷花，纳凉消暑，男女之间以莲蓬、荷花相赠，预示爱情美满。夫妇采莲子互赠，俗为求子。在寺院里有佛像坐莲花，永庆寺的大青石柱也雕饰莲花，佛台上摆满了荷花与莲蓬，还有纸做的莲花。是日，人们到庙里进香，拜祭荷花仙子，在讲唱《河阳宝卷》时，经台上都要摆放荷花，唱和调的和唱人，一边和唱，一边要用纸折荷花置于佛台之上。荷花有红、黄、白三种，因佛台上不能摆放白莲花，偶尔池中有此花也无人采摘，在凤凰地区的荷花节里，白莲花便消失了。

七夕节 农历七月初七。据民间传说，织女在天庭不甘寂寞，下凡到人间，同牛郎结合，生有两个孩子。后被王母娘娘发现，怒斥织女违反天规，把织女挟持到天庭。牛郎挑着两个孩子追赶到天上，看到一条天河横在前面，但天河上没有桥，牛郎无法过河，遂成遗憾。后来，王母娘娘规定每年农历七月初七，牛郎和织女可在喜鹊搭的天桥上相会一次，所以农历七月初七成了七夕节，又叫女儿节。这一天，家家户户都要把面粉、芝麻、糖拌和后，用面杖擀薄，拧成麻花形状，放入油锅中氽成巧果。

中元节 俗称“鬼神节”。据民间传说，人死后都要到阴间报到，每年农历七月十三日至十五日是鬼的假期，阎王准许所有关押在地府的鬼神放监，俗称“鬼放假”，而到了农历七月十五日夜又要全部收监。各家各户在农历七月十五日前要祭祀。这天，城隍神像也要被抬到社坛，道士念经超度孤魂冤鬼，再播撒米饭，之后将城隍神像抬回城隍庙。

八月送桃 每当农历八月，凤凰水蜜桃成熟时，凤凰镇的小径上、大路上，不时会见到肩挑手提桃子的人们。人们用当年的硕果赠送亲朋好友。

中秋节 俗称“团圆节”，农历八月十五日。农历八月称“仲秋”，而八月十五日又在仲秋之中，所以称中秋。八月十五日这天晚上，全家团聚，坐在庭院内场上，边嗑瓜子边赏月，欢庆团圆。家家户户在灶上、庭院中的桌上摆上月饼、芋艿、菱、藕等节令食品，点燃香火和红烛，祭拜月华仙子，祈求降福人间。

重阳节 农历九月初九，因是两九相重，故称“重九”，又因为在中国古代，“九”为阳数，因此，“重九”又称“重阳”。重阳节的起源最早可追溯到汉初。人们在这天吃重阳糕，取登高避灾和健康长寿之意。

冬至 在每年 12 月 22 日前后。俗有“冬至大于年”之说。此日，家家要祭祖，邀亲友吃“冬至夜饭”。

腊八节 农历十二月初八。这天，民间有吃腊八粥的习俗。相传“腊八”为佛教创始人释迦牟尼得道成佛日。僧侣们把佛祖成佛的这一天作为节日，诵经演法，吃腊八粥以示纪念。后传入民间，形成腊八节。凤凰民间习惯用白糯米或新粳米，配上花生、芋艿、豆类等煮腊八粥。凤凰地区的腊八粥用料不一，有糯米、血糯、红豆、花生、白果、芡实、莲子、栗子、红枣、蜜果、瓜子肉等，一般选用 6 ~ 8 样，多者为佳，加冰糖或红糖，再加桂花，熬制而成。左邻右舍会互相赠食。若有人身体虚弱，长病不起的，则要讨七家不同姓氏人家熬制的粥，称之为“腊八七姓粥”，且用此粥斋灶、斋神佛。传说吃了“腊八七姓粥”，身体便会转好。

廿四夜 农历十二月二十四日。俗谚：“腊月二十四，掸尘扫房子。”农历十二月二十四日前后，家家都要掸悬尘（大扫除），将住宅内外打扫干净，对室内摆设进行整理，这有利于消灭越冬蚊蝇。搞好家庭卫生，准备过年迎新春。农历十二月二十四日前后，家家都要送灶神，先斋灶，后放爆竹。斋灶前，还要采集冬青柏枝，用三根小竹竿，外面敷以紫草、豆萁捆扎成高七八十厘米的三脚架。斋灶结束后，将灶神像连同香烛放置在架子下点燃，燃烧时发出“噼里啪啦”的响声，叫作“冬青柏枝爆三万”，祝愿来年兴旺发达。

民间游艺

唱春 当地又名唱滩簧。唱春始于春秋吴地早期的迎春习俗，是在宝卷讲唱的基础

滩簧戏《珍珠塔》(2009 年)

上发展而成的一种民间游艺，初始以演折子戏为主，后逐渐演变为农民农闲时的文化生活。唱春发展至明清时以小调为主，所用的曲调主要有春调、四季调、簧调、苏州景、杨柳青等。曲目有《孟姜女》《十张台子》《十双拖鞋》《十杯酒》，还有唱春艺人自己编写的祝词等。唱春有一定的时间段，古代一般在大寒至立春的一个月里。唱春走千家万户，但必须站在门外的场上，不能靠人家的门口，主人家付酬劳（铜钱或粮食）时，不能用手接，只能用春锣接，然后倒入自己的搭膊内。

调狮子 又称“舞狮”。狮头以竹篾扎成骨架，蒙上布料，连同狮身，绘彩纹。狮子颈部系有响铃，摆动时发出悦耳的铃声。狮子的口能张合，舌能抖动。表演者为三人，一人钻入狮身，在前掌狮头；一人在后，紧抓前一人作狮身；还有一人手持彩色绣球在狮子前后引导。表演时，狮子作奔跑、伏卧、跳跃、翻滚、嬉戏等动作，舞狮者还能跳上用高脚方桌搭起的高台，表现狮子的活泼可爱。表演者均有一定的武术功夫。旧时，在夏市、下庄、高庄、东庄、旺庄等较大的自然村里，都有青壮年组成的舞狮队，在春节期间和春季三、四月到各地表演，各村之间还互相邀请舞狮队表演。

调龙灯 又称“舞龙”。龙身长约 15 米，主要由龙骨、龙衣经精细装饰而成。龙骨分龙头、龙身、龙尾，以竹篾扎成骨架，再套上用棉布缝制的龙皮，龙皮上绘有色彩鲜艳的鳞片、龙眼等，有的龙皮内饰灯具。表演者一般 10 人左右，一人手持彩色花球在前领路，群人手持龙身内分段装的木棒不停地舞动，表演出一条长龙在游动的姿势。调龙灯一般在逢年过节或喜庆之日表演。

荡湖船　以竹（木）片篾扎制船身，用竹或木片制成木桨，船身外饰彩色花布。一女一翁配合表演，女居船中，手握船舷随舞步荡行；扮老翁的人划着木桨，边舞边唱，配合舞进。一般在农历三月二十二日河阳庙会时举行。

踩高跷　俗称“高脚人做戏”。表演者一般是青年男女，以戏剧人物化装头面和着装，手执道具，双脚踩在木跷上，木跷高约 3 尺（近 1 米），以风趣的表演吸引观众。在春节期间和庙会集市上均有表演。

挂花灯　用竹篾、木片、铁丝等材料扎成花篮灯、宝莲灯、鲤鱼灯等多种灯样，元宵节那天张挂在家门口，也有在热闹的街道和庙宇内高挂花灯的习惯，以示欢度元宵节。旧时，庙会节场在夜间也有挂灯笼的传统。

扭秧歌　一项由北方流传到南方的民间舞蹈形式。新中国成立以后，境内民间比较盛行，男女老幼身挂彩带、彩绸，手持彩花或彩扇、彩帕，以统一的舞步随鼓声节拍舞进。

打腰鼓　一项由北方流传到南方的民间舞蹈形式。表演者腰间系挂一椭圆形的小红鼓，双手各执鼓槌，以统一的节奏，双手交替用力击鼓，边舞边行边击鼓，动作豪放，为农村喜庆活动中的一项主要娱乐活动。

社戏　在春节期间和春季农闲时间，由几个相近的村联合集资，聘请各地剧团到村里演戏。有的每年一次，有的两年一次。

社戏（2016 年）　　杨海平　摄

江苏省风筝挑战赛（2016 年） 陆建刚　摄

唱山歌（2006 年）

放鹞子　又称“放风筝”。在冬春季节，境内村里的青少年都喜欢放鹞子。鹞子以竹篾扎制而成，大多是自行扎制，形状各异，有圆形、六角形、蝴蝶形、老鹰形、蜈蚣形，最简单的是板门形。有的在鹞子上系上哨子，鹞子在天上飞，哨子在风的吹动下发出声音。2016 年、2017 年，江苏省风筝精英赛在凤凰镇举办，放风筝在凤凰镇及周边地区的影响力进一步扩大。

唱山歌　人们在田间劳动、游春踏青、夏日纳凉和农闲休息时，妇女们在绣花、做鞋时，喜爱唱一些流传于民间的山歌。劳动时，歌手带头在田间咏唱，由此激发出劳动的热情、生活的乐趣。山歌的内容多种多样，如《沈七哥》《赵圣关还魂》《孟姜女过关》《无锡景》《十二月花名》等。春天做春作[①]时，人们爱唱《拜香调》。

儿童游艺

凤凰地区儿童游艺项目丰富，花样百出，简便易行，主要有扫六房、打缸、捉踢子等 20 余种。有些游艺项目还有精彩的历史典故。凤凰儿童游艺于 2015 年被列为张家港市非物质文化遗产。

移六直　游戏前，画一个正方形田字，再画两条交叉的对角线，作为棋盘。游戏前，双方各选与对方不同色的三粒棋子，然后轮流移动棋子，每次只能移动一个点。任意一方使自己的三粒棋子占领对角线中三个点的位置，形成斜对角线，称为“大直”，

① 做春作：编草帘。

即胜。

打缸　游戏时，一人把砖竖在目标线上，另一人站在投掷线上，用手里的砖去投掷击打竖着的砖，把砖击倒，可以连续投掷三次。游戏轮流进行，以目标看得准、击中的次数多者为胜。

扫六房　游戏前，在空地上画一个长方形，分成六格，称六间房子。游戏以 2 ~ 4 人为宜。每人备一块瓦片作为毽子。游戏时，一人先将毽子掷入第一间房内，然后单脚提跳进入，将毽子一次性踢出长方形，身体随后跳出，继续掷毽子进第二间房，依此类推。若途中单脚踢跳踏线，或毽子没有掷进规定房内等，都算是犯规，游戏中断，换人进行。最终以先把六间房扫完者为胜。

捉踢子　一种上抛下抓的游戏。游戏前，先准备 5 ~ 8 粒踢子，放在桌上或地上。游戏时，用一只手先把一粒踢子抛到空中后，马上用同一只手把桌上的踢子抓起来，紧接着翻展手掌把空中正在落下的踢子接住，如果接不住，算作失败。有的规定所有踢子需分两次或三次抓起来；也有的把桌上的踢子排成一定距离，规定需一次抓起来。以抓得住、不失误者为胜。

抢花球　又称抢花乱子。游戏前，先准备 5 根稻柴扭成的柴团，作为花球。选一块干净光滑的场地。游戏开始后，由一人护花球，双手撑地，双脚叉开，身体拱起，花球放在下面，其他参加游戏的人围在周围抢花球。如果在抢夺花球时，被护球人用脚或手碰到身体的任何一个部位，被碰到的人就与护球人交换位置，游戏继续进行。

打弹子　游戏前，每人各准备一粒玻璃球，俗称弹子，再在泥场地上画一个边长 2 米左右的正三角形。在三角形的三个角上，各挖掘一个浅的泥洞，分别编号。游戏时，一人在起弹线上，用手弹玻璃球，目标是一号洞，如玻璃球进洞，可继续向二号洞弹玻璃球，如果玻璃球不进洞，换他人游戏。游戏轮流进行，以先把玻璃球弹进三个洞者为胜。

扭镰刀　农村孩子在帮助家里割草时，几个儿童聚在一起，选择一块空地，用镰刀当作玩具，分别在同一条横线上，扭动镰刀甩丢到前方，镰刀柄能在地上竖立者为胜，镰刀倒地者算输，赢的人可以获得大家给的一把青草作奖励。

抢四角　参加游戏的有 5 ~ 6 人，利用有四角的长方形牛棚，也可在地上画一个边长 4 米的正方形。游戏时，四人占据 4 个角的位置，没有占到位置的人站在中间作为抢夺者，在占据角的四人互相交换位置时，乘机去抢夺位置。位置被抢夺走的人，就站在中间作为抢夺者，游戏继续进行。

甩铜板　又称“扛铜板”。游戏前，先准备 3 ~ 4 个铜板。游戏时，参加游戏的人用手把铜板排列后，将铜板抛掷空中，铜板着地后，看落到地上的铜板正、反面的数量。每人轮流甩一次，以铜板落地后为正面多的人为胜。

传统技艺

河阳纸马　又称“河阳甲马”，为民间祭祀时所用，以五色纸或黄纸制成，上印神像，通常采用三套色，以写意手法描绘佛教、道教神话人物形象。河阳纸马是研究宗教流布演变史和民间工艺美术（含绘画、雕版、上色、印刷）的重要资料，受到省内外民俗学家的高度重视。原始初民把天、地、水看作是神，逐步形成神的形象，他们刻木或

河阳纸马（2007 年）

刻石绘出神像。到了宋代，他们刻木或刻石进行印制，便成了纸马。河阳纸马不分佛道儒教，只在不同的形式、不同的场所使用不同的纸马。纸马分成三大类，根据不同的形式分成不同用处，有驱邪、祭祀、追悼等。民间分成荤纸马、素纸马两类。荤纸马用于追悼亡灵的仪式，一般是讲经即讲唱宝卷使用，主要有天、地、大王、小王、阎罗、十殿阎王。素纸马用于祈求仪式，一般是讲唱《香山宝卷》等用，主要有观音、如来、弥陀、土地、灶界、城隍等。2011 年，河阳纸马被列为张家港市非物质文化遗产。

鱼蟹簖制作技艺 鱼蟹簖分网簖与篾丝簖两种，是江南河网地区传袭多年的生态捕鱼方法，制作机巧，能捕鱼蟹，且能拦截水中漂浮物及垃圾，有利于水质保护。制作时，先打好一排密密麻麻的毛竹桩，然后将用细竹条编好的帘子插入河底，并绑缚在毛竹桩上固定，横拦在江河中，将鱼蟹的洄游通道截断。江河中间有几米宽不设毛竹桩，与水面齐平的竹帘子部分遇到船体会弯曲和反弹，以便船只通行。靠岸两端的竹帘子高出水面 1 米左右，使螃蟹无法翻爬过簖。还分别布下弯曲的回龙，直通水底下的大型竹篓。除江河外，捕捞人还在湖泊浅滩处设置拦鱼蟹的竹簖。他们巧妙地布置竹栅栏，设置回龙阵，在竹簖篓内放上饵料。贪食的鱼、蟹、虾、鳗顺竹帘子渐次爬入或游入弯曲回龙的竹栅栏，越陷越深，直至进入篓内。渔夫在鱼蟹簖的竹篓上安置竹盖子，使鱼蟹无法翻越逃脱。鱼蟹簖制作技艺于 2015 年被列为张家港市非物质文化遗产。

河阳烙画 烙画又称为烫画，是用热烙铁在木板、竹片、葫芦、宣纸等材质上作画的一种技艺。烙画源于西汉，盛于东汉。河阳烙画集绘画、书法、烙刻于一体。制作时，先将烙笔加热，然后开始创作。葫芦作为烙画最常用的材质，因谐音“福禄”，十分受老百姓的喜爱。烙画画面有山水风景、花鸟走兽、诗词书法等。河阳烙画于 2015 年被列为张家港市非物质文化遗产。

河阳灶画 在灶正中选好位置，以户主喜欢的吉祥画为内容选定画样，然后由泥瓦工用墨汁、锅灰调好浓汁再画，画好后进行润色，颜色的浓淡用清水调配。灶画颜色鲜艳，内容丰富，有鲤鱼跳龙门、虾、鱼、荷花、牵牛花、梅花、菊花等上百种。

河阳脊画 脊画画在新建瓦房瓦脊顶尖的中间位置。按户主的要求制作，由户主选择样式，由泥瓦工用铅丝做成脊画的初样，再用石灰、毛蓬拌和后，掐浓捣腻，而后用手工掐成脊画图形，经过精雕细刻后成形。脊画色彩鲜艳，内容丰富，有龙、凤凰、仙鹤、万年青等形态。

缪氏中医药 凤凰地区传统医药技术。始于明代，代表人缪希雍、缪柳村、缪廷杰等，距今有400余年传承历史。其独创的缪氏健胃药、缪氏化瘘丹、缪氏灼伤药水等，在胃病、烧伤、灼伤治疗方面具有独特疗效。缪氏中医药于2015年被列为张家港市非物质文化遗产。

凤凰酒文化

火烛社酒 火烛社是民间自发成立的公益性组织。旧时，为了做好消防工作，邻近的几个自然村往往成立一个火烛社，推荐一位影响较大、大家信任的人做主持，筹集资金置办一台消防灭火的水龙，组织一支义务消防队。每年寒冬腊月之前，由主持召集火烛社内的各户主、消防队员，对水龙等消防器具进行整修。事毕，由集体出面，置办酒席，傍晚时，大家聚餐，经费除富裕殷实人家赞助外，需与会者各自分担一部分。

搭会酒 旧时，农户遇到经济困难需筹钱，该农户就在亲友和熟识的乡邻之间组织一个互助资金会，简称“互资会”。互资会规定，各户每年出同等量的资金，合并起来作为会金，按年度由各户轮流收受会金，当年收“头会”的农户一般是等钱急用的农户，“头会”不计利息。会金从第二年开始，计一定利息，利息逐年略增。每年轮到收取会金的农户要置办酒席，当天来吃酒席的农户要把当年应支付的会金和利息带来，交给收取会金的农户。收“末会”的农户收取会金的利息最高，当地流传着一句“末家佬佬好收成”的谚语。

议学酒 旧时，农村办私塾，一般聘请当地的绅士为学董。每年开学前，由学董牵头，私塾先生邀请家长代表，到学校商议开学日期、学费、老师薪金以及学生学规等事项。议毕，学董设宴招待，称为“议学酒”。

写契酒 旧时，有的农民生活困难，要卖房卖地，有了买主后，便请识字的人代笔写契，到场的有买卖双方和中人。写明买卖方式、数额后，双方和中人画押。写毕，由买方置办酒席宴请中人，称“写契酒”。

凤凰方言

方言归属 凤凰全境通行吴方言，凤凰方言属吴方言太湖片苏沪嘉小片，语音、词汇、语法系统与江苏南部、上海、浙江北部地区高度一致。凤凰方言共有 8 个声调、29 个声母和 43 个韵母。因凤凰历史上长期属常熟管辖，故凤凰方言属常熟话的一种，民间称之为“虞西话”或“常熟话”，和常熟西部及市区口音基本一致。凤凰方言通行于凤凰全境及周边塘桥、鹿苑、妙桥、乘航及常熟全境、昆山巴城（部分）、太仓璜泾（部分）、无锡羊尖、江阴顾山（部分）等地。凤凰方言与张家港市境内其他 4 种代表性方言（澄东话、澄要话、老沙话、常阴沙话）相比较，语音重浊顿挫、厚朴质实，发音偏软。凤凰方言中包含丰富的俗语。

词汇 凤凰方言中保存着大量自唐宋以来的古代词汇。

凤凰方言词汇与普通话对照表

表 5

类别	凤凰方言	普通话
名词	日头	太阳
	衣裳	衣服
	物事	东西
	窝里厢	家里
	跑路	走路
	镬子	锅子
	家生	工具
动词	凑	点燃
	落（渌）	洗
	爬	省吃俭用
	亢	藏

续表 5

类别	凤凰方言	普通话
动词	伴	躲藏
	被	拉
	做人家	节俭
形容词	刮腊松脆	松脆
	交交关	许许多多
	呒道成	没出息
	呒清头	没意识
	勿色头	倒霉
	横绷	蛮不讲理
	推头	说假话
	翻蛆搭舌头	搬弄是非
	敲敲笃笃	指桑骂槐
	肇勒肇	趾高气扬
	斜快快	奔跑
	贼忒嘻嘻	嬉皮笑脸
	赤嫩	皮肤细腻
	一息息	一点点
	把、头	表约数
	切三问四	多方打听
	不高兴	不愿意
	作兴	可能
	壳张	豁出去
	宽	零头
	竭	贫穷
	勾	富裕
	有处	可以
	呒处	不可以
	才	全
	日朝	每天
	头朝	早晨
	昨朝	昨天
	息早	一清早
	上昼	上午
	日长系久	平日里
	三日头	疟疾
	里歇	现在
	一干子	单身一人
	几乎	多少

短语 凤凰方言中常用的表语气的短语很多。“哪哼”，又写作“奈哼”，是“怎么样”的意思。“一可以”，意思是“可以不可以”，“一”不表示数字。“阿（音为 e）是”，是“是不是”的意思。“乃啥”是“为什么”的意思。“奈没”也写作“难没”，是“这样”“可”的意思。“奈没好”是一句面对意想不到的坏事时发出的感叹语，意思为“坏了，坏了，可怎么办”。当地人们见到不幸事件，总会惊呼“奈没好哉”。

句式 凤凰口语中还有些特定句式。带“阿”“哪亨（哼）”“啥落”的句子是表疑问。带“勒里”（又写作勒浪、拉里、拉笃）的句子，大多表示事物的存在。带“呒处”“有处”的句子，分别表否定、肯定的意思。带“能”字的句子，有时“能”字作“你”字解，有时是“这样”“那样”的意思。“正（真）其如是”，往往单独成句，表示“就这样吧”的赞同语气。

凤凰方言亲属称谓与普通话亲属称谓对照表

表 6

普通话称谓	凤凰方言称谓		普通话称谓	凤凰方言称谓	
	当面称呼	对外称呼		当面称呼	对外称呼
父亲	爹、爹爹、阿爹、老爸	老子（其余同当面称呼）	外曾祖父	太太、老太太、公公、外太公	外太太、老太太、老公公
母亲	姆妈、阿妈、娘、老娘	同当面称呼	外曾祖母	太太、老太太、外太婆	外太太、老太太
祖父	公公、爷爷、老爹、老公公	同当面称呼	叔父	叔叔、爷叔	同当面称呼
祖母	奶奶、亲娘、亲婆	同当面称呼	婶母	婶娘、娘娘	同当面称呼
曾祖父	太太、太公、老太公	同当面称呼	舅父	舅舅、娘舅、舅父	舅父、娘舅
曾祖母	太太、太母、太婆、老太太	同当面称呼	舅母	娘妗、舅妈、舅母	同当面称呼
外祖父	公公、好公、外公	同当面称呼	姑父	姑夫	同当面称呼
外祖母	好婆、外婆	同当面称呼	姑母	伯伯、阿伯、好叔	姑娘、舅舅、同当面称呼
伯父	老伯伯、伯伯、大伯、二伯	同当面称呼	夫嫂	嫂嫂、姊姊、阿姊	同当面称呼
伯母	娘娘、大娘、伯娘、阿娘	同当面称呼	大弟媳	妹妹、呼名字	弟媳妇、婶子
姨母	阿姨、娘姨、舅舅	同当面称呼	夫姐	姐姐、阿姊	姑娘
姨夫	姨夫、娘姨夫	同当面称呼	夫姐夫	阿哥、姑夫	姑夫、姑父
岳父	爸爸、爹爹、伯伯	丈人	夫妹夫	呼名字	姊妹婿
岳母	姆妈、娘	姆妈、丈母娘	妻兄	阿哥	舅子
伯（叔）公	爷爷、老爹、伯（叔）公	阿公、公爹	妻弟	阿弟	小舅子

续表 6

普通话称谓	凤凰方言称谓		普通话称谓	凤凰方言称谓	
	当面称呼	对外称呼		当面称呼	对外称呼
婆婆	姆妈、娘	婆婆、阿婆	妻姐	阿姊、姐姐	阿姨、妻阿姐
丈夫	呼名字，某某（儿或女儿名）爹	男人、小倌人、老头子、小囡爹、老老头	妻妹	呼名字	阿姨
妻子	呼名字，某某娘（儿或女儿名）	女人、老婆、堂娘娘、老太婆	妻嫂	阿嫂	妗母
夫弟	呼名字、弟弟、叔叔	阿叔、小叔子	妻弟妇	呼名字	同当面称呼
夫兄	阿哥	伯子	弟	弟弟、阿弟	兄弟
哥	哥哥、阿哥	同当面称呼	姐	姐姐、阿姊	同当面称呼
妹	妹妹	妹妹、姊妹			

凤凰日常方言俗语与普通话对照表

表 7

日常方言俗语	普通话	日常方言俗语	普通话
一部汽车	一辆汽车	一管笔	一支笔
一笃痰	一口痰	困一忽	睡一觉
一只牛	一头牛	打一记	打一下
扣一趟	去一次	一嘎头	一个人
归墨事	收拾东西	搜	寻找
斜趟趟	快跑	钵	给
调	换	坑起来	藏起来
撸上去	爬上去	业进口袋	装入口袋
白相	玩	过人	传染
相骂	吵架	勿来事	不行
埸漏	弄脏	滕人	揶揄人
吼司	担心	豪梢	赶紧
舒齐	足够	落开	大方
派拉	厉害	厌气	无聊
痂尼	更加	杭尽	许多
穿帮	暴露	窜（屎）	拉（屎）
单	送	哄	嗅
钎	削	掼（背包）	背（背包）
打棚	说空话、搭讪	扩张	有准备

续表 7

日常方言俗语	普通话	日常方言俗语	普通话
落浴	洗澡	痴风凉	乘凉
着港	目的达到	结毒	结怨
弄乖张	开玩笑	做假痴	装聋作哑
粒漆	奇痒	弗肯	不同意
贾乌	马虎	促客	狡猾
猴及	性急	猛门	不讲理
定见	果然	迷露	雾
忽险	闪电	星移场	流星
蓬尘	尘土	鲎	彩虹
窗盘	窗	坑缸	粪池
汁勺	汤匙	眼线	缝衣针
盘陀	轮子	绢头	手帕
拐拉棒	拐杖	尼子	儿子
细娘	女孩	新倌人	新郎
额骨头	面额	胡婆	下巴
杜胖	大腿	七馒头	膝盖
搭脚	瘸腿	死血	冻疮
大包子	馒头	米糁	饭粒
老虫	老鼠	磨米	蚂蚁
癞团	蛤蟆	癞团乌	蝌蚪
沿衣豆	扁豆	莆桃	核桃
墨事	东西（物品）	冰牌	冰雹
大后业	大后天	中浪、昼里	中午
业里	白天	野夸	傍晚
上业	昨天	后业	后天
上昼	上午	早起里	清早
里下	现在	张开	刚才
灶户	厨房	骚箕	淘米箩
针科	顶针箍	加桑	工具、家具
棉满	棉袍	白席	草凉席
囡	女儿	小干	小孩
淘伙	伙伴	骷浪头	头
眼乌珠	眼珠	揩面布	毛巾
馋吐	唾沫	牙苏	胡子
饭迟	锅巴	馒头	包子（有馅）

续表 7

日常方言俗语	普通话	日常方言俗语	普通话
中牲	禽畜	猪奴	猪
偷古畜	刺猬	才节	蟋蟀
菜花孟孟	野蜜蜂	香瓜子	向日葵子
斜菜	荠菜	田鸡	青蛙
勿色头	倒霉	肥完	债务
哥个	那个	俚海	这边
过搭	那里	石梗	这样
过海	那边	俚搭	这里
啊搭	哪里	俚个	这个
俄	我	俄俚	我们
能	你	能笃	你们
厚	他	厚笃	他们
脱头落盼	丢三落四	鲎思	恐怕
呒啥	没事儿	毫扫	赶快
勿碍	不要紧	豁边	超出范围
翻嘴	争吵	热昏	说话、做事不靠谱
翻栖	强词夺理	汰手	洗手
推板	很差	扩张	准备
好日	喜庆日	做人家	节约
戟则	镰刀	团近	附近
扎制	牢固	滚水	烧开的水
迪成	特地	小七团	小孩子，有时为贬义
门槛精	精明	作兴	可能
影踪也呒不	事情毫无眉目	舒齐	宽余
海海还还	许许多多	勒杀吊死	不爽气
交交关关	许许多多	张开头	刚才
勿塞头	不幸	激滚	厉害
恶子恶烂	非常恶作	杭尽杭是	很多很多
假乎浪	险些	烈切	烦躁
假胡	马虎	困告	睡觉
扛张	顶真	无啥转出	没有问题
骱门相	不紧张	勿搭架	无牵连
鸭屎臭	不体面	冤家	仇人，亦指亲近之人
老娘家	老人家（指女性）	呒处说哉	不能说的
真生活	吃不准的事	丑螺角	凶狠不讲理之人
要能相信	事情反常，但一定要相信	惑色	心里不痛快

续表 7

日常方言俗语	普通话	日常方言俗语	普通话
勿识哉	不懂的	度死日	混日子
写意来	容易	横浜	不讲理
勿要做啥哉	不同意对方意见	坍充	丢人
缠嘴夹舌	搬弄是非	有限	少
触眼睛	对某事不愿看	七翘八裂	不平整，做事不配合
七更八十调	这也不好，那也不行；意见分歧	着港	事情办妥
俭头	名贵之物；贬义，特指轻佻之人	钝乱	赌气
勒色	垃圾	酌议	同意
泼拉	凶狠	狷忒	热昏，骂人话
邋里邋遢	很脏	七夹八夹	办事过程中受到不相干之事干扰
促客	刁钻	弄事体	制造矛盾
食祭	吃，贬义	俭头勿煞	无啥稀奇

谚语

凤凰方言中有大量谚语。这些谚语来自凤凰群众生产、生活等实践经验的总结，哲理性强，语言简练、生动、形象，对现实生活具有借鉴意义。凤凰农耕气象谚语于 2015 年被列为张家港市非物质文化遗产。

生活谚语

见人挑担不吃力，自己挑担勃勃跌。

吃不穷着不穷，不会算计一世穷。

讨则三年饭，做官无心相。

癞痢头儿子自家的好。

白脚花狸猫，吃则就要跑。

外甥就是狗，吃了就要走。

穷、穷、穷，家里还有三担铜。

常熟人识天，江西人识宝。

夹忙头里膀牵筋。

临临上轿穿耳朵。

聪明面孔笨肚肠。

乡下锣鼓乡下敲，乡下狮子乡下调。

情愿跟讨饭的娘，不愿跟做官的爹。

实要真，问着小猢狲（小孩）。

大不算小牵钻。

冷么冷点风，穷么穷点铜。

丈母娘看女婿，越看越有趣。

不吃端午粽，棉衣不入笼。

眼泪簌落落，两头掉不落。

船头上相骂，船艄上搭话。

道德谚语

横竖横拆牛棚。

做贼偷葱起，赌铜钿叮叮起。

不做中人不做保，一生一世无烦恼。

衙门一管烟，生意六七年，种田万万年。

猪困长肉，人困拆屋。

从小看看，到老一半。

偷了狗还嫌瘦。

歪理十八条，真理只一条。

马屁拍了马脚上。

篱笆扎得紧，野狗钻不进。

肩不能挑担，手不能提篮。

顾了面子，连夹里亦没啦。

宜兴茶壶独出一张嘴。

石子里榨不出油来。

千年不赖，万年不还。

金鱼缸里养仔黑鱼精。

一只碗不响，两只碗叮当。

眼睛生在额角头上。

得放手时且放手，实难留时莫强留。

秧好稻好，娘好囡好。

农事谚语

三月沟底白，青草也会变成麦。

麦过清明，大局已定。

季节不饶人，种田赶时辰。

宁莳隔夜田，勿莳隔夜秧。

种田勿上粪，等于瞎胡混。

万物土中生，高产先抓根。

种子年年选，产量节节高。

土地无偏心，专助勤劳人。

六月不热，五谷不结。

寸麦怕尺水，尺麦怕寸水。

田里庄稼，三分种，七分管。

庄稼一枝花，全靠肥当家。

谷雨前后，种瓜点豆。

寒露割早稻，霜降一齐倒。

西风响，蟹脚痒。

寒露麦黄梅。

天上鲤鱼斑，晒谷勿要翻。

冬压麦根，挑断担绳。

养则三年亏本猪，田里增肥不得知。

种田要种红花草，比则积肥还要好。

气候谚语

上看初二三，下看十六七。

朝看天顶穿，夜看四角宽。

朝怕南风涨，夜怕北云推。

小暑一声雷，仍旧到黄梅。

六月风潮稻像油浇，七月风潮稻像火烧。

白露身不露，寒露脚不露。

南闪大门开，北闪雨要来。

早上雷响中午雨，下午雷响有凉风。

小满里的日头，晒得开石头。

清明断雪，谷雨断霜。

六月初三起个阵，还有七十二个夜夜阵。

日落火烧云，明朝晒煞人。

东北风雨太公。

行则春风有夏雨。

三朝迷露刮西风。

两春夹一冬，无被暖烘烘。

九月南风毒如药，十月南风吹火着。

盐罐返潮，大雨难逃。

春雾雨，夏雾热，秋雾凉，冬雾雪。

干净冬至邋遢年，邋遢冬至干净年。

歇后语 凤凰方言中有大量歇后语，民间称之为“庚语”或“隐语”。这些歇后语风趣、幽默、形象，普遍应用于凤凰群众的日常生活中。

船头上跑马——走投无路

木匠戴枷——自作自受

弄堂里拔木头——直来直去

顶则石臼做戏——吃力不讨好

药里的甘草——少不脱它

沉香烧豆腐——不入味

乌龟吃则萤火虫——肚里透亮

广勺里烧肉——咯笃咯笃

泥菩萨跌勒汤罐里——酥脱

瘌痢头撑伞——无法（发）无天

丫头做阿妈——熟手

额角上搁扁担——头挑

一跤掉进干河里——不识（湿）

烟囱里挂扎勾——吊火

橄榄核垫台脚——活里活落

手臂上跑马——硬气

顶了石头做戏——吃力不讨好

肉骨头敲鼓——昏咚咚

肚皮上贴膏药——服帖

三只手指头拈田螺——稳拿

凤凰特产

凤凰稻 凤凰稻是凤凰山附近长期培育的优质粳稻，谷粒基部有双翼（护颖），似凤凰展翅，故名凤凰稻。《重修常昭合志》中将其列为著名物产。凤凰稻碾成的大米，洁白如珍珠，煮饭烧粥，性黏腻，香软适口，为粳米中的上品，自清代至 20 世纪 50 年代，载誉江南。限于缺乏育种条件，凤凰稻种质资源缺失，于 20 世纪 60 年代失传。凤凰镇水稻栽培仍为农业主导产业。从 60 年代开始，引进水稻优良品种，依托优良的土

凤凰稻（2016 年）

凤凰血糯米（2016 年）

壤、水质，产出的稻米仍为张家港市优质稻米。

凤凰血糯米 又名“呕血糯”“红莲糯”，主产于凤凰山北麓，是名贵的糯稻。清代列为御米。血糯秆、叶、芒、谷皆为紫红色，米粒细长，后半部透明，营养价值高。用血糯米做酒酿，或制酒，颜色黄里透红，味道甜润醇厚，称“喜酒”，是待客佳品。乡间办婚事，用血糯米粉做成的汤圆，称为“喜圆”。用血糯米做的八宝饭、红米酥等名点，色泽鲜艳，香糯可口，已编入菜谱而名扬中外。据《沙洲县志》记载：“凤凰山北麓所产血糯，质量尤为上等。”据《金村小志》记载：“糯米之佳者曰‘落霜青’，曰‘红莲糯’。”因血糯不耐肥，秆长易倒伏，凤凰山北的精舍、石塘、水北等地的农户，一般都将糯米种子串插在滩岸边上，利用边际优势，争取多收。

凤凰血糯米有一个传说。从前，长江边的凤凰山旁有座河阳镇，镇上开了一家河阳酒坊。明朝时，长江里常有倭寇流窜到河阳镇抢劫。河阳酒坊里有杨家弟兄三人带领乡兵在抵御倭寇时牺牲。百姓为了感谢杨家兄弟，就在河阳桥旁造了一座三相公庙。三相公庙周围的田里沉甸甸的糯稻穗都变成了鲜红色。人们就把红色糯稻称为“倭血糯”。若干年后，有位文人认为这个名字不雅，因方言中，倭与鸭同音，就将红色糯稻改名为“鸭血糯”。河阳镇周围的凤凰、西张、港口一带出产的血糯被视为正统鸭血糯。

高庄豆腐干 清乾隆年间（1736—1795），境内南部高庄村村民利用农闲，用手摇的小石磨磨制豆腐，逐渐学会制作豆腐干。咸丰年间（1851—1861），村里有四五家豆腐作坊，都是家庭小作坊，制作工具改进为用人力牵引的大石磨，生产的品种有水豆腐、百叶、油泡、豆腐干。1935 年前后，村里的豆腐小作坊发展到三四十家，那时盛行庙会集市，豆腐干在庙会上受香客欢迎，销售量较大。豆腐小作坊开始对豆腐

高庄豆腐干（菜品）(2014 年)

高庄豆腐干（成品）(2009 年)

油片嵌肉（2016 年）

弄里芹菜（2016 年）

干进行深加工，在注意吸收常熟山前豆腐干制作技术的同时，不断改进，形成了一套独特的制作方法。高庄豆腐干制作精细独特。先是浸泡黄豆，夏天一般三四个小时，冬天 8 个小时；而后煮浆，上榨床，这两道工序要严格控制温度，以确保豆腐干细嫩鲜美。第一次制成的白坯豆腐干需蒸煮半个小时，第二次蒸煮则不少于 2 个小时，同时加入橘皮、茴香、食盐、甘草、桂花等多种调料，而后用黄糖烧煮成的色素上色。经过浸泡、磨豆、滤浆、煮浆、点卤凝固、上榨轻压、包裹成型、回榨重压、剥包、蒸煮、晾干、回锅上色等 12 道工序后，即制作完成。精制而成的高庄豆腐干有厚型、薄型两种，正方形，呈酱红色，质地紧实，香味四溢，味道鲜美，细嫩可口。高庄豆腐干制作技艺于 2008 年被列为张家港市非物质文化遗产。用高庄豆制品油片制成的油片嵌肉、豆腐花等食品也深受凤凰及周边地区人们的喜爱。

弄里芹菜 主产于境内金谷村朱家弄，经世代精心培育，品质优良，曾在上海曹家渡、苏州南门等市场上享有盛名，称“弄里芹菜”，又名“玉芹”。品种有大青种、小青种、红种、麻栗等。弄里芹菜具有嫩茎、白头长、叶柄青、质地脆、香味浓、存放时间久等特点。

相传南宋抗金名将韩世忠与夫人梁红玉驻守在金谷村朱家弄一带。那时，朱家弄还是沼泽地。有一次，韩世忠被金兵困于孤城，军中粮草断绝。梁红玉饮马时，在水田边发现野芹可以食用。军民纷纷挖野水芹充饥，而后士气大振，一举击败了金兵。此后，金谷村朱家弄人便把野芹移植到家种植，并称其为“玉芹”，既有称誉此芹茎白似玉之意，又含纪念抗金名将梁红玉之情。

凤凰菊花酒 凤凰菊花酒是凤凰山地区民间传统饮料，早在南朝时就有记载与传说，到了宋代与明清时期有长足的发展，成为农村民俗节日与待客的主要饮料。凤凰菊花酒的原料是当地生产的糯米、“老来青”粳米和野菊花。其酒碧绿如琼浆、清香扑鼻、味道醇厚，是一种具有地域特色的酒品，具备一定的营养保健价值。酿酒的米按80%的糯米和20%的“老来青”粳米配比，淘洗净，在水中浸泡一夜，阴干后放入蒸桶上灶蒸煮。待米蒸熟后，将粢饭倒在匾子里，用冷水淋拌，使米粒松开，然后放酒药，拌和后装入用开水烫过的酒缸，外面用稻柴包围保暖，使其温度保持在20℃左右，发酵十天半个月后，用清水勾兑，500克糯米做成的原酒兑5千克水，而后覆盖。覆盖几天后，进行第二次发酵，并使其降低温度，两三天后即可开始榨酒。先用篾丝做的长酒笼插入缸中，把酒舀出来，装入酒甏里密封，过十天半个月即可开缸饮用。剩下的酒糟，放入篾丝做成的榨酒篰中榨干。至此，全部酿造工艺完成。凤凰菊花酒制作技艺于2011年被列为张家港市非物质文化遗产。

凤凰菊花酒（2013年）

凤凰桃园鸡 是散养于凤凰镇桃园中的优质鸡，其以桃胶、桃、虫为食。

凤凰绿茶 产于凤凰山东麓凤凰山茶场。凤凰绿茶在施肥、用药、加工等方面按照有机茶生产模式进行管理，实施标准化生产。成品茶质优良，香气清高持久，汤色嫩绿明亮，滋味鲜醇润甘。叶底匀整成朵，外形扁平，色泽翠绿。2002年，凤凰山茶场又引进白茶、福丁大白茶、迎霜、龙井长叶无性系列等良种茶苗20万株，年生产凤凰碧螺春、凤凰白茶、凤凰碧芽、凤凰毫峰、凤凰翠绿等茶叶3800余千克。2008年，凤凰

凤凰桃园鸡（2016 年） 蔡小华 摄

山茶场批量引进安吉白茶良种，针对其适应性要求高的特点，改革栽培技术，创新加工工艺，形成采摘把关、重视萎凋、注重杀青、回潮揉捻、薄摊二青、扬去末子、搓条整形、足干提香的独特工艺流程。凤凰白茶以叶白、脉绿、香郁、味醇独树一帜，氨基酸含量高于普通绿茶 2 ~ 5 倍，味鲜爽不苦涩，深受消费者青睐，为张家港市茶叶新品牌。

凤凰山茶场（2016 年） 陈洪标 摄

凤凰美食

凤凰豆腐 豆腐选用高庄地区出产的大豆，经磨浆、滤浆、烧浆、点卤凝固等流程制作而成。凤凰豆腐因其丰富的营养、鲜美的口味，成为远近闻名的特色美食。

西施糕 传说勾践灭吴后，范蠡辞别只可共患难、不可共富贵的越王勾践，劝说西施同行，在凤凰山下以牧读为业，教习乡人制作糕点，里人以西施而为糕点命名。制作西施糕时，选用凤凰地区出产的优质糯米，先把糯米磨成粉，放入糖，用水调和成干糊状，然后蒸熟、捣黏，在中间放进豆沙，面上铺上红绿果脯丝，再蒸一次。蒸熟后，将其切成菱形块。红色果脯丝代表喜庆，绿色果脯丝代表生儿育女、家族兴旺，甜豆沙代表生活美好、甜美。凤凰西施糕入口绵、糯、香，历来为凤凰地区办喜酒的必备喜庆点心。西施糕制作技艺于2011年被列为张家港市非物质文化遗产。

定胜糕 定胜糕呈淡红色，松软清香，入口甜糯。制作定胜糕时，先将粳米粉、糯米粉放入盛器，加红曲粉、绵白糖和水拌匀，让其

红烧凤凰豆腐（2014年）

凉拌凤凰豆腐（2014年）

西施糕（2009年）

涨发 1 小时，然后将米粉放入模具内，填入馅与桂花糖，摁实，面上用刀刮平，然后连模具一起用旺火蒸 20 分钟左右，至糕面结拢成熟，翻扣在案板上取出，然后一对一上下对叠，即完成。

传说定胜糕是南宋时，百姓为韩家军出征鼓舞将士而特制的，糕上有“定胜”两字，后就被称为“定胜糕”。另传，百姓为祝太平军出兵取得胜利，制作糕点，取名为“定胜糕”。太平天国运动失败后，定胜糕仍然流传下来，百姓为蒙蔽清朝官吏的耳目，将“定胜糕”改名为“定升糕”，还用野茄树的籽壳蘸上红颜色，在糕面上打个印记，暗指“天朝大印”，以纪念太平军。

海棠糕 海棠糕始创于清代，因形似海棠花而得名，甜嫩酥软、清香可口，深受凤凰及周边地区百姓喜爱。制作海棠糕时，首先用水将碱化成碱水，在花生油中倒入水，调和成水油。然后将赤豆、白糖、花生油混合制成豆沙馅心。随后，将猪板油切块并加入白糖，再用冷水将面粉拌和成浆，随后掺入老酵，加适量碱水搅匀。将海棠糕模具放在炉火中烧热，刷上少许水油，将面浆和豆沙倒入并撒些黄瓜丝，烘焙数分钟后，在另一铁板上撒上白糖，并将糕挑出来，面朝铁板，底朝上，等铁板上的白糖渗进去后，再用铁盘将糕翻过来，即完成制作。

拖炉饼 拖炉饼是凤凰及其周边塘桥、杨舍等地区著名的传统风味小吃，以恬庄地区的制作工艺为佳。该饼始创于清道光年间（1821—1850）。制作工艺独特，烘烤时需用上下两只炉锅，下面一个为平底锅，上面一只为倒扣着的锥形锅。烘烤时，先将做好的圆饼排放在平底锅内，用木炭作燃料，用文火烘烤，再将放在火炉上预先加热的锥形锅覆盖在平底锅上。上下同时烘烤平底锅内的圆饼。三四分钟后，将锥形锅拖移开，两面金黄、香气四溢的圆饼即可出锅食用。该饼采用上等白面粉、白糖、净板油（加工过

拖炉饼（2016 年）

的生猪油)、荠菜、芝麻、桂花等为原辅料。口味油而不腻，甜而不黏，清香可口，集酥、甜、松、香于一体，外形饱满，色泽金黄，酥层清晰。因其特别酥松，食用时需将其置于器皿内。1983年，拖炉饼被评为苏州市优质食品。至20世纪末，一些拖炉饼摊点烘烤拖炉饼不再用木炭炉，改用电烤箱。

蒸菜 流行于张家港市凤凰镇、塘桥镇及常熟市一带。凤凰蒸菜始于清代中叶，其选料考究、荤素搭配、营养丰富、鲜美可口。蒸菜主要品种有传统的“老八样”[①]，也有通过创新形成的时新品种。

蒸菜(2016年)

状元红烧肉 据传为唐代状元陆器所创，故名“状元红烧肉”。香甜可口，酥而不腻。制作时，选择偏瘦型的五花肉，洗过后，切成方块，加少许水和一勺料酒，腌制20分钟。随后，将肉放进锅中，加水没过肉，而后大火烧开，撇干油沫。加入一勺料酒和一勺白醋，用小火炖肉，1.5小时后，在锅中加入两勺老抽酱油，待锅中汁水剩余2/3时，再加一勺冰糖，用大火收汁即成。

状元红烧肉(2016年)

榜眼蹄 相传为清代恬庄杨氏家族所创，后因清咸丰年间(1851—1861)，恬庄杨氏家族中杨泗孙考中榜眼，为光耀门庭、扩大影响，故将其称之为“榜眼蹄”。榜眼蹄选用新鲜猪腿肉为原料，制作时加入生抽酱油、老抽酱油、料酒、生姜，经小火慢炖而成，其肉质酥

榜眼蹄(2016年)

① 老八样：熏鱼、蹄髈、草鸡、草鸭、油面筋塞肉、走油肉、三丝、肋条肉。

烂，肥而不腻，鲜美可口，是凤凰及其周边地区人民婚宴、待客宴席里的主菜和压轴菜。

栏杆桥羊肉　二干河开通后，栏杆桥集镇南来北往的客商逐渐增多。为招揽顾客，栏杆桥集镇上的饭店大多在冬春时节烧煮羊肉，延续至今。栏杆桥羊肉一般有白切羊肉和红烧羊肉两种。白切羊肉制作简单，将出锅后的羊肉切成薄片，配上辣酱即可食用。红烧羊肉制作时，先将羊肉切成块，再入锅烧煮，过程中加入料酒、酱油、白糖（或冰糖）、盐、葱、姜、蒜等，烧熟后即可出锅食用。

糯米汤团　凤凰糯米汤团呈圆球状，如荔枝一般大小，寓意团团圆圆，它与北方的元宵相似，又比元宵的个头小。汤团的外层由糯米做成，里层是馅。根据时令、口味，馅的品种很多，芝麻、豆沙、肉、豆腐干等都可以加工成汤团的馅。制作时，先将糯米和粳米按一定比例用水泡一晚上，再晾干，和少许水后，放在机器中碾成白浆，沥干后，将其捏成片，把馅包进去即可开锅煮食。煮熟的汤团散发出清新的米香。

糯米汤团（2016年）

八宝饭　凤凰八宝饭是凤凰人民喜爱的一道节庆美食。据凤凰民间传说，八宝饭来源于古代的八宝图。制作八宝饭时，先将蒸熟的糯米饭拌上糖和猪油，然后放莲子、红枣、金橘脯、桂圆肉、蜜樱桃、蜜冬瓜、薏仁、瓜子仁等果料，再撒上红、绿梅丝，浇上糖卤汁即可制成。

八宝饭（2016年）

恬庄古镇元宵节系列活动（2011 年） 陈洪标 摄

艺文　杂记

凤凰镇境内文人雅士众多，明代、清代、民国时期的文人雅士留下许多诗文、著述。境内清代诗人钱陆灿写的诗歌，骨格苍劲，高旷沉雄，在清初诗坛独树一帜；清末民国初的诗人杨圻（杨云史）著有《江山万里楼诗词钞》，发行海峡两岸。凤凰地区流传的民间传说内容丰富多彩，涉及历史、地理、神话、人物、物产、风俗等，不仅具有较高的文学价值，其中许多内容对于探索与研究凤凰地区的山川变迁和人物掌故，也有着不可忽视的参考价值。凤凰民间传说于2011年被列为张家港市非物质文化遗产。

诗歌

永庆寺

〔宋〕李堪

岩扉开早凉，谷鸟远纷翔。
花气湿幽径，磬声清上方。
云生松涧底，泉落藓池旁。
我有遗荣意，移时坐石床。

凤凰山

〔元〕温革

惯作山林客，聊游戏剧场。
栗花收作烛，柏子采为香。
且放高情适，都无俗事妨。
人间还扰扰，只在扣空王。

游秀峰吊陆状元

〔元〕杨维桢

河阳山色画图开，绝壑悬崖亦壮哉。
华表不闻仙鹤语，醴泉曾引凤凰来。
玉鱼金碗皆黄土，石兽丰碑长绿苔。
独有桓桓邱陇在，秀峰相对读书台。

登凤凰山有感

〔明〕陈基

一望虞山一怅然，楚公曾此将楼船。
间关百战捐躯地，慷慨孤忠骂寇年。
填海欲衔精卫石，驱狼莫借祖龙鞭。
至今父老犹垂泪，花落春城泣杜鹃。

凤山述怀

〔明〕徐恪

家林原在凤山前，绿野茫茫际让川。
直道曾遭展禽黜，知机不似季鹰先。
悠悠往事今何较，落落虚怀我自便。
卧起两峰如濯翠，炉熏聊复对遗编。

陆状元读书台

〔明〕邹武

松窗萝幔傍岩开，山鬼时闻夜诵来。
旧日风光几销歇，青云犹绕读书台。

丘丞相墓

〔明〕松陵道人

丞相坟头草木柔，问他奚姓姓为丘。
生叨宋室台三位，殁瘗河阳土一抔。
世远孙苗谁个是，山荒石兽几枚留。
经年麦饭无人供，惟有寒烟一缕愁。

游河阳山寺

〔清〕钱陆灿

虞山西北让塘河，河上名蓝杖履过。

风雨夜吟龙出涧，杉松朝爽鹤分窠。
碑传忠简斯文在，额记祥符古迹多。
惆怅寺门荒荠合，月明诗鬼唱烟萝。

登河阳绝顶

〔清〕钱朝鼎

不惮披榛径曲盘，书台故址硕人宽。
横奔雪浪鱼龙气，浥酌醴泉冰玉寒。
古庙灵峰飘殿瓦，下方仙梵出林峦。
目穷千里秋涛阔，江北江南行路难。

村居河阳

〔清〕蒋廷锡

避地闻声在，关门俗事稀。
青苔铺石径，紫燕伺柴扉。
如我无交往，凭人有是非。
更谋深处隐，若恨不能飞。

题永庆寺

〔清〕陈帆

岧嶤绀宇凤山隈，石磴荒榛为客开。
庭柏屡经拈颂古，岭松曾伴读书来。
旷怀道侣延望览，极目秋光胜剪裁。
一尽凉蝉吟欲断，晚霞生处重徘徊。

游河阳寺

〔清〕徐肇复

玲珑宝刹瞰崇阿，咫尺诸天是大罗。
法座东林云树古，灵岩西极雨花多。

栴檀香满青狮座，贝叶经缗白马驮。
此日相逢谈密谛，漫挥玉麈道恒河。

古桧

〔清〕赵在公

古物前朝百不存，凛然双桧峙山门。
株横曾被雷霆震，干直宁容雾雨昏。
帝子手栽偏见重，武侯祠植并垂论。
重阴翠叶犹文藻，睹此尤令选帙尊。

游凤凰山次前韵

〔清〕赵在公

山断还需云补坳，崚嶒怪石素心交。
前朝寺圮僧飞锡，远径林疏鸟避巢。
水响空滩知洗钵，烟迷野火混炊庖。
岩花涧草通行路，径入禅关不待敲。

空榕

〔清〕赵在公

奇形磊落布瞿昙，空洞玲珑佛可龛。
力捍风霆雄砥柱，腹藏云物隐峰岚。
荒山剪伐枝犹茂，造化闲抛气尚酣。
莫道散材无匠睨，此中还可贮经函。

河阳春社

〔清〕姚鹤

金鼓喧阗动地来，河阳此日画图开。
峰峦耸翠烟云护，草木含芳雨露培。
倾听紫骝嘶白日，漫窥红袖弄青梅。

消闲独自长松下，坐石看云万事灰。

庚戌仲春归苏台

〔清〕杨圻

夕阳满桃花，春风弄啼鸟。
游子识门巷，归来自海表。
入门鸡犬喧，登堂恐母老。
母健如平昔，儿乃破涕笑。
母命退入房，妻子相持抱。
既见但掠喜，语比家书少。

记河阳山社集

杨无恙

东间仓房塑社神，澶渊功绩数朝臣。
黄尘没脚河阳道，杨柳青旗拂酒人。

丘丞相墓

杨无恙

丘丞宅畔黄梅老，
尺土河阳亦渺然。
却怪铁牛编断简，
不从八景正讹传。

水乡早市[①]

曹乾石

冲过重重雾，
划碎层层波，

① 原载《苏州日报》1981年8月2日第4版。

小船儿满载水鲜货，
踏雾破浪快如梭。
鱼虾的腥味雾里洒，
菱藕的芳香波中浮。
一条条船儿一舱舱货，
好似一个个小店铺。
红鲤鱼、白籽虾，
鲜塘藕，青菱角……
水货卖了买百货，
回家正是太阳出。
鱼家相逢架起橹，
隔船悄悄把话吐，
党的政策像春风，吹得水产丰盛渔家富。

名文

夜游鸷山记

〔明〕杨仪

邑之镇，曰虞山。虞山之北十八里，为凤凰山。山有三峰，若翔凤然；山石又皆鳞鳞东向，翩然凤羽也，故名。又西北二里，有小山，曰鸷山。土人恶其名，更其文为志。然其地僻而远，名又不显，吴人未尝游焉。

余每见弃于世，游于陈墩古塘之间。有君子曰王元予，既筑二圃，招予观之，时为六月九日。憩于独醒之堂，觞于来吟之阁，虽畏日炽烈，跬步不可出户庭，而林外诸山，若向若背，若远若近，跂而望之，皆见其脊，恨无由至也。既而炎阳西飞，流浆少晞，出林而望之，四面之山，皆巷翠可掬，然惟所谓鸷山者，近而可游。时则日已西入，新月在天，遂谋登焉。

始入天台寺，出其西林，则苍松千章，修竹万竿。茗瓯既行，烦襟稍开。乃东出寺后，百步皆从筱灌木，夹道如堵。忽有大石如削，负土而出，岩之上，又有盘石覆之，势将倾堕，景甚奇也。余自披蒙茸而升大石，恍然爽朗，向之僧舍，忽在下方，乃始有遗世独举之兴焉！

又东南行，有孤桐出石下，石之大可坐三人，余二人者，与上洋诗人姚尚纲，适充其数。守僧因欲广其地而覆之以亭，题曰“三子”，事虽未行，而其意之郑重好文，已略见矣。

历东百步，旁道有石，南向而立，高丈余，左右各有一石，拱之若屏焉。又过峻岭而东，崇石夹道，迂回曲折，若阶蹬然。又北，则为深谷。大石丰积，如虎如象，奔踞左右，雷轰而龙腾，云拥而凤跱矣，突怒偃蹇，其状万变，盖耳目有不暇应接者矣。援石而登，且数仞，是为龙虎洞，洞口之石，皆绝壁凌空，无容足焉。下石而行，回视洞口，而明月适当两崖之中。

又率二子从北取道，登崖而望，由是瘦石奇云，佳木美箭，远而江山之丽，近而土田之饶，凡为吾目力之所及者，可尽有之。四际寥廓，夜寂人绝。浩歌发而清风来，烦暑尽而愠心解。乃相率歌咏而归，作《夜游鹫山记》。是岁，正德四年也。

王鈇、钱泮殉难记[①]

〔明〕文徵明

嘉靖三十四年夏，东夷日本为寇海上，深入姑苏，尽掠金帛财物，载以巨艘数十，连艘而进，以逼常熟。知县王公鈇，历气□登城，约士大夫分门以守。参政钱公泮守虞山门，相与并力，昼夜戒严。贼至城下，往来震撼，不能犯。遽掉舟而西。王公夜就钱公谋，相与率兵逐贼。比晓，踊跃出城，至湖，则贼已得风收船入港矣。贼闻追兵且至，则拥众据险，分其党绕出官军后。二公知事急，即督兵布阵，奋勇先登，交战良久，为贼所乘，俱死。时五月二十四日也。贼虞救兵至，遂皆夜驱舟出海洋东去。于是巡抚都御史周公琉、巡按御史周公如斗、金公浙、徐公槭先后以其事闻。天子悯然，为之降旨褒悼，赠鈇太仆寺子卿，泮先禄寺卿，各赐祭一坛，荫子锦衣卫，世袭百户，俾有司立祠享祀，额名褒忠。时河中冯侯来知县事，倡义捐俸银若干，查处无碍官银若干，市材庀徒，勒日举事。邑人朱寅闻之，遂献所置城西隙地助成公举。冯侯赏其义，因令鸠工董役，自某月日

① 原载丁祖荫纂《重修常昭合志》，上海社会科学出版社，2002 年。

经始，某月日而祠成。中为堂三间，左右翼为两庑，前为中门，转而东为外门。庖湢既备，垣茨既饬，侯乃诹日治祭。具率阖邑缙绅士庶，奉二公神主于祠，以安以侑，而祗事焉。王公，东阳人，庚戌进士。钱公，乙未进士，累宦江西布政司参政。

水利说

〔清〕钱陆灿

奚浦在县北，南通浪澄塘，北通扬子江，亦盖泄之一道。阜成门（常熟城西门）外，循虞山而西，山塘泾也。由湖桥塘绕出小山之西北，墅塘在焉。桥西北接浪澄塘、河阳塘，其水由三丈浦、奚浦、黄泗浦、蔡浦分流入江。而富王塘、让塘、严塘、涸渎互流相贯，蔡浦之西。壤接江阴矣。尚湖之西，接张墓塘、大河塘、官禄塘。在其北，水道入江阴界，在其西，水道入无锡界，而冶塘、横塘则其支也。邑西北之水大略如此。

本县地势，东北滨海，正北、西北滨江……福山港、西阳港、奚浦、三丈浦、黄泗港、新庄港、界泾等港口，皆江水也。江潮最胜者，及于城下。县治正西、西南、东南三面而下东北，而注之海，注之江者，皆湖水也。此常熟水利之大径也。太湖水清、灌田田肥；江水浑，灌田田瘦。其来有时，其去有候，来之时虽高于湖水，而去则泯然矣。乃正正、西北、东北一带之小民，第知有江海而不能有湖，水思浚深各河，取湖水夫穷之利；第计略通江口，待命于潮水之。当潮之来也，各为小坝留之，塑望汛大水盛则争取焉，逾期汛小水微，则坐而待之会，不思县掌一带享湖水之利者，无日无夜无时而不可灌其田也。夫江小宁惟利小，抑且害大，彼其浮沙日至，则河易淤，来去冲刷。则岸易崩，往往浚未几而塞随之矣……欲求水利而祛其害，宜如何？曰：治江大小港浦淤浅者，随急缓浚之。浚之时，必于港口筑坝，浚毕而坝不决，则湖水不出，而江水不入，清浊判于一堤，利害悬于霄壤，而此河亦永无劳再浚，何也？县以南凡用湖水者，未闻有塞河也，此不待大智而后见也。独无良之民，偷坝兴谣为可虞耳。然此亦论其常耳。若大旱之年，湖水竭，江水盛；大涝之年，江水低，湖水高，不妨决坝以济之，则坝亦不得留矣。福山港小坝正坐之弊。吁！安得并举干、枝而成此悠远之利也。

以水利用湖不用江为第一良法，此不易之论也。惟北境高区，不得不待济于江潮。目今浦之未塞者，若大小陈浦、奚浦、三丈浦，谊宜各建闸于浦口，而绾毂于港口以为节宣，仍徐疏其横河小港以为上浜，则九区、十一区、十三区田庄、鹿苑之旱可济矣。若黄泗浦、新庄港各建闸于浦口，而绾毂于严塘口以为节宣，仍徐疏其横河小港以为上浜，则十区、八区庆安、邵舍之旱可济矣。知浚河而不知建闸，是昧于盖泄之道者口。知河道之宜闸而不知田功，又恃坝堰塘岸为命，大抵高可，凡有枝河，处处为上浜，如徐塘、沙堰俱筑坝一层；官禄塘至筑坝三层；石塘、杨木塘、乌市河等，皆两头坝断，宁甘踀水，禁不通行，彼视田禾之利溥而通舟之利约也，此高乡之急务也。

重修河阳山永庆寺记

〔清〕钱朝鼎

河阳山距县西北四十里，右首左尾，南北麓若张翅，俗名凤凰山。寺踞其颔，即志所称永庆寺也。创自梁大同二年，寺基舍自陆侍御孝本。宋政和四年改名大福寺，祥符元年仍赐今名。相传有肉身菩萨泛海而来，僧徒迎置寺内，寺成，即于坐地自埋，如禅定然，其徒固以胶漆，奉以香火。寺屡兴屡废，元以前不可考。明洪武间兵毁，正统九年再造。嘉靖庚子徐司空恪修。万历庚子萧副使应宫、家侍御从祖讳岱重修。递今六十余年，廊庑旅荆，阶址穴兔，败甓朽木与佛像相支拄，风雨之辰，有声拉然，行者缩步。里中耆老共嗟胜地不可久淹，谋所以修葺之法，咸谓此寺废不复举，只以应教各立门户，各利其事，各治其私室。各利其事，则视斋堂钟鼓为分外之具；各治其私室，则视殿庭圮废如越人之髦、瞽者之鉴，非惟分外，又从而仇之。主者嬉其倾圮，施者坚其悭吝，即有时偶意营筑，而稗贩如来猎檀信之赀，恣其干没。今欲鼎新栋宇，非改应为禅不可。于是请朗月和尚住持其事，而吾母太恭人捐金五百，其余檀信亦乐助有差。庀材鸠庸，逾年而大殿成。副以回廊，棼缭绕带。缮庋经之楼。大殿葺银一千三百两，建地藏殿、僧寮以间计者。建地藏殿五百四十两，重建弥勒殿二百两，塑佛杂用银八百两。拓寺旁之基、种菜之圃以亩计者。庖湢阶除，缮治以次。念兴复之因与架构之力，欲余记其岁月，传之永久。余维天下之事，莫不败于私而成于公。然有公者，有公公者，有公其公而成，公其公而不成，不公其公而乃成者。褒城之书驿也，室败器糜，沼浅舟覆，朝至暮去，不复顾惜，公其公者之过也；浮屠之建塔庙也，摩顶捐踵，穿膝行乞，未成庀治之不惜肝脑，既成，捍卫之不啻头目，不公其公者之功也。河阳寺以改教废，以复禅兴，今钟鱼梵呗，朝暮泠泠，与樵歌渔唱互答于江干，寂寞之乡而翚飞鸟跂，朱甍雕与庙柏邱榕干霄丽日。朗公为兹寺干城，不公其公，屹有成迹，不徒应教之愧，亦吾党之所逊心也。寺修于顺治丁酉，越四年，庚子落成，又二年，康熙壬寅余为之记。

康熙元年岁次壬寅菊月谷旦　邑人钱朝鼎撰

《永庆寺志》原序

〔清〕钱陆灿

《永庆寺志》董成，朗月智和尚遣其门人慧达问序于余。余喟然叹曰：“滋余愧也夫。余河阳里人也，少而读书于此寺中，长而先后谒金仙、豁堂、云汉、大圆诸老，问道于此寺中；寺之圮而复修也，朗公一人之力是恃，余以笔墨口舌唱导邪许，财施无闻焉。今老矣，执笔序之，滋余愧也夫。”

先是余有《河阳怀古》诗数廿首，携至京师，山左亡友、宋大参荔裳书其上曰：“有关邑乘当存之。”其小序略曰：河阳山即志所谓凤凰山。山之北负海，有宫保牧斋之祖茔，《初学集·河阳上塚诗》是也。而先祖仍云、先君荩侯府君墓，相去仅百许步。山之西，余外祖工部尚书徐公讳恪之旧第，里中称鸷山徐，故不入河阳界，惟工部墓直其南。山之东河阳里置市焉，余家祖父遗宅也。山之隋山曰崇德山，俗称箬帽山，一称小山。志云：“晋夏处士统有宅其上。”今不可考。山已割为里中人资养地。迤而南为坊基，故宋榷酒处，即余诗所谓“春风欲泼檀槽响，怕有刘伶抱券来”者是也。工部墓旁发一石碑，志云：“陆状元妾李氏十三娘。”皆见余诗。坊基又南而东为让塘桥，先高祖光禄云江公讳某，以江右大参外艰里居，值倭寇吾邑，与县令王公鈇御之，转战没于此，皆山之境内三四里而近。其山之西麓，佳城郁葱哉，则吾弟黍谷尚书郎之祖墓也。案旧志，山上有陆状元器读书台，有醴泉井，有秀峰石，里人指点，灭没疑似间尔。陈学士、姚参军、邱少监墓在其间，今皆不可考。学士者，陈基敬初也。其集中有“居在河阳里”，是即吾里之居也。敬初流连幕府，入明，预修元史，读其诗，有填海驱狼之感。老死荒山，垒垒土中，不惟樵牧不辨，即里之学人亦无复有举其姓氏者，此尤余诗之所叹惋也。其序略如此。此诗之作，盖中丞黍谷守部时，故前结衔如此，亦在朗公未修寺之前，故余于寺诗二十韵，凡三致太息焉。朗公之修寺也，出于檀越之佽助者十之三，出于领徒匡众之力作者十之七。以某年月日放写其旧殿屋，屋之梁镌初造人名，阅之，即朗公名也。是日，里人大和会，炷香荷畚相与惊顾，叹诧朗公乘愿再来。而山寺之废兴，其因缘时节如此，具载本寺寺碑中，不具列。今朗公老且病，其汲汲于修寺志之成，非欲以传其一人之名于后，亦以冀后之人知此寺之为此山之重镇，而邑志之所不可略，如宋大参之书余于诗者云。然抑余之特重朗公者三：投袂而起，辛苦支柱三四十年，转废为兴，修寺之溃于成，其一也；余门人吴秀才烈，字仲武，学佛人也，与朗公为方外交。秀才无子，殁，止一女。女嫁余子蜚鲲。朗公为葬秀才于兹山之西，俾余子主其祭，不死其友，其二也；朗公受记别于云汉和尚，云汉全身塔在三峰，朗公别筑衣钵塔于此山，而请余为其碑文，不死其师，此其三也。此三者，已足不朽朗公矣。朗公以此寺重此山，故其为志也，凡有关系于此山者，皆命慧达按旧摭新而录也。则余亦将追理前数诗，以附此志。

先为序以贻之。

康熙二十二年二月朔吉 里人黄山法子铁牛居士钱陆灿 法名道灿撰

耐翁居士程嵋书

虞山杨氏宗祠碑记

〔清〕梁同书

赐进士出身、诰授奉直大夫、日讲官起居注、翰林院侍讲、钱唐梁同书撰并书

《礼·大传》：明亲亲，为人道之大。亲亲故尊祖，尊祖故敬宗，敬宗故收族。推而极之，百志成礼俗刑，此固为有天下国家者言之。而反古复始，不忘其所自生，其义则通乎上下。后世宗祠之设，果作之而有经，引之而勿替，亦所谓观于乡而知王道之易易也。顾汉唐以来，士大夫无复世爵世禄之典，宗法庙制，以古准今，往往有扞格不相入者，况乎迁地靡常，托迹亦异，缘义制礼，夫岂易言？然而仁人孝子之用心，惟是致其敬，发其情，竭力从事，以报其亲，不敢弗尽而已。虞山杨元峰岱，系本南阳叶氏，自宋石林少师以名位显，世居吴兴，十九传至敬桥公，由吴兴迁青浦。孙德贤字孔璋者，嗣于杨，始迁虞山，称恬庄杨氏，是为元峰曾祖。孔璋之长子廷，字伟公，有丈夫子三人，俭勤于家，辑和于兄弟，力田读书，日隆隆起，始议建祠以妥其先。乃相继即世，事未克集。其季继祖，字兆昌，元峰之

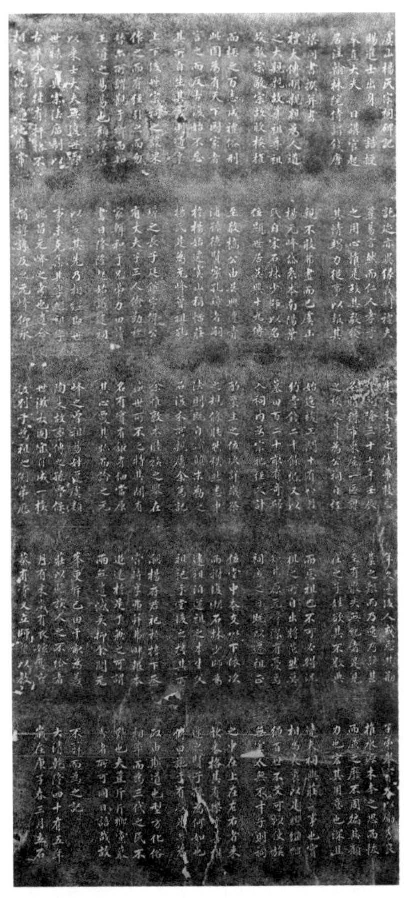

《虞山杨氏宗祠碑记》(2014年)

龚晓东 摄

考也，遗命犹谆谆及之。元峰仰承先人未竟之绪，弗敢忘，于乾隆三十七年壬辰冬，购得市东屋一区，谋之族人，葺为公祠，自经始迄竣工，阅十有八月，约费钱二千余缗；又以墓田百二十亩有奇，归入祠内，为宗祀经久计。酌栗主之位次，详岁祭之规条，肫然秩然，悉中法则。既自识颠末勒之石，复介所亲，属余为记。余惟敦本睦族之举，在盛世所不乏，特其间有名有实，有巨有细，当原其心，核其迹而论之。元峰之曾祖，易姓迁虞，类陶朱故事，传之孙曾，保世滋大，固宜自成一族。援别子为祖之例，第历年久远，后人或忘其创业之艰，而乃逸乃谚，甚至有散失无纪者，是见在之子姓，欲其不数典而忘祖，已不可必得，况祖之所自出，将茫然莫知其原，元峰深有忧焉。祠成之日，既以迁祖正位堂中，本支以下，依次而祔，复溯石林少师为远祖，洎迁祖之本生父祖，祀于堂后之楼，其所嗣杨府君，祀于楼下。烝尝时享，弗并弗畔，报本追源，于是乎兼之，可谓两无遗憾矣。抑余闻元峰更斥己田千亩为义庄，以赡族人之不给者，月有米，岁有衣，嫁娶丧葬有资，又立师塾以教子弟，举膏火以励秀良，推水源木本之思而恢而广之，靡不周遍，其愿力也宏，其用意也深且远。夫祠与庄，二事也，实相为表里，以是继继绳绳，百世不乂，可以使族无窭人，无不才子，则祠之中在上、在左右者，来歆来格，其有乐乎？“善继述”之贤子孙，为何如也。《传》曰：施于有政，是亦为政。由斯道也，型方化俗，相率而为三代之民，不难也，夫岂斤斤乡党慕义者所可同日语哉？故不辞而为之记。

大清乾隆四十有五年，岁在庚子春三月立石，江阴孔尧山刻，迁虞山七世孙英彝、英类校梓

常熟杨氏义庄碑记

〔清〕王文治

义庄之建，肇始于宋范文正公，近时，云间张氏、浔阳陶氏、锡山华氏，或踵而行之。偶谓有宋至今，世家巨族不知凡几，谁无敦本睦族之恩？而克建义庄者仅此落三四族而已。盖此事有数难焉：创始难，善后更难，协谋难，专任尤难。人事不能无迁移，资财不能无盈绌，众心不能无彼此，法度不能无流弊。欲建此一永久之举，以一日而一虑及千百年，以一人而瞻及千百人，非厚德鸿才，未克胜其任也。常熟杨氏，系宋少师业石林公之裔，至明季，而孔璋公为杨氏后，始迁于常熟之田庄，族口以繁。顾六传而家祠未建，盖创始之难，往往然矣。司理君名岱者，迁常熟之四世孙也，乾隆三十八年癸巳仲春，始承先志肇建家祠，族中长幼，或佽其费，或分其劳，期年而功成。归安叶

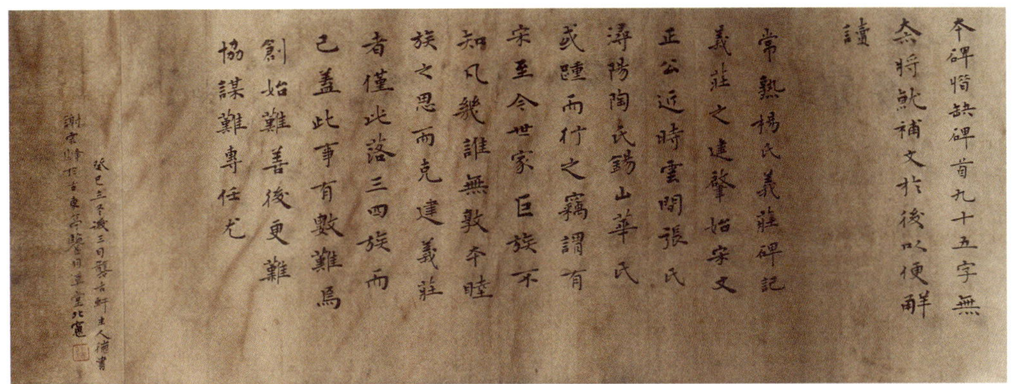

本碑脩缺碑首九十五字無
忝將就補文於後以便群
讀
常熟楊氏義莊碑記
義莊之建肇始宋文
正公近時雲間張氏
潯陽陶氏錫山華氏
或踵而行之竊謂有
宋至今世家巨族不
知凡幾誰無敦本睦
族之思而克建義莊
者僅此落三四族而
已蓋此事有數難焉
創始難善後更難
協謀難專任尤

《恬庄杨氏义庄碑记》残件（2014 年）　　龚晓东　摄

氏为之记，于修建始末特详，君复自撰《建祠纪略》，规制釐然，可世世法也。然君之意以为家祠与义庄，先人易质时俱谆谆焉，家祠建而义庄未兴，先人美志尚其未竟乎。四十三年秋，复重以母夫人之命，将祖业分授，及累年自于此，知君之笃于仁、勇于义，而其才其识足以副之，故成之速而制之周如此。文治为蒋相国文恪公主礼闱，所得士文恪匹子香严太守，与君为至戚。太守道君生平行谊甚悉，其品诣之修洁、文藻之博瞻，度越流辈，盖根本茂盛而枝叶自华，又无烦治之缕述云。

乾隆四十五年岁次庚子夏六月

赐进士及第前翰林院侍读署日讲起居注官云南临安府知府丹徒王文治撰并书

孔璋公为杨氏后，在朋季，而迁常熟则在康熙九年承启至言可证

道光六年，奉直支奉改房英彝录碑付梓并识，英类校

旌表孝行杨君家传

〔清〕阮元

仪征阮元撰　归安姚文田书

君讳岱，字元峰，号守默。其先世出湖州石林叶氏，曾祖德贤抚于杨，遂姓杨，常熟人也。祖廷铕，父继祖，国子生，皆赠奉直大夫。君生有至性，及长，以父病，遂弃举业，精岐黄。父患口痈，君为进饮食，必亲举匙纳之。既卒，毁几灭性。君生平尤乐为善举，凡建宗祠一、丙舍三、族姓义塾一、里中义塾一、义庄一，置义田一千二百亩有奇、书田一千亩有奇、义冢四、里中石堤一、石桥六、竣河一，其他以遗产让寡嫂，济鳏寡孤独，倡众出粟振恤，为母寿以减佃户之租，不可枚举。尝语人曰：“天地生财，

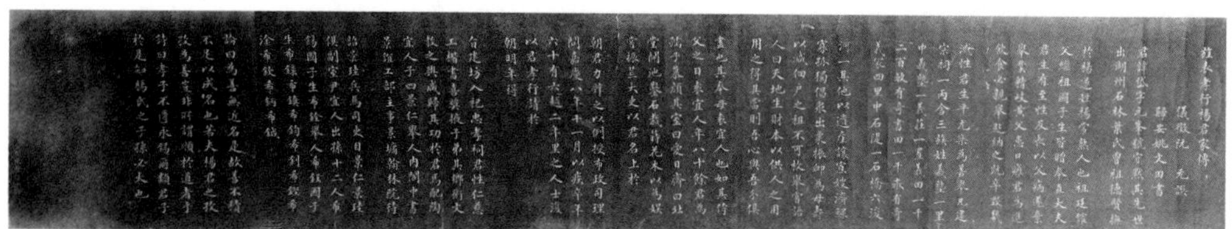

《旌表孝行杨君家传》(2014 年) 龚晓东 摄

本以供人之用，用之得其当，则吾心与吾分俱尽也。”其奉母袁宜人也，如其侍父之日。袁宜人年八十余，君为孺子慕，颜其室曰“爱日斋”，曰“北堂”，开池凿石，栽莳花木，以为娱。尝赈荒，大吏以君名上于朝，君力辞之，以例授布政司理问。嘉庆八年十一月以疾卒，年六十有六。越二年，里之人士复以君孝行请于朝，明年得旨建坊，入祀忠孝祠。君性仁慈，工楷书，喜奖掖子弟，其乡术文教之兴，咸归其功于君焉。配陶宜人。子四：景仁，举人，内阁中书，官至员外；景谊，工部主事；景墉，翰林院待诏；景珪，兵马司吏目。景仁、景珪俱副室尹宜人出。孙十二人：希锡，国子生；希铨，举人；希钰，国子生；希录；希镇；希钧；希钊；希铿；希淦；希钦；希銿；希钺。

论曰：为善无近名。是故善不积不足以成名也。若夫杨君之孜孜为善，岂非所谓顺于道者乎？《诗》曰：“孝子不匮，永锡尔类。”君子于是知杨氏之子孙必大也。

道光十一年春，从曾孙英类然石刻录出，加注体样。

恬庄小识·序

〔清〕张大镛

夫人能于根本之地，讲求敦厚，未有不昌大其宗，驯至乡里，观感风俗淳茂者。此其感应之理，盖甚速也。恬庄在吾邑为西鄙地，向无闻者。余年二十二岁，随先大夫告养归里，闻业师翁紫书先生数称其地杨元峰公之富而好礼，遂心识之。乾隆壬子，蒋君宗文举于其乡，是为恬庄科名之始。阅数年，戊午，杨比部静岩复举京兆，即元峰公长子也。自是而杨氏科名至今不绝，巍然称望族。并其地文风蔚起，人才辈出，近遂为西乡一巨镇，而皆自元峰公惇行睦族，创导先之，诚所谓熏其德而善良者与！本年十月，公族孙谧飞以所撰《恬庄小识》问叙于余，余览其所编，二十一门条理井井，而于惇本旌善之道，尤谆切致意。然则杨氏之科名，殆将比前益盛。顾科名亦何足以重人，仍视其人之自立何如耳！即如《识》中所载黄泗浦巡检、贵州李恭勤公，何尝以科名显？乃当日扬历中外、勋业照人耳目，膺九重特达之知，成千古非常之遇，其视巍科起阶而身败名裂者，贤不肖何如哉！大君子所临之地，官无大小，凡有设施，皆留遗爱。恭勤于兹邑，或更有遗闻佚事，搜辑未备，愿谥飞补辑之，庶几此《识》益以人重，而不仅与支川、徐市各小志并称已也。道光十七年仲冬朔，同里张大镛叙。

恬庄小识·识

〔清〕杨希濴

前明奚浦钱氏创田庄市，为收田租之庄，一小聚落也。迨之国朝，常熟有四大镇：东为梅李、为芝塘，南为唐墅，西为恬庄。自杨氏买邻，俗尚恬懋，乃易今名。钱氏家奚浦，识恬庄者，无庸强假钱氏也。恬庄惟奚浦塘为最古，其次集福、长寿两庵殆昉元明，亦为旧物。若人材，则自国初始兴，人杰地灵，无文奚征。我儿英彝、英类曾仿支溪、徐市各小志，辑《恬庄小识》，俱未之竟。家太守希铨在籍时，尝以此《识》从臾之。太守转以相属，诺之而未果。希濴生于西鄙，老于南城。既以外亲启衅，悍妇毁家，暂还旧她，不意所托匪人，恒产几尽，更致失所。岁月坐荒，补辑属稿，视两儿较详。而三长抱疚，聊为太守践久要，并为后贤效荛献。内附录希濴者，尚有宅在镇西街，不敢自外于恬庄云。道光十七年春杨希濴识。

新修永庆寺文昌阁记

〔清〕杨希钰

惟天阴骘下民，相协厥居，彝伦攸叙，而忠孝实为大端。文昌帝君主人间禄籍，化书称其在周为张仲所为。张仲，孝友者也，而方叔出征引以为重，是其平日必以忠义相砥砺，临事复以敌忾相敦勉，诗人所以特咏之。阴骘文称，一十七世士大夫身，其立德立言立功，即此可想见一二矣。无如世之求登禄籍者，未能恪遵帝训，于事君事亲之大，不克自尽，徒鳃鳃焉。陈俎豆，饰楹桷，以祈默佑，庸能格乎？若谓崇建庙宇，有裨形势，可以振文风、开文运，岂曰不然；然亦在诸文士劝学以治其业，饬行以端其本，庶几仰邀帝鉴，人杰地灵，而文运与文风转移日盛耳。常邑凤凰山麓永庆寺东偏，嘉庆年间里人易君万禄倡建文昌阁，岁久倾圮，易君秉钧等承先志，醵众钱新之。始事道光二十五年夏，竣工二十六年夏。葛君缦华属余记其岁月。余溯新阁建后，西乡掇巍科、取高第者接踵，论者率归之祷祀之虔，形势之胜，余意谓不尽然也。因为揭圣训阴骘之原，表圣德彝伦之大，而微窥之神人感应之际，以与乡人共率循焉。书曰："民之所

《新修永庆寺文昌阁记》(2008年)

欲，天必从之。”天爵修而人爵从，实人修而天从之也。若夫供祀事，礼也；葺祠宇而不敢废，亦礼也。而在易君举之，勤前人功而引之勿替，是亦孝之一端也夫。

道光二十七年仲春朔，里人杨希钰敬撰。

翁同龢书赠缪氏的两副楹联

一

玉函宝方何用读；天书云篆谁所铭。

二

传仲素医经利人济物；秉豫公家训睦族敦宗。

唐塑罗汉记　辛巳重午日作

张树铭

邑西河阳山永庆寺大殿唐塑罗汉，相传为杨惠子手笔，但隐于乡僻，无人提倡，以致没没无闻。民国初年，寺僧澈尘邀余往游，始得一见。其法相精神及遍身衣裥，非寻常凡手所能望其项背。角直罗汉为日人刮目，遂轰动一时，但该处真迹只剩三尊，其余皆后人所补。此间二十尊，竟完好无阙，且梵王帝释亦一手所成，真不易多得之古迹也。今岁重游旧地，邂逅一钱姓塑工，曾经参与角直修饰装塑工作者，据称与此间所作章法如一，同为惠子手泽无疑也。爰识其成迹，以补寺志之阙。

按，本寺大殿主佛及海岛慈航皆朗公中兴时所造，像法平平。而阿难、迦叶庄严特异，想亦名手所作，但与罗汉则不侔，何人所造已不可考矣。

著作

《恬庄小识》 《恬庄小识》起初由杨希溹之子杨英彝、杨英类参照支溪、徐市小志编纂，因兄弟俩均英年早逝而未果。后杨希溹在二子所编初稿的基础上，详加补辑，重新整合，于道光十七年（1837）刊刻印行。清代内阁中书、侍读大学士张大镛为《恬庄小识》作序。书前有杨希溹自序。全书分 21 个类目。其中，“疆域”“河梁”两个类目主要介绍恬庄的方位四至、沿革归属、街道巷门、河流桥梁，文中较为详细地对奚浦塘从宋代到清代的多次疏浚进行记述。“公所”“义局”两个类目主要记载镇内乡约所、恬庄汛、社仓以及义井、义冢、义塾、义庄等公共公益设施。书中记述了黄泗浦巡检司的设置时间、兵员配备、职能变化、俸银待遇，还列出 24 名巡检司官员名单，弥补了县志记载之不足。对杨氏所设置的义塾、义冢、义庄记述详尽，如实反映了杨氏在地方上的善行义举。“孝义”“科名”“职官”“封赠”“耆硕”“著述”“艺学”“游寓”“列女”“方外”10 个类目，主要介绍恬庄的各类人物。“坊表”类目记述了恬庄的 9 座牌坊，均为旌表节孝、义行而建，其中一座在常熟城内。“园宅”类目记述了钱、杨、葛、陈、蒋、邹、黄等姓氏著名人士的住宅和园林。“庙宇”“祠祀”“冢墓”3 个类目主要记载恬庄镇的 11 座庙宇道院、15 所祠堂、31 座名人墓葬。“杂记”类目记载了恬庄的科名、文会、石刻、藏板、逸闻等内容。“集文”类目是全书最大的类目，篇幅约占全书 2/3，几乎囊括了明清以来恬庄的所有重要的序、记、说、传、诗、书、录、跋、条规等，其中不乏名家手笔。

《恬庄小识》书影（2016 年）

《永庆寺志》 清康熙年间（1662—1722），钱陆灿、钱朝鼎初撰，未刊刻，辗转抄录，讹误很多。至 1936

年，由常熟人张树铭补辑，仍为手抄本，收藏于常熟图书馆。该志分卷首、卷上、卷下三部分，卷首前有钱陆灿的原序以及叶桐禅的《永庆寺续修志序》。志末附跋。卷首有藏海寺僧戒非和张树铭的序文及例言。例言阐述了补辑《永庆寺志》的原则。卷上介绍了永庆寺建置、寺基、基形、禅系、寺产情况。卷下介绍了永庆寺所在河阳山的风景并收录了一些名家的题咏。杂记收录了一些与永庆寺相关的文献资料，包括钱陆灿等人邀请研究内典颇有心得的名家张有誉到永庆寺讲经的来往信函、张有誉的《河阳山永庆寺改教为禅修建佛殿募缘疏》、杨希铨的《新修永庆寺文昌阁碑记》、张树铭的《唐塑罗汉记》等。附录简单介绍了永庆寺附属大生、泳莲、大树、白衣四庵的情况。

《中国·河阳山歌集》 由中共张家港市委宣传部、张家港市文化艺术界联合会、张家港市文化广播电视管理局编写，2006 年由华东师范大学出版社出版。全书 103 万余字，3.5 万多行，收录山歌 1019 首，正文由四句头山歌、短山歌、大山歌和长山歌等四卷组成，第五卷编录曲谱 51 首，附录包括序、概述、收集整理河阳山歌的文化工作者介绍、河阳山地区方言简释等八部分内容。《中国·河阳山歌集》的出版发行为河阳山歌的进一步保护、传承打下扎实基础。

《中国·河阳宝卷集》 由中共张家港市委宣传部、张家港市文化艺术界联合会、张家港市文化广播电视管理局编写，2007 年由上海文化出版社出版。编写过程中，编辑人员从征集到的 728 个宝卷卷本中遴选出 163 种，一一进行仔细的校勘、标点、注释，而后汇编成集，共计“道佛叙事本”40 篇，“民间传说故事本”96 篇，“道佛经义仪式本”27 篇。

《张家港文化品牌丛书·河阳情》 梁一波主编，江苏美术出版社于 2009 年出版。该书是对河阳文化的一次系统梳理和总结，重在体现河阳文化的三大特点，包括“崇礼好学、文风蔚然”“爱国敬孝、造福桑梓”“桃花故乡、吴歌摇篮”三个部分。该书在拥有先前大量史实和事实材料佐证的基础上，对河阳文化进一步进行细化和提炼，深化河阳文化的内涵及精髓，并对原先一些有争议的文化问题进行考证和重新界定。

《恬庄杨氏》 杨以堉编著，自 2005 年开始编写，历时三年多成稿，增删数次后，于 2013 年由上海社会科学院出版社出版。全书计 25 万字，共分图片集锦、恬庄杨氏、家传碑刻（部分）三部分，其中主体部分“恬庄杨氏”又分为虞西古镇、长弄堂、恬庄杨氏、恬庄杨孝子 4 个章节，对恬庄古镇及杨氏族群在古镇生活的风土人情、生活习俗、民间风尚、地域风貌、宅邸归属、斋轩名号及杨氏几代人的义举进行了较为翔实的描述，是继清道光杨希溁所著《恬庄小识》后又一部反映恬庄地域文化的书籍。作者杨以堉（荫培），系恬庄杨氏九世孙，属“以”字辈，出生于恬庄北宅敦本堂。杨以堉爱好书法，自学钻研，从事美术设计工作，获高级工艺美术师职称，作品曾在 20 世纪 90 年代 4 次获得上海及华东地区优秀设计奖。

《恬庄杨氏》书影（2016 年）

《永庆寺志笺注》《永庆寺志笺注》是对《永庆寺志》的校注，原稿载于《张家港文史》（第 34 辑），由徐自强笺注。原为张家港市政协十一届四次会议代表所用内部资料。2015 年，作者再次作了修改、补充，由广陵书社出版。新书仍用原书名。《永庆寺志笺注》以《张家港旧志汇编·永庆寺志》的版本为底本，以广陵书社出版的《中国佛寺志丛刊》（第 43 册）中的《永庆寺志》手抄本校汇编本，不同之处一一作校记。《永庆寺志笺注》增加了附录。附录共分五部分。附录一为“永庆寺大事记”，附录二为“二十世纪九十年代复建永庆寺有

《永庆寺志笺注》书影（2016 年）

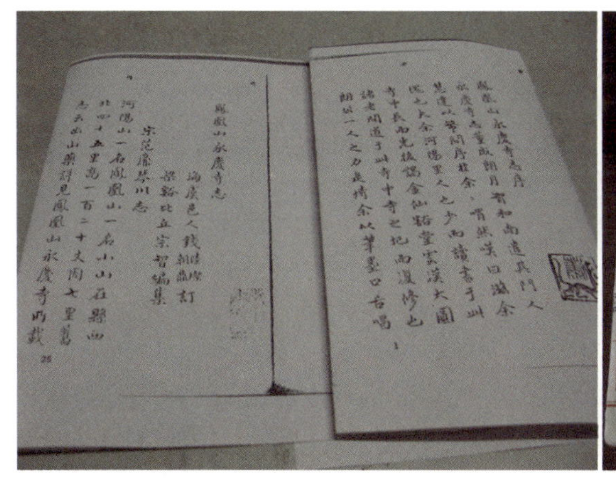
清康熙《凤凰山永庆寺志》手抄本书影（2016 年）

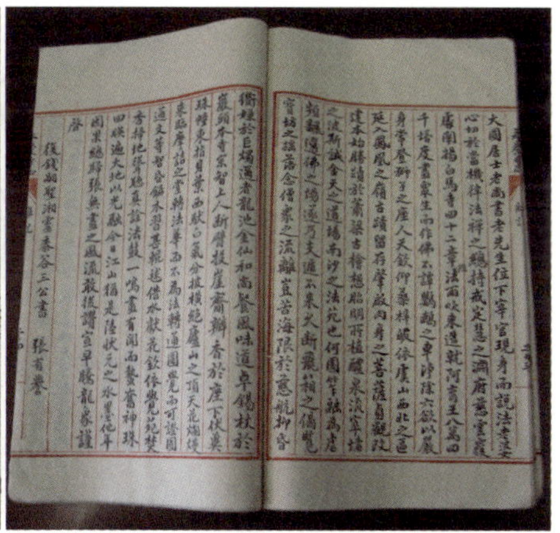
续修《永庆寺志》手抄本书影（2016 年）

关档案”，附录三为“诗二首”，附录四为“永庆寺平面示意图（1930 年至 1950 年间所见）”，附录五为“复建后的永庆寺航拍图（2008 年拍摄）”。这些史料，是对张树铭续编《永庆寺志》的补充。原寺志中涉及的人物、事件为凤凰历史文脉的要点，笺注将之作为诠释的重点。寺志涉及的佛教专用名词，征求高僧和居士的见解，做了比较详尽的注释。笺注寺志有新的发现，以注释的形式阐明笺注者的见解，穿插在有关文章之后。重要的文章和题咏后，大多列有笺注者所辑的“题解”和“作者”两项内容，为读者理解文章、诗歌内容提供必要的背景资料。

《悠悠的河阳话》 秦豪编写，2015 年由团结出版社出版。全书共计 19.8 万字，主要分三部分，第一部分对河阳方言的河阳地域历史作了简要的追溯，对河阳地域范围作了界定；第二部分提出了以凤凰话为代表的河阳方言新概念，简要地论述了拟用“河阳方言”即“河阳话”新概念的缘由；第三部分对河阳地域千余年来形成和流传的河阳方言即河阳话（词汇、俗语、谚语、歇后语等）大体进行了调查、整理和记述，收录了近 8000 条方言俚语，内容穿古越今，涵盖自然科学、风俗习惯、风物人情和世态沧桑等诸多方面。作品还对河阳话的发音、语法和疑难字等作了叙述。

凤凰镇古代文人著作一览表

表 8

［朝代］作者	著作
〔唐〕常　达	《常达诗》1 卷
〔元〕徐德贤	《静庵集》
〔明〕钱　泮	《云江集》(诗集)
〔明〕蒋　绂	《全天集》《全天诗集》《无碍集》
〔明〕杨　仪	《乐书》、《格物通考》20 卷、《垄起杂事》1 卷、《明良记》4 卷、《南宫集》10 卷、《古虞文录》2 卷、《四书大全节要》等
〔明〕萧应宫	《朝鲜征倭纪略》1 卷、《和鸣集》
〔明〕徐　讷	《家训》《同居集》
〔明〕徐　恪	《主一斋集》30 卷、《都宪徐公奏议》5 卷
〔明〕缪希雍	《神农本草经疏》30 卷、《本草单方》、《先醒斋广笔记》8 卷、《方药宜忌考》12 卷、《仲醇医案》1 卷等
〔清〕钱朝鼎	《三满楼集》40 卷

续表 8

［朝代］作者	著作
〔清〕钱陆灿	《常熟县志》26 卷、《文苑英华律赋选》4 卷、《调运斋集》、《永庆寺志》2 卷等
〔清〕蒋 伊	《万世玉衡录》4 卷、《流民图》、《秦淮诗》1 卷等
〔清〕蒋陈锡	《来青阁集》
〔清〕蒋廷锡	《青桐轩诗集》6 卷、《牡丹百咏》1 卷等
〔清〕蒋 溥	《塞外杂咏》《存春堂诗钞》《凌秀轩诗钞》等
〔清〕蒋 涟	《中州视学纪略》、《省庵诗文集》、《漱芳集》2 卷等
〔清〕蒋 洞	《平番纪略》《屯田事宜》《复轩文集》《复轩诗集》
〔清〕杨 岱	《检身录》《恬庄杨氏宗谱》
〔清〕杨景仁	《筹济编》32 卷、《诒砚斋诗存》1 卷
〔清〕杨希铨	《菘畦诗文稿》6 卷
〔清〕杨希钰	《银藤花馆诗》1 卷、《兰馨堂诗存》2 卷
〔清〕杨希濲	《恬庄小识》2 卷、《两邑学碑录》6 卷、《琴水弦歌集》等
〔清〕杨英彝	《海虞艺文目录》16 卷等
〔清〕杨沂孙	《文字说解问讹》《在昔篇》《管子今编》等
〔清〕屈 凝（女）	《心闲馆小草》1 卷
〔清〕朗 月（释）	《云汉语录》《心经注》《指月录注》等

民间传说

唤英台的传说 “山东塘通三让浦，唤英台上万人呼。双手托起千斤鼎，西出阳关一勇夫。”这首四句头山歌，点出了凤凰山周边的山东塘、三让浦、唤英台三个地名，赞颂了曾叱咤风云的英雄人物——项羽。相传吴王寿梦建造河阳城时，在城区北侧、凤凰山东侧山坡上筑一高台，广五十亩。据传，此台原为吴王拜郊台，吴王曾在此作迎春之礼。平时，又是守卫河阳城的士兵操练场所。公元前 209 年秋，项羽随其叔父项梁在吴中起事。在西进前，项羽率义军曾在凤凰山耀家坝驻扎，一方面继续扩充队伍，一方面抓紧训练士兵。凤凰山东麓的平台就成了项羽练兵的大操场。四乡百姓苦于秦暴政，纷纷揭竿响应，一时练兵台上豪杰壮士云集，练兵台被称作“唤英台”。七年后，项羽兵败垓下，英雄途穷，在乌江边拔剑自刎，有民谣曰：“唤英台上唤英雄，项王不肯过江东。一言九鼎壮烈去，江东弟子情独钟。”

传说中位于凤凰镇双塘村的唤英台（2016 年）

施耐庵像

传说中的施耐庵隐居地——凤凰山永庆寺学士殿（2009年）

施耐庵的传说 金谷村史家宅基南倚凤凰山，东靠长寿河。在史家宅基东侧有一座古石桥，名为施公桥。施公桥原名史家桥，因由史姓集资建造而得名。元末明初，施耐庵到江南避难，曾一度隐居在凤凰山上的永庆寺内。史家桥畔有个茶室。十里八乡的人都喜欢到这里品茗喝茶，高谈阔论。施耐庵也是常客。他每天跋涉下山，跨过史家桥，到茶室喝茶，风雨无阻。日子久了，他和许多乡民茶客交上了朋友。施耐庵和善可亲，博学多才，大家都称他为“施公”。他经常帮助乡民。远近乡邻，哪家造房葺屋，哪家娶媳嫁女，都要请他写个对联，拟个庚帖。施耐庵都乐意相助，分文不收。有时，乡民请施耐庵到家做客。他也以诗词书法相赠，盖上朱红方印，作为回礼。夏季南方烈日炎炎，暑气灼人，施耐庵有时盘膝坐在史家桥河边的绿柳荫下垂钓。夜晚，施耐庵就手持葵扇，和乡民一起坐在桥上乘凉，讲述《水浒传》中的故事。人们常常听得津津有味，不愿归家。施耐庵走后，当地人十分怀念，便把史家桥改名为施公桥。

船底桥的传说 在国道G204线张家港市和常熟市的交界处，有座桥叫船底桥，形状跟船底相似。民间流传着一段有趣的传说。相传，明代，附近的戴家庄和缪巷两个村子出过两位御史。这两位御史虽是同乡，但在朝廷任职时就面和心不和，相互妒忌，钩心斗角，积有宿怨。后来，两位御史年纪大了，先后告老还乡，在家乡颐养天年。戴御史住在戴家庄，缪御史住在缪巷。戴家庄和缪巷的水路进出依靠同一条塘浜。缪巷在外塘，戴家庄在里塘。戴家庄的船只从水路进出，缪巷是必经之地。戴御史回乡后，一心想炫耀自己，在家乡人面前跟缪御史争个高低。他备齐材料，请来许多船匠，动工打造了一条官船。比戴御史早几年还乡的缪御史，听闻戴御史在造官船，很不愉快。认为他是有意与自己争斗，贬低自己的名声。他便请工匠在缪巷村边的余塘上建一座石桥。在筑两边的桥墩时，缪御史派人暗中探听，得知戴御史所造官船的宽度后，就定下了桥墩间的宽度，尺寸比官船的宽度短三尺。经过半年，一座月拱形的新石桥便飞架在余塘上，取名为“余塘桥”。因给周围百姓带来方便，人人夸奖缪御史的功绩。大约又过了几个月，戴御史的官船也造好了，十分气派地从戴家庄直往缪巷边的余塘桥驶来。想不到官船到了桥边，被桥洞截住。戴御史让大家齐心协力摇船撑篙，官船仍然无法通过桥洞。戴御史走到桥头观察，发现船身比桥洞宽了三尺，他心里顿时明白这必定是缪御史的诡计，有意要拆自己的台，煞自己威风，坏自己名声。此时的戴御史无计可施，也无可奈何，只得忍气吞声，吩咐众人把官船摇回戴家庄，停泊在村边的塘浜里。戴御史回到家中，气得一连数月没有出门。为了不看到这条官船，戴御史找来船匠将船拆毁，吩咐众人将船往西拖到很远的地方，横搁在塘浜里。船头船尾刚巧架在塘浜两边的岸上，人们可从船上过河，官船便成了一座水上的浮桥。过了几年，船底损坏后，戴御史请来工匠，在原址上仿照船底的形状造了一座三节石桥，取名为“船底桥”。

山歌宝卷选录

斫竹歌

嗯唷斫竹，嗬哟嗨。

嗯唷削竹，嗬哟嗨。

嗯唷弹石，飞土，嗬哟嗨！

嗯唷逐肉，嗬哟嗨！

千思量万思量

千思量，万思量，不怕闲人说短长。

百草回芽心内发，叫奴哪得勿思量。

亮月弯弯照九州

亮月弯弯照九州，几家欢乐几家愁。

几家夫妇同罗帐，几家飘散在他州。

拜月华歌

一拜月华上天堂，天堂里面放宝光。

二拜月华照四方，四方万物得其昌。

梧桐雨

梧桐雨，吴王喜。

春播种，秋收世。

孔子访言子儿歌

盆为冠，水为衣；

此去琴川，剩十里。

唤英台

唤英台上唤英雄，项王不肯过江东。

一言九鼎壮烈去，江东弟子情独钟。

赵圣关还魂（节选）

一生一世姻缘好，

受尽磨难终成淘。
万里寻夫送寒衣，
哭倒长城重新造。
一生二世姻缘好，
受尽磨难终成淘。
天河隔断相思情，
鹊桥相会在七巧。
三生三世姻缘好，
受尽磨难终成淘。
十八相送藕池旁，
情魂化蝶心愿了。
四生四世姻缘好，
受尽磨难终成淘。
千年转世赵圣关，
还魂花烛同到老。
市里村巷后生俏，
私情结识在春宵。
听了圣关还魂转，
托个媒人走一遭。
诸位兄弟莫要笑，
七情六欲莫困扰。
男婚女嫁天注定，
传宗接代不落套。
种田不着一年到，
老婆不好一世糟。
私情结识情最深，
相亲相爱同到老。
山歌唱出收头少，
平民百姓当口号。

清官听了勤政自修身，
瘟官听了双脚跳。
山歌苦切泪涟涟，
山歌圆满乐陶陶。
唱了东村唱西村，
全靠唱歌师傅本领高。
种田人辛苦亦清高，
唱出山歌填饥饱。
苦中作乐山歌唱，
做事说话走正道。

洛阳桥神（节选）

第一桥洞来造起，百鸟飞来石雕成。
百鸟衔柴巢来做，飞来飞去在桥亭。
第二桥洞来造起，石羊石马石雕成。
石羊嘴里衔青草，石马颠倒宛然行。
第三桥洞来造起，石莺石凤石飞禽。
日间石莺来啼叫，夜间石凤自然鸣。
第四桥洞来造起，石鸡石鸭在桥亭。
石鸭江中来游水，石鸡相对象轮行。
第五桥洞来造起，石鹅石鹤石雕成。
石鹅江心来戏水，石鹤飞上九霄云。
第六桥洞来造起，栏杆雕起石麒麟。
麒在日边桥上起，麒麟送子在桥亭。
第七桥洞来造起，金毛狮子石雕成。
日间狮地球来抢，夜间伏在石桥亭。
第八桥洞来造起，一条石璜在桥亭。
半夜三更来挂起，收灾降福保延生，
第九桥洞来造起，雌雄二虎石雕成。

六月炎天十龙现，顷刻大雨落纷纷。
十一桥洞来造起，张吕二仙石雕成。
左边一个张果老，右边一个吕洞宾。
十二桥洞来造起，目莲和尚救母亲。
罚受十八层地狱苦，锡杖撬开地狱门。
十三桥洞来造起，寒天王祥卧冷冰。
各石雕成鲜鱼跳，天赐鲜鱼救母亲。
十四桥洞来造起，石雕炎天车水人。
脚踏榔头车轴转，车前放水白洋洋。
十五桥洞来造起，雕成田中耕稻人。
头戴笠帽着蓑衣，个个在上向前行。
十六桥洞来造起，雕成农夫坌田人。
手拿铁搭将田坌，好像农夫一样能。
十七桥洞来造起，吹歌唱曲石雕成。
听曲之人无其数，宫商角徵按五行。
十八桥洞来造起，雕成田中拔秧人。
手拿黄秧端端莳，犹如农夫往前行。
十九桥洞来造起，雕成街坊酒店门。
左边台上起银子，石边吃酒划拳人。
二十桥洞来起造，士商工商石雕成。
农夫个个拿农具，读书雕得甚斯文。
廿一桥洞来造起，买卖营生石雕成。
前头挑担桃李果，后头挑担熟乌菱。
廿二桥洞来造起，石雕一对着棋人。
左边摆起围棋子，右边摆起象棋身。
廿三桥洞来造起，五娘推土筑坟墩。
孝感动天仙女降，肩背琵琶伯喈寻。
廿四桥洞来造起，三皇五帝石雕成。
天地大皇中间坐，五帝官员两边分。

廿五桥洞来造起，伏羲皇帝坐桥亭。
制造八卦乾坤数，阴阳定准不差分。
廿六桥洞来造起，雕成天王在桥亭。
制造甲乙天干数，又造子丑十二层。
廿七桥洞来造起，上有天皇定三辰。
地分昼夜阴阳定，日月三光到如今。
廿八桥洞来造起，石雕城星有道灵。
政教君臣他始作，奠定三川样式新。
廿九桥洞来造起，雕成构木有巢君。
人民依样将身宿，如鸟住楼一般能。
三十桥洞来造起，燧石皇帝石雕成。
钻木取火造酒食，果是天皇有道君。
三十一桥洞来造起，神农皇帝石雕成。
制造稻田多丰盛，百草尝来当药吞。
三十二桥洞来造起，大舜天子石雕成。
白象耕田鸟耕稻，虎泣昊天思母亲。
三十三桥来造起，秦皇无道筑长城。
孟姜掮伞寻夫主，哭倒长城不见天。
三十四桥洞来造起，大舜耕田石雕成。
九亩一轮耕田事，雕成八亩廿三丘。
三十五桥洞来造起，姜诗夫妇会芦林。
细说情由哭王儿，跪在娘前难转心。
三十六桥洞来造起，焦化哭麦敬婆身。
婆婆要吃鲜麦面，三日三夜哭伤心。
三十七桥洞来造起，雕个荷担救娘亲。
横挑担子山间走，石头树木两边分。
三十八桥洞来造起，郭巨埋儿天赐金。
三岁孩儿娘横抱，掘土埋儿得黄金。
三十九桥洞来造起，雕个名山在桥亭。

上有青松与古柏，下有轿马往来人。
四十桥洞来造起，雕个江海一水滨。
岸上老人来垂钓，下有桥梁捕鱼人。
四十一桥洞来造起，四季花草石雕成。
春夏秋冬名花放，也有一群看花人。
四十二桥洞来造起，董永卖身葬父亲。
孝感动天仙女降，天赐仙女结成亲。
四十三桥洞来造起，孟宗哭竹石雕成。
腊月冬天鲜笋出，母亲有病就安宁。
四十四桥洞来造起，丛林寺观石雕成。
上有钟楼并佛殿，下有烧香念佛人。
四十五桥洞来造起，雕成玉皇在桥亭。
左有金童香花执，右有玉女捧香茗。
四十六桥洞来造起，东海龙王石雕成。
左有虾兵与蟹将，右有官员与大臣。
四十七桥洞来造起，雕成十万像天兵。
哪吒太子左边立，三头六臂右边登。
四十八桥洞来造起，三藏西天取真经。
四十九桥洞来造起，上界天星石雕成。
南北七斗悬空挂，满天星斗密层层。
五十桥洞来造起，八洞神仙瑶台登。
福禄寿星来降临，王母跨鹤庆延生。
五十一桥洞来造起，雕成地府阎罗君。
天堂地狱都石做，善恶雕得甚分明。
五十二桥洞来造起，石雕乾坤日月星。
左有太阳为天子，右边月府太阴星。
五十三桥洞来造起，阿弥陀佛上边存。
弥陀尊佛山门坐，哼哈二将两边分。
五十四桥洞来造起，天台胜景石雕成。

左边烧香和念佛，右边信女拜观音。
五十五桥洞来造起，三官大帝石雕成。
石雕和尚无其数，鱼肉抢来口里吞。
五十六桥洞来造起，观音大士石雕成。
左有五湖与四海，右有江河土地神。
五十七桥洞来造起，地藏菩萨石雕成。
左边阿难掮锡杖，右边地狱苦伤心。
火车铁水铜柱狱，油锅锯解恶狗村。
五十九桥洞来造起，血河地狱好伤心。
多少男女血河内，披头散发好苦恼。
六十桥洞来造起，雕成上界众菩萨。
东岳大帝与贤圣，城隍土地两边分。
六十一桥洞来造起，两座刀山石雕成。
恶人丢在刀山上，鲜血淋淋石雕成。
六十二桥洞来造起，石雕英雄二将军。
霸王自刎乌江口，韩信功劳也不成。
六十三桥洞来造起，雕成男女修行人。
个个吃素来念佛，一心修得上天门。
六十四桥洞来造成，名山名胜石雕成。
飞来峰对灵隐寺，一线天对冷泉亭。
六十五桥洞来造起，西湖景致罕见闻。
雷峰塔下三潭月，六条桥上往来人。
六十六桥洞来造起，雕成一个圣贤人。
姜尚钓鱼磻溪下，文王拜相去领兵。
六十七桥洞来造起，雕成行者闹天门。
手中执根金箍棒，天神天将斗输赢。
六十八桥洞来造起，深山走兽石雕成。
随童雕来皆成像，怪状奇形雕得真。
六十九桥洞来造起，雕个看经念佛人。

手拿佛珠端端念，石炉石烛石香焚。
七十桥洞来造起，王太子修行拜前程。
抛弃皇宫雪山去，后成正果释迦尊。
七十一桥洞来造起，善人相对恶人身。
华屠杀猪得佛祖，李道念经饿虎吞。
七十二桥洞来造起，状元跪地拜观音。
菩萨腾云莲船坐，善才龙女两边分。
若无洞宾大仙到，不知要到啥时辰。
洛阳大桥造完成，状元拜谢众仙人。
赏赐匠人回家转，备酒款待众大臣。
阴曹地府来盘问，阎王闻知怒十分。
观音大士闻知得，便对阎君说知闻。
状元还银无还处，阴阳两界勿通程。
太白金星来点化，危碎河上造桥亭。
桥名就叫洛阳桥，不用摆渡再费银。
所有库银来分派，派定阴司托生人。
六十甲子来排定，注明库银不差分。
阎王一一依从愿，任凭菩萨瓜均匀。
细说阴司多苦功，为人在世要公平。
状元合家都修道，诸佛菩萨齐欢迎。
善男信女行正道，收灾降福乐融融。

名人与名镇

凤凰镇境内历史悠久，文化底蕴深厚，人文荟萃，名人辈出。自唐宋时期以来，才俊以登科入仕而发家扬名，形成不少名门望族。境内徐氏、萧氏、蒋氏、宋氏、钱氏、杨氏等名门望族建义学，办文会，学风日益兴盛。据《重修常昭合志》记载，自唐朝至清，境内共有进士 22 人，其中状元 1 人（陆器），榜眼 1 人（杨泗孙）。本志收录各个时代的著名人物，其中有朝廷重臣、戍关名将、杏坛名医、国画大师，他们给凤凰镇增添了浓郁的人文气息。

人物传略

陆器（约 815—约 875） 河阳山（今属张家港市凤凰镇）人，出身官宦人家，唐朝开成五年（840）状元，是苏州地区有史以来的第一位状元。少年时的陆器勤奋好学，常到凤凰山读书台攻读经文。陆器中状元后在凤凰山下的山前巷建花厅及“保善堂”，以供回乡省亲迎客之用。

附：吴郡第一状元——陆器资料发掘

陆器为张家港市以及苏州地区历史上有记载的首位状元，在《旧唐书》《新唐书》等正史中未见只言片语。现能找到的有关陆器的文字资料，最早见于元代文人杨维桢的诗《游秀峰吊陆状元》。明正德年间（1506—1521），探花宰相，苏州人王鏊在《姑苏志》中写道：“唐状元陆器居河阳山。”明代常熟人桑瑜在《常熟县志》中写道：“陆器，状元，家河阳山，读书台遗址尚存。”明代常熟人管一德在《常熟文献志》中写道：“河阳山在县西北四十五里，旧名凤凰山，有外八景、内八景。唐状元陆器居此。”清康熙年间（1662—1722），钱陆灿在《常熟县志》中记载，河阳山人曾掘地得一墓砖，

陆器像

上刻“唐状元陆器妾李十三娘之墓”。言如泗在清乾隆六十年（1795）纂修的《常昭合志》中对此进行了记述。该墓砖后不知所踪。据考证，陆器的妻子是唐朝中后期宰相李德裕的女儿。民国时期,《重修常昭合志》总纂之一徐兆邦（1867—1940 年，字少逵，号虹隐）下功夫寻访陆器遗存史料，在张家港市金港镇后塍、陆状元第三十一世孙陆永亨家中寻访到《陆氏宗谱》(世德堂本)。该谱是江南陆氏大统谱，其中记载:“器，字祖容，唐开成五年状元，载常熟县志，配李氏，子一。”谱中有陆器曾祖父陆贽的名字。陆贽是唐大历年间（766—779）进士，官至中书侍郎、同平章事。陆器的祖父陆简礼，为唐元和十二年（817）进士，官至通议大夫，监国玺，兵部尚书。陆器的父亲陆宗阮，字雍文，官至通奉大夫、金吾卫长史。陆宗阮有陆涤、陆器二子，陆器即次子。陆器字祖容，配李氏，有一子，名陆道显。陆道显配蒋氏，有一子，名陆度。据说陆器中状元后回到故乡，隐居凤凰山。陆器去世后，葬于常熟县城之西、虞山南麓的石梅。1929 年阴历正月，在常熟虞山石梅发掘出了陆器之墓。之后，古物保管委员会常熟支会致函江苏省政府并得到省政府“保存石梅唐代陆器墓”的批复。诗人杨无恙得知常熟虞山石梅发现陆器墓后，特地到凤凰山凭吊陆器，并作诗一首:“状头坯土石梅旁，残甃书台凤麓荒。粉渍青编何处问，十三泾畔十三娘。”90 年代，常熟市新建图书馆，选址虞山石梅，陆器墓地被挖毁大

《陆氏宗谱》中的陆器像

陆器读书台遗址（拍摄年代不详）

半，随葬物不知去向。2003年，张家港市后塍镇（今属金港镇）在编修《后塍地名志》过程中，寻访到30多部古代家谱，其中一部就是《陆氏宗谱》，该宗谱由居住在后塍陆家巷的陆氏后裔陆汝荣珍藏，共48册。这是一部江南陆氏大统谱，谱内关于陆器的记载与徐兆玮采访到的资料完全一致，而且还绘有陆器的图像和像赞，注明其官职是右仆射太子太师。

陈基（1314—1370） 字敬初，原籍浙江临海，后定居河阳里（今属张家港市凤凰镇），史学家、书画家。生于元延祐元年（1314），少年时拜著名书法家黄溍为师。元至正中，经推荐为经筵检讨。曾经为别人起草谏章，差点被判刑，后来回到家乡，在吴中教书为生。张士诚到处网罗元时名士，将陈基招至幕下，参太尉府军事，官至学士院学士。张士诚欲称王，陈基谏止。陈基所作诗赋大多反映起义军生活。张士诚亡后，明太祖朱元璋召陈基参修《元史》。书成，赐金而还，定居河阳里。居室名夷白斋。卒于明洪武三年（1370），葬河阳山。著有《夷白斋稿》35卷，外集1卷。据《永庆寺志》序载“读其诗有填海驱狼之感”，谓陈基“（文）集中有‘居在河阳里’，是即吾里之居也”。

徐植（约1385—1405） 字元芳，明初河阳山（今属张家港市凤凰镇）人，明初著名孝子。其父徐彦达是掌握乡间粮赋的官员，于明永乐年间（1403—1424）奉命运送粮食，因中途遇黄河壅塞，水路不通，贻误缴粮日期，按律当斩。徐植时年20岁，挺身而出，赴所司自陈，引为己罪，代父受刑。临刑作遗诗一首：“父母恩同日月高，愿将一死报劬劳。三杯白酒浓如鸩，七尺青丝利似刀。风送断魂归故里，月移枯骨葬荒郊。遥知亲族偏怜我，泪洒西风湿布袍。”乡人为纪念孝子徐植，在凤凰山麓建造徐孝子祠。祠旁有莲荡一方，碧波涟漪，游鱼嬉戏，为河阳山八景之一“莲塘游鱼”。

钱洪（1408—1466） 字理平，鹿苑奚浦（今属张家港市塘桥镇）人，后定居恬庄（今属张家港市凤凰镇），明初著名绅士，恬庄古镇主要创始人。明天顺年间（1457—1464），钱洪在奚浦南三里处疏浚河道，将河泥堆筑成地基，后建立田庄小镇，今称恬庄。他善于经营产业，拥有良田千顷，家境十分富裕。钱洪度量阔达，倜傥好义，曾捐资千两纹银，协助地方官员疏浚奚浦塘数十里，使方圆百里的农田得以灌溉。钱洪平时生活节俭，开支有度，“勿以资饶而暴殄天物”（《钱理平墓志铭》）。明正统八年（1443），江海洪水暴发，钱洪开出数条舟船救捞，挽救了许多人的生命。景泰五年（1454），奚浦塘所在的南沙乡出现瘟疫，次年又继续流行，钱洪慷慨解囊，两年中赈济贫苦农民500多人，为300多名患病乡邻施舍药物，为200多名死者施舍棺木并择地安葬。由于钱洪为地方公益事业慷慨解囊而不取朝廷半分俸禄，当地百姓都称他为“义官”。钱洪卒于明成化二年（1466）。去世之日，四面八方的乡邻为其吊唁守灵者不绝，洒泪相送。

徐恪（1431—1504） 字公肃，八房巷（今属张家港市凤凰镇凤凰村）人。明景泰七年（1456）中举，成化二年（1466）中进士。历任工科给事中，湖广左参议，河南右参政，河南左、右布政使，右副都御史，并巡抚河南、湖广。弘治年间（1488—1505），任南京工部右侍郎。巡抚河南时，徽王府擅自多领俸禄，被徐恪坚决纠正。黄河改道，逼近王族聚居之地开封，有人建议将王府迁往许州。徐恪认为搬迁要耗费大量财力，且会造成百姓恐慌，果断否决。他一边安抚王族情绪，一边加固堤防，做好应急准备，后开封安然无恙。徐恪任河南巡抚期间，执法严明，遭平乐、义宁二王诬告，受到朝廷的降职责问，与湖广巡抚韩文易任。徐恪离任时，吏民罢市，泣送数十里不绝。徐恪调离河南时，其部属欲以300两羡银相赠，被徐恪正色拒绝，他自咎说：“我竟然如此不被人相信！”徐恪初到湖广时，岐王朱枚的几百条私盐船到湖广牟利，被徐恪全部拦截。一年后，徐恪调任南京工部右侍郎。弘治十一年（1498），徐恪辞官回乡，布衣蔬食，手不释卷，闭门著述，不入城市。徐恪辞世后，时任常熟县令杨子器仰慕他的高风亮节，在他的家乡西徐市让塘之滨建造了一座亭子，并亲笔书写“廉让”两字，以此纪念这位一生清正廉洁的好官。今亭已废。都宪坊，为徐恪建，知府刘溱等立，巡抚周如斗重修。今都宪坊已废，只留下“都”“宪”两字的断石。后人海瑞曾亲笔为徐恪题写家谱像赞：“官都御史，纠察分明。方伯布政，四海驰声。冰心铁面，肝胆棱棱。卓哉殿柱，朝野肃清。我欲效之，诚恐未能。读君遗策，敢以不文。”徐恪卒后葬于河阳山下。著有《主一斋集》30卷，奏议20卷。

徐恪像

萧奎（约1440—1500） 字汉文，河阳里（今属张家港市凤凰镇）人。萧奎少时勤奋研读，博览群书，明天顺六年（1462）乡试中亚元，成化八年（1472）中进士，授工部都水司主事，负责督造淮安运舰，曾拒绝解船料常例银计千余两。后又受命修建京城粮仓，坚持按照朝廷制度办理，不徇私舞弊，同僚皆服其办事公正。后升工部员外郎，兼管神木厂。时太监顾雄因犯罪在厂中监管，朝中有人提议起用顾雄。萧奎上疏称顾雄严重违法，不可再用。顾雄向皇帝泣诉，负责审查官员的部门将萧奎调离工部，到云南任按察佥事、提督学政。萧奎上路时，有人告诉他仇人将伺机暗害，他说："祸福岂是人所能避哉，我早就以身许国了！"[①] 萧奎十分看重友情，同县的御史褚祚、中书舍人凌远病死在官任上，萧奎都为之收殓，送灵柩回乡，还帮助解决其家庭困难。

蒋钦（约1458—1506） 字子修，凤凰镇人，明弘治九年（1496）进士。蒋钦中进士后，授卫辉推官，之后征召为南京监察御史，曾多次上疏言事。明正德元年（1506），刘瑾放逐大学士刘健、谢迁等人，蒋钦与同僚薄彦徽等人直切进谏。刘瑾大怒，逮捕两人下诏狱，后施廷杖，贬为平民。三天后，蒋钦单独再上疏，而后再次被罚刑杖三十，并逮捕入狱。又过了三天，蒋钦第三次上疏，而后再次被罚刑杖三十。蒋钦受刑罚三天后，死于狱中。刘瑾被诛杀后，蒋钦被赠光禄寺少卿。明嘉靖年间（1522—1566），赠予祭祀安葬，并收录其一子入国子监读书。

徐簪（？—1555） 字鉴之，西徐市（今属张家港市凤凰镇）人，徐恪的族孙，明嘉靖年间（1522—1566）抗倭名将。明嘉靖年间，徐簪带领家人积极参加抗倭斗争，保家卫国。嘉靖三十四年（1555），倭寇自苏州劫夺巨款后，企图取道尚湖，进让塘，入长江后出海逃跑。徐簪带领家人徐章等百余人追赶，在三丈浦生擒倭寇5人，杀死倭寇20人。追至让塘后中埋伏，徐簪和徐章等人力战身亡。后人建忠孝祠，以资纪念。

杨仪（1488—1564） 字梦羽，号五川，程墩村（今属张家港市凤凰镇）人。明嘉靖五年（1526）中进士，授工部主事，转礼、兵二部郎中。时有藩邦酋长入贡，杨仪以朝廷威德，以礼理为本，慑服酋长。后太常乐废缺，濒将失传，朝廷命杨仪考证补订，纂成《乐书》。礼、兵二部郎中任期满，升山东按察司副史，率兵驻霸州。后称病回到常熟城，以读书著述为事，建有"万卷书楼"，书斋名"七桧山房"，为明代常熟藏书第一家，其中藏有宋元旧本、名人墨迹。杨仪著有小说《金姬传》，笔记《螭头密语》《骊珠随录》《高坡遗纂》，文集《古虞文录》《南宫集》等。明正德四年（1509）农历六月九日应友人邀请，夜游鹜山，并作《夜游鹜山记》。

钱泮（1493—1555） 字鸣教，号云江，河阳桥（今属张家港市凤凰镇）人，明

---

① 引自丁祖荫纂：《重修昭常合志》，上海社会科学出版社，2002年。

嘉靖年间（1522—1566）抗倭名将。明嘉靖十三年（1534）举人，嘉靖十四年中进士，先后任福建侯官、浙江慈溪知县以及刑部主事、刑部员外郎、四川顺庆知府，后升陕西副使，备兵汉中。因在任时“修政卓绝，敏于裁割，勤政清廉，焯焯可表”，于嘉靖三十四年晋升江西参政。是年，因其父去世，钱泮回故里守孝。其间，倭寇侵扰江南，常熟县令王鈇邀请钱泮共商守城抗倭大计。钱泮与王鈇统率常熟军民，昼夜戒严，把守城门。倭寇几番攻城，均未得逞。一日，倭寇在苏州劫得关税巨款，夺民船，企图取道尚湖入海。钱泮、王鈇获悉倭寇动向，组织团丁分乘几十条小船奋力追击，误入倭寇包围圈，钱泮牺牲。

钱泮像

萧应宫（1539—1611）　字观复，小山村（今属张家港市凤凰镇双塘村）人，明朝万历年间（1573—1620）抗倭名将。明万历二年（1574）进士，任刑部郎中，不久出任东昌知府。他作战骁勇，曾亲自擒获大盗。他带兵镇守潼关、固原、临洮等地时，率军加紧战备，设计迷惑敌人，多处设下埋伏，迫使敌军退兵，受到朝廷内外一致赞许，被誉为镇守边境之奇才。万历二十年，萧应宫出任辽海道兵备，监军朝鲜。在倭寇进犯明朝属国朝鲜的南原之战中，主帅贪生怕死，想放弃都城平壤，退守鸭绿江。萧应宫单骑赶赴平壤，督促明军将领加强防守，使倭寇无机可乘，慌忙退却。由于他仗义执言，得罪了权贵，被诬告为“怯敌”，被流放边地。后被赦免回到家乡。萧应宫热心乡里公益事业，曾捐款维修常熟方塔、凤凰山永庆寺，出资建造萧家桥等。萧应宫还依据自己的亲身经历，写成《朝鲜征倭纪略》1卷。

缪希雍像

缪希雍（1545—1627）　字仲醇，号慕台，杨家桥村（今属张家港市凤凰镇）人，后居金坛，为明万历年间（1573—1620）名医。缪希雍通晓医书，尤其擅长本草之学。他曾说神农本草，就比方六经，名医在其中增加内容，就好像为六经作注。他以经注为纲，别录为目，在此基础上钻研理解，写出《神农本草经疏》《本草单方》等书。缪希雍著有《先醒斋广笔记》等 12 种作品。缪希雍身材魁梧，喜爱谈论古今，对国家大事了如指掌，被视为奇人异士。

蒋棻（1598—1663） 字畹仙，号南陔，今张家港市凤凰镇人。明崇祯十年（1637），蒋棻中进士，任广东南海知县。蒋棻为政清廉，为人干练，催收赋税很有章法，使那些刁滑的胥吏无法从中徇私舞弊，使得南海县上缴的赋税在全府最高。后来，蒋棻任福建建安知县。刚上任时，建安社会治安不佳，盗抢案件频发。蒋棻在全县实行保甲制度，组织疏浚建安护城河，招募乡勇保卫和巩固城防，使建安成为全府治安良好的地方。福建巡抚张肯堂对他评价很高，称他为全省“廉干第一”。蒋棻因政绩显著升礼部主事，未及赴任，明朝灭亡。入清后，蒋棻隐居，不再任官职。著有《南陔集》《明史纪事》等。

钱朝鼎（生卒年不详） 字禹九，号黍谷，张家港市凤凰镇人。清顺治四年（1647），钱朝鼎中进士，授刑部主事，历任员外郎、郎中。钱朝鼎曾任广东提学道，官至都察院左副都御史。顺治十年，钱朝鼎任广东提学道，端正学生学习风气，规范作文流派，使广东成为各省学习的榜样。后转任浙江按察使，他曾向神像发誓说：“归橐名一钱，立殛死。”清顺治十五年，钱朝鼎升左副都御史。钱朝鼎曾三任刑官，执法公平，负有声望。著有《三满楼集》、《水坑石记》、《永庆寺志》（与钱陆灿合撰）等。

钱陆灿（1612—1698） 字湘灵，号圆沙，自号铁牛居士，河阳里（今属张家港市凤凰镇）人，清朝康熙年间诗人、康熙年间重修《常熟县志》主纂。钱陆灿于清顺治十四年（1657）江南乡试时名列第二，后因粮案牵累，未仕，以教书为生，先后在常州、南京一带书院执掌教席 26 年，人称“圆沙先生”。其诗骨格苍劲，高旷沉雄，在清初诗坛独树一帜。其文博采众长，文理疏密有致，风格高古健举，力戒陈习俗套。钱陆灿晚年与徐乾学、王日藻、秦松龄、尤侗、黄与坚等社会名流交往密切。有人评论钱陆灿“以穷老书生，长东南文坛数十年，巍然领袖一方，可称大家”。著有《调运斋集》，主纂《常熟县志》和《永庆寺志》等。

钱陆灿像

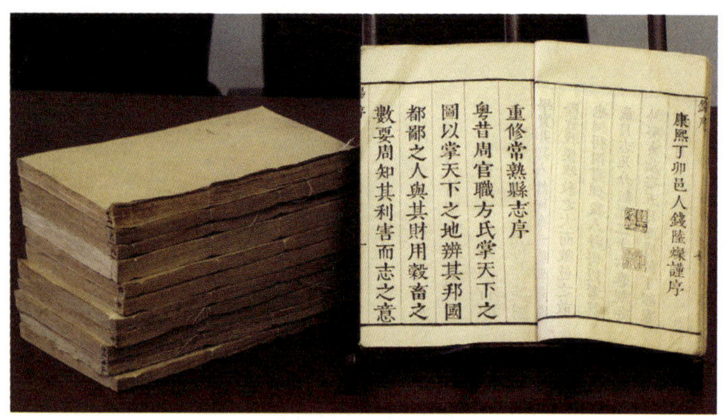

钱陆灿主纂的清康熙年间重修《常熟县志》书影（2009 年）

蒋伊（1630—1687） 字渭公，号莘田，港口（今属张家港市凤凰镇）人。清康熙十二年（1673）中进士，选庶吉士，授监察御史。其时因南方用兵，百姓流散，蒋伊回乡期间亲见难民漂泊沦落之苦，绘 12 幅流民图进呈，力陈民间疾苦，并提出严禁掠卖妇幼、严格考核官吏、停止捐纳官职，以及缓催科、通商贾、兴工作、养孤老、埋骼胔等建议。康熙帝阅图及疏后为之动容。康熙二十一年，蒋伊升广东粮储参议，任内革除漕粮附加，禁止馈赠献礼，减轻百姓徭役，每天卖干鱼自给，誓不取民间一物。蒋伊后升河南按察副使、提督学政。任上即颁布教学条令，崇实学，正文体，奖励提拔学有所成的寒门子弟，康熙帝御赐“怀荩兴文”匾额。清康熙二十六年，卒于任上。著有《万世玉衡录》《臣鉴录》等文集 18 卷。

蒋陈锡（1653—1721） 字文孙，号雨亭，蒋伊长子，港口（今属张家港市凤凰镇）人。清康熙二十四年（1685）中进士，授陕西富平知县。当时关中发生大饥荒，他竭力向朝廷请求赈济，朝廷提供的救助不够支用，他拿出家里的私财救济灾民，百姓得以免受饥荒之害。因其治绩优异，擢礼部主事，监督海运仓。到任后，蒋陈锡革除粮船缴纳篷席银的旧例。在佐治两淮河务时，蒋陈锡免除河夫向衙门缴纳薪柴的陈规，允许百姓在河塘坡地开垦种植。康熙四十一年，蒋陈锡任天津淮徐道，后迁河南按察使，后升山东布政使，不久晋巡抚。蒋陈锡对救济郡县灾荒、增加乡试名额、补充地方财力等均及时奏疏，得到采纳。康熙五十五年，蒋陈锡擢云贵总督，时滇南土酋常应营叛乱，蒋陈锡兴兵擒斩，并减轻滇南矿业负担，安抚人心。常德至镇远有险滩数十处，经其倡导，遂绕开险滩修筑新路。镇远至云南有三十二驿，山路岖嵚，邮程艰苦，蒋陈锡下令，非紧要公务，不得滥索夫马。后因年老体衰，欲乞归养，恰逢都统武格、将军噶尔弼率师入西藏，朝廷命蒋陈锡运粮劳军入藏，卒于途中。康熙帝曾御赐“清慎勤”及“敬一堂”额。蒋陈锡卒后葬香山（今属张家港市金港镇）。

蒋廷锡像

蒋廷锡（1669—1732）字扬孙，号西谷，蒋伊次子，因生于己酉年，故又号酉君，港口（今属张家港市凤凰镇）人。蒋廷锡少负才名，琴棋书画无所不能。清康熙三十八年（1699）中举人，即荐于南书房行走。康熙四十二年特赐进士，选庶吉士，授编修，迁赞善。蒋廷锡历任侍讲、侍读学士、内阁学士，充经筵讲官。雍正元年（1723），蒋廷锡迁礼部侍郎，后晋户部尚书，主持顺天乡试。雍正六年，蒋廷锡拜文华殿大学士，仍兼户部尚书，加太子太傅，赐一等轻车都尉世职。时值国家稽古右文，编纂群书，蒋廷锡博学精敏，谙熟掌故，先后任《明史》总裁、《圣祖实录》总裁、《大清会典》副总裁，并受命编校《古今图书集成》一万卷，还参与《佩文韵府》《康熙字典》的编纂。蒋廷锡为政缜密周详，做事效率很高，他整肃部务，解决弊端，官吏都不敢作恶。后西陲用兵，蒋廷锡勇于任事，应时立办，多次获皇帝嘉奖。精于逸笔写生，兼取宋、元、明流派之长，画技独树一帜，所绘花鸟画为宫禁所珍藏。蒋廷锡卒后谥文肃。著有《尚书地理今释》、《青桐轩诗集》6卷、《片云集》1卷、《西山爽气集》3卷、《破山集》1卷和《秋风集》1卷等。

蒋廷锡花鸟画（一）（2009年）

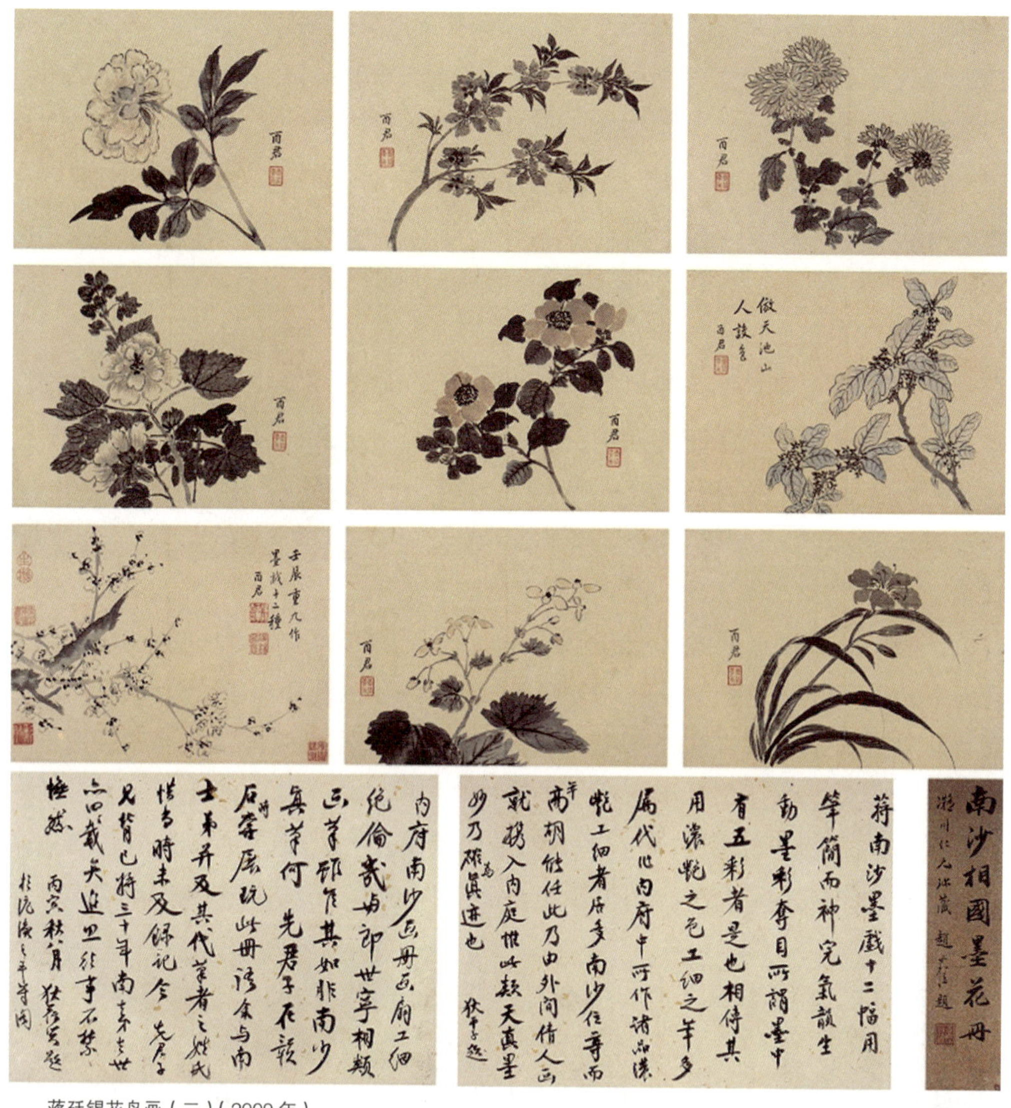

蒋廷锡花鸟画（二）（2009年）

链接："湖下蒋坟"

凤凰山东南500米处，原湖下村（今属张家港市凤凰镇双塘村）北侧，曾有一个古陵墓，墓前竖着高大的石碑，墓地中筑有三个高低不等的坟茔，分别安葬着清朝文化殿大学士蒋廷锡和其子东阁大学士蒋溥、其孙兵部侍郎蒋棨。当地群众称其为"湖下蒋坟"。据《重修常照合志》记载："大学士蒋文肃公廷锡、子大学士文恪公溥、孙兵部侍郎棡墓，在河阳山东南湖下。文肃，雍正十年谕葬；文恪，乾隆二十七年谕葬；棡，乾隆三十年谕葬”。祖孙三人均赐一等轻骑都尉世爵。殁后，有雍正十年（1732）谕葬蒋文肃的祭文、乾隆二十六年（1761）谕葬蒋文恪的圣旨、乾隆二十六年派遣礼部侍郎介福代表皇帝祭奠的祭文。墓地一直受人祭拜。直到民国时期，各地政要和社会名流到蒋坟凭吊者络绎不绝。1945 年后，“湖下蒋坟”开始衰落破败，在“文化大革命”中被毁坏殆尽，墓园被夷为平地，垦为农田，墓葬中的许多珍贵文物被破坏和流失。据原住在湖下桥堍，幼年常与同伴去“湖下蒋坟”的当地老人吴士保的描述：蒋坟在湖下桥堍西北，坐北朝南，三面环河。那时墓区面积有 10 亩，遍种翠柏、垂柳及榆槐等树木。坟东侧有条小路，路旁是小泾河。坟西侧是王塘梢。坟北有条从港口集镇通往西徐市集镇的道路。坟南侧是湖下塘，湖下塘建有湖下桥，连接坟东侧的小路。湖下塘北侧有块空场地，场地北侧有两座牌坊，牌坊上左右两侧相背蹲坐着两只朝天狗像，身形高大，仰面朝天，舌舔在外。据当地村民传说，朝天狗形象凶恶吓人，曾被雷击。牌坊左右、中部均用围墙连接，围墙自湖下桥北堍稍西起顺湖下塘河道转向西北，西端的围墙亦稍向西北延伸至王塘梢。牌坊下面是进出“湖下蒋坟”的两座墓门，进墓门后有两条可直通蒋廷锡墓和蒋溥墓的墓道。墓道长约 80 米，宽约 3 米，均用长方形石板铺设。墓道两侧分别摆放着用花岗岩搭建的长条石凳 6 张，供拜谒者休息。沿墓道两侧，有相对的石人、石兽等 8 具。墓区有封土高约 3 米、底部直径约 7 米的三座坟茔。有用花岗岩建造的石亭 4 座，分列于坟墓之间，亭内竖立着御制的圣旨和祭文石碑。蒋廷锡和蒋溥分别是文华殿大学士和东阁大学士，因生前职位相同，谕葬时，牌坊、墓道、石亭、御制石碑等皆为同等规格，略有不同的是蒋溥墓在蒋廷锡墓东侧，其墓道稍短。蒋廷锡墓西侧是其孙蒋棡之墓，虽也是谕葬，但因其官职低，与其祖父蒋廷锡墓、父亲蒋溥墓相比，则略逊一筹，但蒋氏望族严格遵循“君子抱孙背（对）其子”的封建世家墓葬规则，最尊贵者居中，子侄辈葬其后，孙曾辈葬其前。墓园东侧小路旁建有三间坟堂屋，供看坟人居住。

蒋涟（1675—1758） 字檀人，号锦风，又号省庵，蒋陈锡长子，港口（今属张家港市凤凰镇）人。清康熙四十四年（1705）中举人。康熙四十八年，中进士，选为庶吉士，后授翰林院编修，参与《康熙字典》的编纂，还编纂了《诗经传说汇纂》。康熙五十四年，蒋涟任会试同考官，并于康熙五十九年晋升为中允，督学河南。清雍正三年（1725），蒋涟以中允的身份任日讲起居注官。第二年，升为侍讲，仍任日讲起居注官。雍正十三年，任太仆寺卿。蒋涟曾经上奏朝廷，增加牧场24处，使养马场的马匹数量得以翻倍增长。清乾隆六年（1741）致仕。著有《漱芳集》2卷、《使豫草》1卷等。

蒋洞（1684—1735） 字恺思，蒋陈锡之子，港口（今属张家港市凤凰镇）人。清康熙五十二年（1713）中进士，授工部营缮司员外郎，历郎中，出为云南提学道。朝廷于西陲用兵时，蒋洞奉命赴军前办事，授甘肃凉庄道。清雍正元年（1723），蒋洞会凉州官兵，分五路进剿盘踞于棋子山的盗匪，获胜。时罗卜藏丹津率兵进逼西宁，蒋洞复檄兵捍御，获胜。大将军年羹尧上报其功，蒋洞遂迁山西按察使，升布政使。雍正十年，蒋洞加侍郎衔，往肃州协办军需，经理军营屯田。在任二年，垦田30余万亩，筑河堤，扩三大渠，分浚支渠，并建仓储粮。后因副都御史协理军需诬劾其侵帑、误工，逮治论死，下狱追赃。总督查郎阿等人上书雪其诬，但蒋洞已病卒。

蒋溥（1708—1761） 字质甫，号恒轩，蒋廷锡长子，港口（今张家港市凤凰镇）人。清雍正八年（1730），蒋溥中二甲一名进士。历任翰林院编修、侍讲学士、内阁学士、吏部侍郎、刑部侍郎、湖南巡抚。旧时湖南不精蚕织，长沙等处野蚕茧大如鸡蛋。蒋溥教以饲蚕练丝之法，蚕事由此大兴。湖南标准钱币制钱缺乏，民间私自铸钱的情况非常严重，官府严禁不止。蒋溥奏请由官方设炉开局铸钱。岳麓山有南轩书院，年久倾塌，蒋溥大加修葺，奏请皇帝御书“道南正脉”匾额悬于讲堂，延请名师为山长，一时文风称盛。两年后，蒋溥回京，仍为吏部侍郎、军机处行走，充会试总裁。后进户部尚书，加太子太保。兼署礼部尚书、协办大学士，掌翰林院事。后又晋东阁大学士兼户部尚书。乾隆二十五年（1760），蒋溥再任会试总裁。次年四月病卒于任。乾隆帝闻讯，亲临祭奠。加赠其太子太保，谥文恪。

蒋溥像

宋孔征（1717—1791） 字文献，海虞宋氏第十六世孙，世居安庆村塘下庄（今属张家港市凤凰镇），后迁栏杆桥集镇（今属张家港市凤凰镇），清乾隆年间地方绅士，栏杆桥集镇主要创始人。耕作、务医 20 年。因旧居塘下庄畜牧不能容，遂于栏杆桥建新宅数十间，并于宅的左右建市肆百余间，这些房屋除自己居住开店外，出租招商贸易，形成栏杆桥下塘街。在黄泗浦上以木架安庆桥为通道，数年后桥毁坏，时拟捐资改建石桥，宋孔征捐千金，于清乾隆四十九年（1784）以石改建安庆桥。在鹤墩建宋氏祠堂，又捐田于双椿庵。乾隆三十三年，江阴地区大旱，难民逃荒无数。宋孔征叫家人打开粮仓，施舍救济难民。县令给宋孔征授予“积善流恩”匾额。宋孔征年逾六十，精神矍铄，身体比年轻人都好，向他求医的人用车驾迎送他，他谢绝病人家属的好意，步行往返给人治病。

蒋赐棨（1730—1802） 字戟门，蒋溥次子，港口（今属张家港市凤凰镇）人。蒋赐棨自幼喜读书，年龄稍长即能管理家务。早年捐云南楚雄知府，后调任云南府知府。清乾隆二十六年（1761），因父亲病故，回家守丧，服丧期满后，先后出任广饶九南道道员、江安粮道兼常（州）镇（江）道道员、两淮盐运使、山东盐运使、仓场侍郎。乾隆三十五年，升户部右侍郎。长兄殁后，蒋赐棨袭一等轻车都尉爵位，兼管顺天府尹政务，后升户部左侍郎。乾隆四十年，蒋赐棨恢复担任顺天府尹，兼任仓场侍郎，复任户部侍郎（兼顺天府尹）。因其政绩突出，被赐顶戴花翎。嘉庆四年（1799），蒋赐棨担任光禄寺卿。嘉庆六年，蒋赐棨以世职的身份为乾隆帝守陵，不久服母丧，未及出发，就病逝于京城官邸。

杨岱（1737—1803） 字元峰，号守默，恬庄（今属张家港市凤凰镇）人，清乾隆、嘉庆年间地方绅士。父杨继祖，性孝友，好施与。杨岱自幼好学，深明礼义。乾隆五十四年（1789），受旌“乐善好施”匾额。杨岱事母尤孝，宅内开池凿石广植花木供母赏游。曾置义田 1200 亩、书田 1000 亩、义冢 4 处。杨岱独自建宗祠，出资拓建恬庄镇，疏浚镇区四周河道，修建界泾桥、让塘桥、霓腾桥、万丰桥、施家桥、通济桥、兴隆桥 7 座桥梁，修建寺庙庵堂，招商揽客，恬庄由此成为虞西巨镇。杨岱为人谦和好客，书画功底深厚。

杨岱像

杨岱卒后，其子孙于嘉庆九年（1804）上奏朝廷，旌表其为孝子，奉旨建孝行牌坊，入忠孝祠。

蒋元枢（1738—1781） 字仲升，别字香岩，港口（今属张家港市凤凰镇）人。祖父蒋廷锡、父亲蒋溥均为清代大学士。清乾隆二十四年（1759），蒋元枢中举，任福建惠安、仙游、崇安、建阳、晋江等县知县，后升同知，驻防厦门。乾隆四十三年，蒋元枢晋升为台湾知府，翌年兼任学政。在台期间，蒋元枢兴利除弊，悉心筹划便民便商之政，曾在台郡重建木城，近海添设堞楼炮台以补木城所不及。蒋元枢亲历属县，相渡隘口，垒石为堡。兼任学政时，另立澎字号岁科，取进童生。台湾百姓为其建生祠，并勒石记其政绩。蒋元枢曾两次请假回乡，聘请名工辟建园林，原名蒋园，后改名为燕园，是江南著名园林之一。

蒋继勋（1754—1829） 字培元，蒋赐棨之子，港口（今属张家港市凤凰镇）人。清乾隆四十五年（1780），蒋继勋任元江直隶州知州。之后，他先后任云南府知府、云南盐法道道员、金衢严道道员。嘉庆七年（1802），其父蒋赐棨病故，守丧期满后，蒋继勋世袭一等轻车都尉的爵位，任河南省粮道，后升云南按察使。嘉庆十三年，蒋继勋调任广西按察使、浙江按察使兼代理布政使。第二年，蒋继勋升河南布政使，由于政绩突出，朝廷下诏赏赐他顶戴花翎，权任巡抚。嘉庆十八年，蒋继勋调任安徽布政使。不久，蒋继勋辞官回到家乡。蒋继勋爱结交寒素子弟，外出碰到在田里耕种的老农呼唤他的小名时，都恭敬地向老农行礼问好。

杨景仁（1768—1828） 字育之，号静岩，杨岱之子，恬庄（今属张家港市凤凰镇）人。清嘉庆三年（1798），杨景仁考中举人后，历任内阁中书协办、侍读，后升刑部主事，又升员外郎。在刑部时，他多次参加秋审[①]，每遇案件，都反复核实，仔细分析考察。他还采纳古今典型案件，编成《式敬编》5卷。杨景仁在京城任职时，多次受到皇帝的赏赐。为照顾老母而辞官回乡。此后，杨景仁主讲于安徽庐阳、仙源两书院。杨景仁回乡后，每逢水涝灾害，都要组织赈济救灾活动，他还采集古往今来有关救济灾荒的事例和经验，编成《筹济编》32卷，时任江苏巡抚林则徐为书作序，光绪五年（1879），其孙杨恩海、曾孙杨崇伊将此书缮存好并进呈朝廷，被朝廷刊行于各省，作为救灾赈济的重要参考书。

---

① 秋审：即秋决，古代通常在秋季执行死刑。

杨希铨（1787—1855）字砚芬，恬庄（今属张家港市凤凰镇）人。清嘉庆十六年（1811），杨希铨中进士，入翰林，分校乡试、会试，典河南乡试、四川乡试，累迁陕西、广东、京畿道监察御史，暂时代理礼科、刑科给事中，后为四川潼川知府。丁父忧回乡守孝期满后，任广东惠州知府，暂时代理肇庆知府，惠州、潮州、嘉应道台。杨希铨任职惠州时，连平州土匪突然入境抢劫，杨希铨设法散其胁从，擒拿匪首谢某，其余土匪均被消灭。肇庆羚羊峡滩险流急，杨希铨在峡谷建24座桥，修筑纤路约2.5万丈（约83千米），为行人提供便利。惠州有黄塘、铁场二乡，为争罗石湖坡地，有奸徒伪造文书，煽动民众酿成械斗。杨希铨从旧档案中找出盖有印章的真实文书，不动兵而平息械斗。汀河洪灾，大埔、丰顺、海阳灾情严重，杨希铨亲入灾区踏勘，倡捐救灾，未几即修复民居。后杨希铨因丁母忧归，遂不复出。归田后，杨希铨著有《菘畦诗文稿》6卷。

杨沂孙（1813—1881）字咏春，号子舆，晚署濠叟，恬庄（今属张家港市凤凰镇）人，清朝后期书法家、训诂学家。清道光二十三年（1843），杨沂孙中举人，任安徽铜陵知县，调署黟县，因黟县被太平军占领，未能赴任。江西巡抚张芾看中他的才华，推荐其为安徽凤阳知府。不久归家丁父忧。杨沂孙少时从李兆洛学诸子，精于管、庄之学，悉心研究段玉裁、王念孙父子训诂之学，补充其不足，撰成《文字说解问讹》，又博考上古至清代训诂学，撰成《在昔篇》。杨沂孙酷爱书法，尤嗜篆籀之学，所作篆隶，初学邓石如，后吸取金文、石鼓文、汉碑篆书等书体笔法，久而有独到之处，篆书名重一时，兼工篆刻，为清代有突出成就的书法家。因其倡导，里中子弟多讲求六书及诸子之学者。杨沂孙著有《管子今编》《庄子近读》《观濠居士集》等。

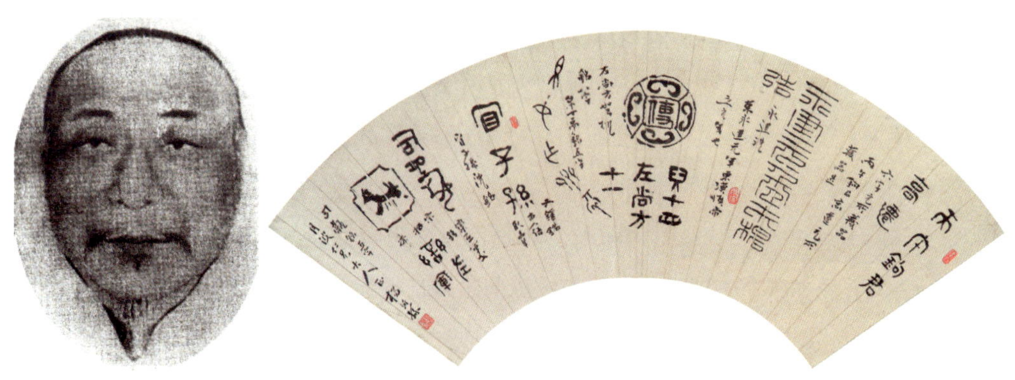

杨沂孙像　　杨沂孙书法作品（2009年）

蒋士骥（生卒年不详） 字北野，号石枫，蒋廷锡五世孙，港口（今属张家港市凤凰镇）人。清同治十年（1871），蒋士骥中进士，任礼部主事时，精勤职事，熟知部司衙门的职责、规章、制度等，及过去国家举行典礼的各个细节，长官极为倚重，外出时多带着他以备顾问，有人说他是其祖蒋廷锡的化身。蒋士骥在此职位上工作20多年后，逢朝廷举办统一考绩，因名列优等，升江西建昌知府，其时已70岁。蒋士骥任职期满后，退职回到家乡常熟城，住于深巷陋室，遇县衙备荒赈济等公益事，都会竭力参与。

缪柳村（1821—1885） 名岐，字凤山，别号柳村。缪柳村拜常熟名医刘晓山为师，研习医道。刘晓山是无锡名医高锦庭的学生，家中藏有高锦庭所著《疡科心得集》。柳村攻读高氏《疡科心得集》，并结合行医实践反复揣摩，悉心领悟，尽得医道要领。数年之后，已是精通医术的杏林高手，回到凤凰柳陌西桥悬壶开业，独立行医。方圆百里凡有疑难杂症，均请其诊治，为当地名医。

杨泗孙（1823—1889） 字钟鲁，号滨石，恬庄（今属张家港市凤凰镇）人，杨沂孙弟。清道光十九年（1839），杨泗孙中举人。咸丰二年（1852），恩科一甲二名进士及第，授翰林院编修，入直南书房。咸丰十年，擢侍讲学士、太常寺少卿。后丁父忧，继丁母忧，服阕后仍补原官。杨泗孙性格忠厚，淡泊名利，曾分别主持湖南、福建、山东、顺天乡试，又分校咸丰十年、同治二年（1863）会试，屡掌文翰，选拔众多名士，为朝野所推崇。杨泗孙处理政事谨慎周密，对政事有所建言，官至资政大夫。后以眩晕疾乞休，居乡16年。杨泗孙居乡时以读书吟诗自娱，而地方官以重要事务相求教，则从容谋议。杨泗孙居乡期间，首倡建议疏浚白茆港，拓浚福山塘与竺塘泾，开挖奚浦塘等重大工程，还提出以工代赈方法，确保工程顺利施工。杨泗孙曾与曾吉章修纂《常昭合志》，未修成，现存其采访录稿本38册。

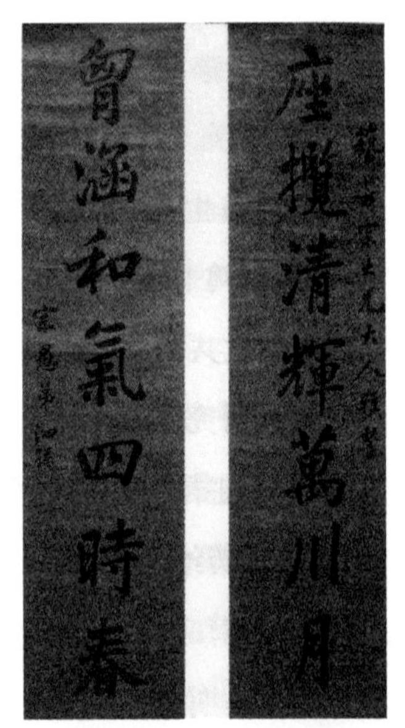

杨泗孙书法作品（2009年）

蒋士麒（生卒年不详） 原名传南，字幼谷，蒋陈锡玄孙，港口（今属张家港市凤凰镇）人，清道光年间（1821—1850）抗英将领。蒋士麒曾参加陕西省乡试，中举人后回归原籍。道光十三年（1833），蒋士麒中进士，历任浙江金华、仙居、象山、嵊县和奉化知县，曾任浙江乡试考官。道光二十年，蒋士麒调任奉化，时值鸦片战争爆发，英军来势凶猛，蒋士麒召集民众守卫奉化城。第二年，蒋士麒因父丧回乡守孝。蒋士麒虽为官多年，却不集私财，连回家乡的路费都拿不出，只得在杭州城租房暂住，全家靠卖锡箔赚钱积累路费。蒋士麒回乡守孝期满后，借钱到京城，被选为兵马司正指挥，署东城指挥。后又被派往湖南嘉禾任知县，未及出发，就卒于京城寓所。

释祖英（1827—1891） 字赓阳，俗姓张，虞西（今属常熟市）人。释祖英自幼警悟，9岁时出家于西塘市（今属张家港市杨舍镇）泳莲庵，拜福昌为师，剃度后受知于藏海寺福清见公方丈，神气清朗，善于修身养性。清同治十三年（1874），释祖英继见公方丈后主持藏海寺，同时主持永庆寺。其时，永庆寺荒废已久。释祖英发愿重新修葺，募集资金大兴土木，建造寺庙用房，整修装饰佛像。释祖英常往来于藏海寺与永庆寺之间讲经弘法，永庆寺香火由此日益旺盛。

杨崇伊（1830—1898） 原名同桂，字思大，号莘伯，恬庄（今属张家港市凤凰镇）人，清光绪年间（1875—1908）洋务派代表人物之一。光绪六年（1880），杨崇伊中进士，授编修。杨崇伊性格沉稳，为李鸿章所器重。光绪十二年、光绪十六年曾参与分校礼部会试，衡量文章优劣，选拔士子。光绪二十一年，杨崇伊补御史，曾奏请朝廷广设学堂，聘请中外有识之士教授学子，给予学子一定身份，以造就洋务人才，当时未被采纳，但朝廷最终吸纳了他的建议。戊戌变法时，杨崇伊与维新派政见不合，奏请查封强学会，与后党派联名弹劾康有为、梁启超，力主慈禧太后再次垂帘听政。不久遭后党官僚排挤，外放陕西，任汉中知府。杨崇伊在汉中办教案，修栈道，救水灾，励精图治。后从陕西调任苏浙缉私统领。杨崇伊性格耿直，喜欢指出别人的过错，人们也因此怀恨他。后丁母忧归乡，因故被劾、褫职。光绪二十四年，卒于家。

释道机（1851—1918） 字澈尘，俗姓邱，常熟支塘人，凤凰山永庆寺住持。释道机23岁时在凤凰山永庆寺出家，拜释祖英为师。释祖英见其有悟性，即命之佐理永庆寺务，时寺旁有武庙，山民请其兼管。释道机31岁时，赴郡灵鹫寺受具足戒。慧莲和尚很器重他。释祖英圆寂后，释道机受命主持藏海寺和永庆寺，永庆寺岁加修葺，成为常熟西乡重要寺庙。释道机还经理杨舍大生庵、妙桥兴教寺和永福庵、鹿苑大树庵。1916年，曾为永庆寺铸造大钟一口。释道机于1918年患病，预知大限将至，沐浴更衣，端坐诵经而逝。

章成器（1869—1944） 名琛伯，字其琢，祖籍妙桥西旸（今属张家港市塘桥镇），清光绪初年举家迁至杏市村（今属张家港市凤凰镇），清末民国初地方名医。章成器幼年家贫，7 岁入学后勤奋读书，年长后赴韩山村（今属张家港市塘桥镇）母舅顾灿卿处学医，精研医疗外科诊疗技术，得母舅及无锡名医王旭高赏识。章成器擅长治伤寒、瘟病等疑难险症，病人每服一两剂药，都能转危为安。1934 年冬，常熟寺前街吉祥店老板时少章因得伤寒病危，城中各医均告无法医治，章成器前往救治后即痊愈，时少章遂敬赠“华佗再生”匾额。章成器行医数年，声名鹊起，被誉为常熟医界“三鼎甲”之一。后因乡邻百姓要求，章成器在家开设药店，定期设诊，以减少病人治病撮药奔波，并对贫苦者减免诊费。章成器一生授徒 80 余人，授徒时重医德，常告诫众徒：“医者对人当真诚，如是则学业能成，即医术稍逊，亦不失敦厚之士。”章成器晚年双目失明，在女儿章淑琴的帮助下，仍照常行医。

杨圻（1875—1941） 原名朝庆，后改名鉴莹，再改名圻，字云史，一字野王，恬庄（今属张家港市凤凰镇）人。杨圻早年随父杨崇伊入京。杨圻自幼饱读诗书，与汪荣宝、何震彝、翁之润皆以官宦子弟中工诗擅文而号称“江南四公子”。杨圻 18 岁娶李鸿章孙女李道清为妻，曾经跟随岳父出使英国，成为学贯中西的青年才子。清光绪二十一年（1895），杨圻中庠生。光绪二十八年，杨圻在顺天乡试中中亚元（第二名），后历任詹事府主簿，户部、邮传部郎中。光绪三十四年，杨圻出任清政府驻新加坡领事。民国年间，曾为军阀吴佩孚幕僚，后应张学良之邀移居沈阳。“九一八”事变后，杨圻归居常熟。抗战初期，杨圻徙居香港，后卒。杨圻自谓：“长揖王侯，驰骛声誉，以求激昂青云，致身谋国。”杨圻天才横溢，歌行独步当时，弱冠即作《檀青引》，一时有“江东才子”之誉，他的长诗《天山曲》有 1932 字，前所未有。杨圻在新加坡时，曾救孙中山。后隐居常熟虞山石花林，筑楼，名为“江山万里楼”。齐白石曾为之绘《江山万里楼图》。杨圻著有《江山万里楼诗词钞》。

杨圻像

钱筠藩（1892—1941） 又名钱老五，河阳桥（今属张家港市凤凰镇双塘村）人，中共党员，革命烈士。钱筠藩少年时曾读私塾，16 岁时辍学返乡，到父亲在恬庄开设的油坊里管理账目，逐渐成为父亲的得力助手。1939 年春，钱筠藩在西塘市（今属张家港市杨舍镇）参加了虞西县委书记钱国华领导的中共地下党组织。1941 年 2 月，钱筠藩任虞西行政公署下属的恬港区区长，他的任务是搜集杨春华与包汉生、仲炳炎、任援道等敌伪勾结和日军活动的情报。1941 年 3 月，日伪军大举“清乡”，中共隐蔽战线工作者处境十分险恶，党在虞西地区的领导根据严峻形势，动员钱君藩暂时转移，但他坚决要求留下来担负恬港区的情报搜集工作，继续开展敌后斗争。1941 年 2 月 20 日晨，钱筠藩不幸被土匪杨春华部捕获。钱君藩虽然受尽酷刑，但始终坚贞不屈，视死如归。牺牲时，年仅 49 岁。

释戒堃（1893—1937） 字慈德，虞东何村（今属常熟市）人，俗姓陈，凤凰山永庆寺住持。释戒堃 6 岁时自愿出家，拜藏海寺澈尘和尚为师。释戒堃性格沉默，对“世间八法”很感兴趣，空闲时常写字写文消遣。1918 年，释戒堃住持永庆寺，释戒堃在整理寺务时常不遗余力，怕旧事随时间的推移而消逝，续修《永庆寺志》。

张树铭（生卒年不详） 字君健，号药园居士，常熟拂水人，《永庆寺志》续修人。1936 年夏，张树铭以钱陆灿和钱朝鼎纂辑的《永庆寺志》和释戒堃搜集的旧藏书为蓝本，搜罗当时可入传者，辑成《永庆寺志》新志。其稿本被收入《张家港旧志汇编·永庆寺志》。1941 年，张树铭作《唐塑罗汉记　辛巳重午日作》。

杨无恙（1894—1952） 原名元恺，初改冠南，号让渔，恬庄（今属张家港市凤凰镇）人，民国时期爱国诗人。1919 年，在家患大病后，遂自号无恙。杨无恙少年时，家道小康，以收租为生；青年时期，身穿布袍、布鞋，平易近人，平民本色，不以财智骄人，不分贵贱、知遇，皆一视同仁；中年始刻苦求学，发奋读书，学识渊博。擅长诗词绘画，词尤淡雅古艳，其诗文公开刊行的有《无恙初稿》《无恙续稿》《无恙三稿》《光天集》《便埋庵集》，词集有《虚廓集》，杂文有《木兰词考》《海国丛谈》，绘画有《无恙草窗词意画册》等。抗日战争时期，杨无恙很有民族气节，拒与日伪往来，并写下许多诗作控诉日军侵华罪行，热情讴歌抗日将士的英雄业绩。平型关大捷后，杨无恙当即写下《饮马长城窟行·为八路军作》一诗：“长城三千里，门户洞不守。燕云十六州，席卷非我有。游兵山谷善运奇，衔枚往往张

杨无恙像

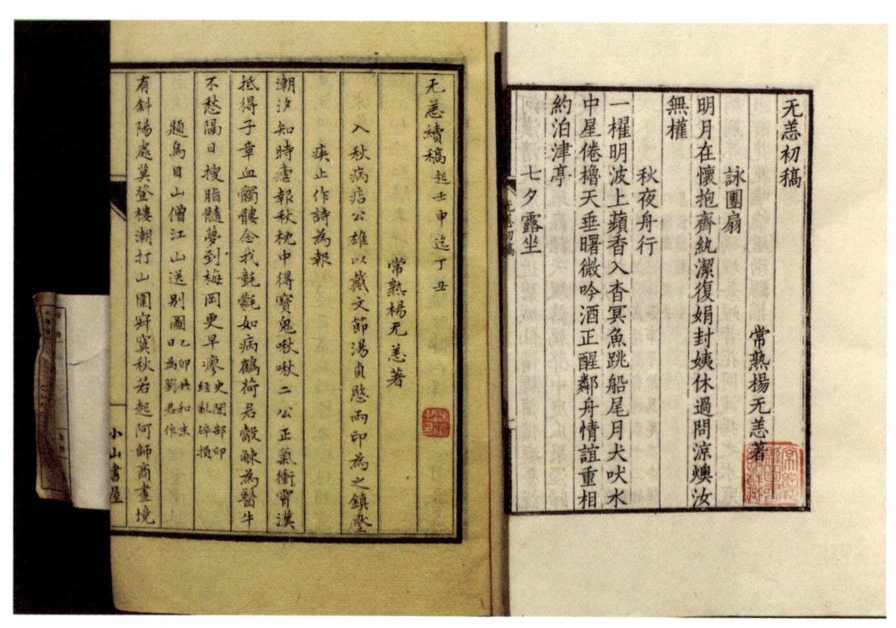
无恙初稿

常熟楊无恙著

詠團扇

明月在懷抱齊紈潔復娟封姨休過問涼燠汝無權

秋夜舟行

一櫂明波上蘋香入杳冥魚跳船尾月犬吠水中星倦櫓天垂曙微吟酒正醒鄰舟情誼重相約泊津亭

七夕露坐

无恙續稿 起壬申迄丁丑

常熟楊无恙著

入秋病瘧公雄以戴文節湯貞愍兩印為之鎮壓

疾止作詩為報

潮汐知時瘧報秋枕中得寶鬼啾啾二公正氣衝霄漢抵得子章血髑髏念我氋氃如病鶴荷君觳觫為醫牛不愁陽日瘦脂髓夢到梅岡更早瘳 史閣部印經亂碎損

題烏目山僧江山送別圖 乙卯共知未日為劉君作

有斜陽處莫登樓潮打山圍寂寞秋若起阿師商畫境

小山書屋

杨无恙手稿《无恙初稿》书影（2009 年）

偏师。强敌輣车我瘦马，孤军啮雪长城下。”歌颂了八路军将士不畏强敌、挺进敌后的英勇气概。新中国成立后，杨无恙任上海市文物管理委员会顾问。1952 年春，杨无恙患肺病医治无效逝世。

宋清如（1912—1997） 栏杆桥日晖坝（今属张家港市凤凰镇）人,《莎士比亚全集》译者朱生豪夫人。宋清如自幼聪颖，酷爱文学，启蒙时期就读了大量古典诗文，凭着强烈的求知欲和聪颖的天赋，先后考入江苏省立苏州女子师范学校、杭州之江大学。宋清如受新思潮影响，追求进步，在江苏省立苏州女子师范学校读书时，恰逢“九一八”事变爆发，宋清如积极响应罢课，并出任校罢课委员会秘书。宋清如在之江大学求学期间，是该校学生会唯一的女干部。宋清如在大学期间，与“之江才子”朱生豪相识相爱。大学毕业后，先到浙江省湖州民德女中执教，并协助朱生豪翻译莎士比亚戏剧。抗日战争全面爆发后，宋清如随全家内迁四川，先后在重庆北碚二中、成都女中任教。1942 年，宋清如在上海青年会礼堂与朱生豪举行婚礼。不久，宋清如随夫回到嘉兴，相夫教子，助夫译稿。1944 年 12 月，朱生豪病逝。宋清如重返教坛，先后在常熟县中、嘉兴秀州中学、杭州高级中学、杭州师范大学以及杭州商业学校任教，在执教的同时，承夫遗托，续译莎士比亚戏剧。1954 年，翻译后的莎士比亚戏剧重版发行，宋清如将 2 万元稿酬，大部分买了国债，其余以朱生豪的名义捐献给了朱生豪的家乡。

1955 年，宋清如请长假前往成都，全职从事编译整理工作，在四川大学完成《理查三世》《亨利六世》以及半部《亨利五世》的翻译整理工作。假期届满后，宋清如把剩下的《亨利八世》译稿带回杭州，利用教学之余完成翻译。之后，宋清如又以近一年的时间，把全部译稿重新修订与校勘，一部数百万文字的世界名著，凝聚了朱生豪、宋清如夫妇大半生的心血，曾被鲁迅赞为“于中国有益”“在中国留存”的浩大文化工程终于问世。“文化大革命”结束后，宋清如及其翻译的莎士比亚戏剧全集重新出版。后为推动莎士比亚研究工作的进展，宋清如把 200 多万字的朱生豪翻译手稿捐献给嘉兴市图书馆，又整理出版了《寄在信封里的灵魂——朱生豪书信集》。宋清如曾应嘉兴电视台的邀请，在电视剧《朱生豪》中成功地扮演了自己晚年的形象，获得全国第十二届电视剧“飞天奖”的演出荣誉奖。1997 年 6 月，因突发心脏病，医治无效逝世。

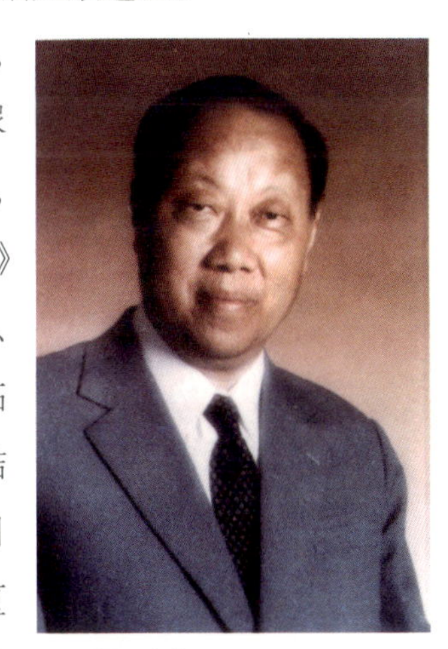
缪廷杰像

缪廷杰（1924—2016）祖居凤凰镇杨家桥村缪家宕，上海医科大学专家委员会委员，泌尿外科教授，上海泌尿外科研究所顾问，《中华泌尿外科杂志》编委（第四届），《中国医学百科全书》编委，《国外医学·泌尿系统分册》编委。历任上海第一医学院中山医院、华山医院副教授、教授等职。缪廷杰是泌尿外科专家，一直从事泌尿外科临床教学并指导研究生科研工作。擅长泌尿外科、肿瘤、结石、血尿的诊断，前列腺疾病，男科学等。多次应邀赴日本、马来西亚、新加坡、加拿大等国家和中国香港等地区参加会议，进行学术交流和讲学。1956 年，编著《输精管结扎术》，为国内第一部男性计划生育书籍。1986 年，与香港医学界联合编写《泌尿外科论著》。他还编写《肾移植》《泌尿外科基础和进展》等大学参考书籍十余册，发表论文 100 余篇，其中不少论著在国外杂志上发表。共获得市、局、国家级重大科学成果奖 10 项。1982 年，指导青年医师研制抗生素硅橡胶导尿管，获 1982 年上海市重大科技成果奖；给药导管治疗慢性细菌性前列腺炎的研究作出贡献，1988 年获国家级重大科技发明奖。他还是国家“七五”攻关课题肾血管高血压外科治疗项目的主要成员。缪廷杰业余爱好丹青，在长期繁忙的医务工作期间，一直坚持对国画艺术的探索和追求，创作的许多国画受到专家的好评，在国内外画展中获奖。1991 年，获“常熟市书画院荣誉院士”称号。

卢星堂（1938—2012）　张家港市凤凰镇高庄村人，江苏省国画院一级美术师、中国美术家协会会员、江苏“新金陵画派”的代表人物。卢星堂的父亲是常熟虞山画派的传人之一。卢星堂自幼受艺术熏陶，从艺之后，又深受傅抱石、钱松岩等一批著名大师的教益，山水画作遂形成独特风格。卢星堂以画林木为主体的《春到东山》《山庄春早》，以画雪、瀑布为主的《晴雪》《溪山暮春》等绘画作品，在当代江苏画坛上独具一格。卢星堂的作品曾被中南海、毛主席纪念堂、中国美术馆、江苏美术馆以及南京、扬州、张家港等地的博物馆收藏，卢星堂创作的丈二匹《华岳参天图》布列在天安门城楼，丈二匹《锦绣江南》布列在中南海怀仁堂，八尺幅《松山飞瀑图》布列在中央军委八一大厦。卢星堂的作品多次在国内外美术作品展中获奖，在法国、日本、美国、新加坡等国和中国香港、澳门、台湾等地区展出并被收藏。1996 年 10 月，卢星堂应中国美术家协会邀请，为中南海紫光阁创作了丈二匹《泰山图》。卢星堂曾被世界书画艺术名人资格审定委员会授予“世界书画艺术名人”荣誉称号。

卢星堂像

卢星堂作品《春到凤凰山》（2009 年）

名人与凤凰

著名沪剧表演家丁是娥在西张的日子　丁是娥是上海著名沪剧表演艺术家，她演唱的沪剧《罗汉钱》《白毛女》传遍大江南北，后被拍成电影，曾得到毛泽东主席、周恩来总理的好评。丁是娥一生热爱戏曲，更热爱生活，生前曾多次到江浙一带农村体验生活和采风，收集民歌民谣，与老百姓同吃同住同劳动，同当地人民结下了深厚的感情。1960 年 5 月，丁是娥到常熟县西张公社（今属张家港市凤凰镇）体验生活。那时正是困难时期，为照顾丁是娥的生活，领导安排她在公社机关食堂吃“小灶”。得知此事后，丁是娥马上找到领导，谢绝了吃“小灶”的待遇。第二天清晨，丁是娥就下乡了。丁是娥与群众一起，一边劳动，一边和社员谈天说地聊家常，搜集民间故事和山歌。丁是娥对古老的河阳山歌特别感兴趣，称之为“苏南最古老、最动听的山歌”。劳动之余，丁是娥还和社员一起坐在田埂上，唱一段《罗汉钱》，演一曲《白毛女》。在鸷塘村（今属双龙村）劳动时，丁是娥吃住在周大娘家里，久而久之，和村里的老老少少都交上了朋友。晚饭后，乡亲们争先恐后地去周大娘家聊天。丁是娥便向农民了解生活情况，为他们讲述国内外形势。深夜，丁是娥整理白天搜集到的素材用于创作。不久，丁是娥和其他文艺工作者一起，写出了反映当时西张农村生活的沪剧《大路朝阳》。此剧曾作为地方戏曲进京演出，得到中央首长的赞扬。

中国文联原主席周巍峙（左一）考察河阳山歌（1998 年）

中国文联原主席周巍峙与河阳山歌　1997 年 7 月，中国文联原主席周巍峙带领考察团到今凤凰镇港口考察河阳山歌。1998 年 7 月 1 日，周巍峙与 14 名专家学者到张家港考察河阳山歌，听了凤凰民间河阳山歌手唱的《斫竹歌》。周巍峙认为,《斫竹歌》很有可能是《弹歌》的原型，并且早于《弹歌》，是中国第一首古歌活体。2006 年，周巍峙为《中国 · 河阳山歌集》题写书名，并题词:“人民的心声，民族的情结，国家的瑰宝，世界的奇葩。”

画家魏莉创作国画长卷《福村河阳图》 2013 年，江苏著名画家魏莉到凤凰镇采风，用8个月的时间拍照写生，将山水村舍和知名景点、自然物产巧妙串联起来，形成长卷。长卷在落墨着彩上沿袭魏家传统的厚重笔法，在立意和构图上大胆突破，将大气磅礴与清秀玲珑融为一体，构成一幅江南古镇盛世风情图。2014 年 4 月 13 日，魏莉创作的国画长卷《福村河阳图》在河阳山歌馆首次展出。《福村河阳图》长 9.8 米，宽 34 厘米，重点描绘凤凰山、河阳山歌馆、万亩桃园、恬庄古镇等景点。

大事纪略

明嘉靖三十四年（1555）让塘抗倭战争

明嘉靖三十四年（1555）初夏，倭寇从苏州劫夺了巨额关税，并抢夺民船装运，企图从尚湖进让塘（即今张家港塘）出海。常熟县令王鈇闻讯，急忙邀请挚友钱泮入城共商抗倭大计。钱泮义愤填膺，决定全力辅佐王鈇抗击倭寇。他连夜入城，同王鈇一起统率常熟军民，把守城门，昼夜警戒。倭寇几番攻城，但都没有得手。在受到重创后，倭寇放弃攻城，向北取道让塘，准备沿江西上，继续侵扰杨舍、江阴等地。钱泮、王鈇获悉情况后，组织精壮团丁，乘轻舟从后面追击倭寇。天刚拂晓，钱泮、王鈇率领的船队

这是明嘉靖三十四年河阳地区儿童唱的童谣，反映了在钱泮带领下全民抗倭的真实情景及对倭寇的无比憎恨。

● **河阳山歌：**

《河阳城里好白相》

打！打！打！，河阳城里好白相。
拾只钉，打把枪，戮杀倭鬼烂肚肠。
肚肠挂在墙头上，老鸦衔扣做道场。

歌颂钱泮抗倭的河阳山歌《河阳城里好白相》

驶入让塘畔的芦苇荡，不料陷入倭寇包围。钱泮、王鈇殉国。嘉靖皇帝下诏，追赠钱泮为光禄寺卿，王鈇为太仆少卿。当地老百姓自发为钱泮、王鈇建祠修墓，以示纪念。对于钱泮、王鈇抗倭这一壮举，诗人杨无恙有诗记之："策赞平倭义行章，家丁史目姓名香。河阳桥畔忠良宅，碧草长青属本乡。王钱战绩漫无痕，御外惟留窃望墩。五月火榴袍似血，至今红染凤山村。"

1941 年虞西县委书记钱国华抗日捐躯

1941 年 3 月 27 日下午，虞西县委书记钱国华带领常熟王庄常备队的战士和民运工作队员，到江阴顾山西北方向的沈舍里开展民运工作，发动群众，组织、选举成立村级抗日民主政权。他们于行进途中，在江阴顾山山麓东北嘴被日军发现，在敌强我弱的情况下，为了保护没有武器的民运工作队员，钱国华指挥部队分三路向村庄密集的东北方向撤退。中午过后，钱国华带领的分队到了朱家堂，准备做饭时，被日军发现。日军包围了村子。钱国华率领队员们冲出村外，向西北方向的凤凰地区撤退。他们穿过庞家堂时，文化教员金晓东头部中弹，倒在庞家堂西侧河边的水车基上牺牲了。钱国华腿部受伤。他强忍着剧痛，向西边的沿金庄（今属凤凰镇夏市村）走去，终因流血过多，跌倒在村东的麦田里。他爬到田边的一座坟墓背后隐蔽，用手枪向追赶来的敌人射击，直至弹尽，被日军杀害。在钱国华的掩护下，许多民运工作队员进村后，隐藏在老百姓家中，在群众的掩护下，躲过了日军追捕。

1982 年标准儿童足球试制成功

国家体委、化工部、江苏省科学技术委员会正式委托沙洲县橡胶厂研制“贝贝”牌标准型儿童足球。1982 年 10 月，第一批小足球在沙洲县橡胶厂试制成功。

1983 年首届全国“贝贝杯”少儿足球赛举行

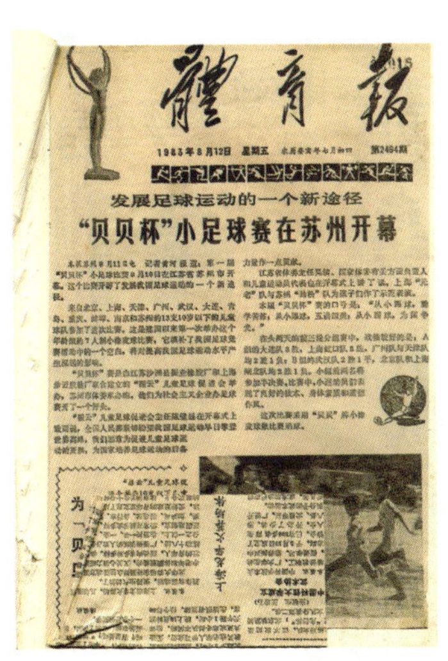
體育報

1983年8月12日　星期五　第2484期

发展足球运动的一个新途径

“贝贝杯”小足球赛在苏州开幕

《体育报》1983 年 8 月 12 日报道首届“贝贝杯”少儿足球赛盛况

1983 年 2 月，沙洲县橡胶厂与上海步云胶鞋厂联合成立振云儿童足球促进会，为全国第一个民间足球组织。1983 年 6 月 4 日，国家体委在振云儿童足球促进会的支持下，决定在全国范围内组织“贝贝杯”少儿足球赛。8 月 10—14 日，首届全国“贝贝杯”足球赛在苏州举办，全国 13 个省、市的 13 支代表队 100 多名小队员参加角逐，北京队获冠军，广州队、上海队分获第二名、第三名。是月，中央新闻电影制片厂到沙洲县橡胶厂拍摄新闻纪录片《从贝贝球说起》。

“贝贝足球”标志

1992年江苏省首家乡镇企业集团成立

1973年，贝贝集团前身——沙洲县手工业联社建办的沙洲县橡胶制品厂成立。1978年更名为沙洲县橡胶厂，1984年更名为沙洲县振业橡胶总厂，同年，加盟上海步云制鞋集团。1985年，沙洲县振业橡胶总厂跨入全国十大鞋厂之列。1987年，改名为张家港市振业橡胶总厂。1989年2月，张家港市振业橡胶总厂与美国吉达鞋业有限公司合资成立张家港贝贝制鞋有限公司，全年出口各类胶鞋320万双，创汇350万美元，被评为全国出口创汇先进企业。1990年11月，张家港市振业橡胶总厂更名为张家港市贝贝橡胶总厂。12月，经江苏省经济体制改革委员会批准，由张家港市贝贝橡胶总厂和4个村办企业、7个镇办企业，共12个成员单位组建贝贝橡胶集团公司。1992年5月，经江苏省体改委批准，建立江苏省首家乡镇企业集团——江苏贝贝集团公司。1994年，经国家统计局统计，中国农村评价中心评定，江苏贝贝集团公司排在1994年度“中国500家最大乡镇企业”第394位。1995年，“贝贝”牌学生鞋被评为“95’江苏名牌产品”。

江苏贝贝集团公司（2003年）

1995 年江苏菊花味精集团公司在凤凰镇成立

江苏菊花味精集团位于凤凰镇东南部，国道 G204 线东侧。1977 年 10 月，建立沙洲县生物化工厂。1978 年 8 月，改名为沙洲县味精厂。1984 年 11 月，从沙洲县味精厂抽调部分技术职工，与上海新型发酵厂合办沙洲县酶制剂厂。1986 年 12 月，沙洲县酶制剂厂更名为张家港市发酵厂。1988 年 4 月，沙洲县味精厂和张家港市发酵厂合并成立张家港市味精总厂，生产“菊花”牌味精。1992 年 8 月，新建热电厂、氨基酸厂。1994 年，“菊花”牌味精被评为江苏省名牌产品、江苏省著名商标，获第五届亚太博览会金奖。1995 年 9 月，张家港市味精总厂更名为江苏菊花味精集团公司，被农业部定为首批乡镇企业集团。公司不断采用新工艺、新技术，逐步升级各项产品的技术指标，生产的 L- 脯氨酸、L- 丙氨酸和 L- 谷氨酸等氨基酸系列产品质量达到国际先进水平。1996 年，产品被评为中国名牌产品和国际名牌食品。1997 年，获中国国际轻工技术及产品博览会金奖。2001 年，“菊花”牌味精被评为中国名牌产品。2002 年 4 月，集团公司转为股份合作制企业，更名为江苏菊花味精有限公司。同年，“菊花”牌味精商标被评为中国驰名商标，通过 ISO14001 环境管理体系认证。

2010 年凤凰镇被公布为中国历史文化名镇

2009 年，凤凰镇党委、政府按照“文化立镇，经济强镇，旅游兴镇”的发展定位，先后投入近亿元，对恬庄古镇 3 处古建筑进行修复，并实施恬庄古镇二期工程，新建河阳山歌馆，建成文昌阁和永庆寺佛教文化广场，并对古建、古树、古桥等进行挂牌保护，有江苏省文物保护单位 1 处、张家港市文物保护单位 7 处、张家港市控制保护建筑 3 处。其中，恬庄古镇于年内被列入第七批全国重点文物保护单位待批准名单。施耐庵隐居永庆寺著《水浒传》、项羽唤英台点兵、钱泮抗倭等一批历史故事和民间传说也得到充分的挖掘和展现，被誉为“华夏古老音乐文化的活化石”的河阳山歌已成为凤凰镇乃至张家港市的一张历史文化名片。2009 年 11 月，凤凰镇被江苏省人民政府公布为江苏省历史文化名镇。2010 年 7 月，凤凰镇被住房城乡建设部、国家文物局公布为中国历史文化名镇。

凤凰镇荣获“中国历史文化名镇”称号（2010 年）

2010 年凤凰镇 成为江苏省行政管理体制改革试点镇

2010 年 8 月，江苏省委、江苏省人民政府决定，在全省 20 个经济比较发达的镇开展行政管理体制改革试点，凤凰镇入选。2012 年 2 月，凤凰镇根据省委办公厅、省政府办公厅《关于张家港市凤凰镇行政管理体制改革试点方案的批复》(苏办〔2011〕72 号)精神，开始行政管理体制改革试点各项筹备工作。8 月，搭建改革试点组织架构和“二室七局一中心”机构设置和职能的界定，第一批涉及 23 个县级部门的 401 项行政权力全部分解到镇属局（室）和基层站所，并将进驻便民服务中心的事项落实到个人。9 月，行政管理体制改革试点工作正式启动。10 月，拥有 240 平方米办事大厅的凤凰镇便民服务中心投入运行，社会事业局、综合执法

凤凰镇行政管理体制改革试点启动仪式（2011 年）

龚晓东　摄

凤凰镇便民服务中心外景（2011 年）

龚晓东　摄

凤凰镇便民服务中心大厅（2016 年） 龚晓东 摄

凤凰镇综合执法局数字化城管指挥中心（2013 年）

局、建设局、经济发展和改革局、政法和社会管理办公室 5 个部门进驻便民服务中心，向上对接张家港市计生委、民政局、城管局、住建局、规划局、环保局等 13 个县级部门，由便民服务中心 5 名工作人员分别代表上述 5 个部门对外受理行政许可（行政审批）和办理便民服务事项，第一批进驻便民服务中心的各类行政许可（行政审批）事项和便民服务事项共有 45 项。2013 年，张家港市人民政府将涉及 18 个县级部门的第二批 281 项权限下放给凤凰镇。同年，凤凰镇综合执法局一大队、二大队组建并实质性运作。《人民日报》2013 年 11 月 13 日第 6 版刊发了凤凰镇行政管理体制改革的先进做法。2014 年，凤凰镇综合执法局三大队组建运行，综合执法规范化建设入选“苏州市 2014—2015 年依法行政示范项目”。同年，凤凰镇便民服务中心窗口增至 30 个，年办件量突破 18 万件。2015 年，综合执法规范化建设工作连续 4 年获评“全市依法行政示范项目”。凤凰镇行政管理体制改革社会满意度在苏州市各试点乡镇中位列第一，苏州电视台专题报道凤凰镇行政管理体制改革的经验和做法。2016 年，凤凰镇行政审批局成立，成为苏州市首家乡镇级行政审批局，办公面积 1500 余平方米，其中服务大厅面积 1000 余平方米，服务窗口 51 个，另增加 20 个后台岗位，承接 24 个县级部门 120 余项许可服务事项，组建项目投资组、城乡建设组、民生服务组 3 个专项审批组和企业登记组 1 个专项登记组，实施“前台窗口进行一口式受理、后台专项审批组进行现场踏勘、专项审批分管领导审核、局领导完成最终审批并盖章、出证”的“一枚公章管审批”新模式，提升服务效率，凤凰镇行政管理体制改革得到进一步深化，改革效应得到进一步释放。

2011 年凤凰山风景区被评为国家 AAAA 级旅游景区

1993 年，凤凰山风景区开始全面规划开发。2006 年，凤凰镇提出“旅游兴镇”发展战略，确立凤凰山风景区创建国家 AAAA 级旅游景区的目标。2007 年，凤凰山风景区被列为张家港市旅游布局“三山三园（苑）一带”中的“一山”。2011 年，凤凰山风景区基本建成，内有千年古刹永庆寺、世界非物质文化遗产展示中心河阳山歌馆、保存完整的恬庄古镇、全国重点文物保护单位杨氏宅第、凤凰水蜜桃产业园、金凤凰温泉等名胜。景区周边还有张家港市文物保护单位红豆树、富民桥等。游客中心等配套设施逐步完善，初步形成“听山歌、泡温泉、赏桃花、逛古街”的特色文化旅游品牌。2011 年 8 月，经江苏省旅游景区质量等级评定委员会推荐，全国旅游景区质量等级评定委员会组织评定，凤凰山风景区被评为国家 AAAA 级旅游景区，成为张家港市首家国家 AAAA 级旅游景区。2014 年，凤凰山风景区通过国家 AAAA 级旅游景区复审。

凤凰山风景区获“国家 AAAA 级旅游景区”称号（2011 年）

恬庄陆家宕（2016 年） 龚晓东 摄

主要参考文献

张家港市地方志编纂委员会办公室编:《沙洲县志》，江苏人民出版社，1992 年。

中共张家港市委党史地方志办公室编:《张家港年鉴》，方志出版社，2004—2017 年。

中共张家港市委宣传部、张家港市文学艺术界联合会、张家港市文化广播电视管理局编:《中国・河阳山歌集》，华东师范大学出版社，2006 年。

中共张家港市委宣传部、张家港市文学艺术界联合会、张家港市文化广播电视管理局编:《中国・河阳宝卷集》，上海文化出版社，2007 年。

〔清〕杨希溹著:《恬庄小识》，广陵书社，2007 年。

徐祖白著:《张家港史话》，广陵书社，2008 年。

中共张家港市委党史地方志办公室编:《张家港史志研究文集》，中共党史出版社，2009 年。

凤凰镇地方志编纂委员会编:《西张镇志》，广陵书社，2013 年。

杨以堉编著:《恬庄杨氏》，上海社会科学院出版社，2013 年。

常熟市政协文史委员会编:《常熟状元》，广陵书社，2013 年。

张家港市地方志编纂委员会编:《张家港市志（1986—2005）》，方志出版社，2013 年。

高新天撰:《苏州文博论丛・张家港市境内出土唐代墓志考释》，文物出版社，2014 年。

《中国・文化凤凰》编纂委员会编:《中国・文化凤凰》，天津大学出版社，2014 年。

徐自强笺注:《永庆寺志笺注》，广陵书社，2015 年。

秦豪编著:《悠悠的河阳话》，团结出版社，2015 年。

凤凰镇地方志编纂委员会编:《港口镇志》，广陵书社，2017 年。

编纂始末

《中国名镇志丛书·凤凰镇志》是在中共张家港市凤凰镇委员会、张家港市凤凰镇人民政府领导和支持下完成的一项文化工程，是境内社会主义文化建设的又一丰硕成果。

凤凰镇党委、政府高度重视，将编纂《中国名镇志丛书·凤凰镇志》作为“十三五”期间全镇经济、社会、文化发展的重点规划项目来抓，专门成立编纂委员会和编纂小组，落实办公场所和经费。《中国名镇志丛书·凤凰镇志》的编写工作于 2015 年 6 月启动，2015 年 11 月通过纲目评审，2016 年 6 月完成初稿。从 2016 年 7 月开始，编者又在初稿的基础上，按照中共张家港市委党史地方志办公室和凤凰镇党委、政府的要求，进行多次修改，调整和补充了有关内容，并于 2016 年 11 月通过苏州市地方志编纂委员会办公室评审，于 2017 年 11 月通过江苏省地方志编纂委员会办公室终审。整个编纂过程历时两年，编者数易其稿，终于使《中国名镇志丛书·凤凰镇志》付梓，呈现在读者面前。

名镇志不是普通的乡镇志。“名”要写全，做到名副其实；“特”要写细，做到特色鲜明。编者经长时间努力，获取了大量有价值的资料，得到了在职领导、退休老同志、各企事业单位和各界人士的热情关心和支持，得到了中国地方志指导小组办公室、江苏省地方志编纂委员会办公室、苏州市地方志编纂委员会办公室和中共张家港市委党史地方志办公室以及方志出版社领导、专家的热切关心和悉心指导。在此，一并表示衷心的感谢！

由于我们水平有限，在编纂过程中定有不少错误和不足，敬请读者及同仁批评指正。

编者

2018 年 11 月